高等院校公共管理类专业规划教材

养老机构管理与服务

奚伟东　邵文娟　主　编
马　瑄　副主编

清华大学出版社
北　京

内 容 简 介

本书阐述养老机构从筹备建设到日常运营过程中面临的管理和服务问题。"上篇　养老机构管理"在综观我国养老机构发展背景、服务定位、类型划分、管理体系的基础上,从建设、岗位设置、行政、人事、财务、后勤、信息化、安全与事故、培训和考核等方面介绍养老机构的管理内容;"下篇——养老机构服务"在分析养老机构服务内容及体系、入住老年人能力评估的基础上,从照护服务、医疗服务、康复服务、膳食服务、心理健康服务、社会工作介入服务等方面介绍养老机构的服务内容。

本书可作为高校公共事业管理、劳动与社会保障、行政管理、社会工作等专业本科学生的教材,也可作为养老机构工作人员的培训教材。

本书封面贴有清华大学出版社防伪标签,无标签者不得销售。

版权所有,侵权必究。举报: 010-62782989, beiqinquan@tup.tsinghua.edu.cn。

图书在版编目(CIP)数据

养老机构管理与服务 / 奚伟东,邵文娟主编. 一北京: 清华大学出版社,2021.2(2024.8重印)
高等院校公共管理类专业规划教材
ISBN 978-7-302-57014-1

Ⅰ.①养… Ⅱ.①奚…②邵… Ⅲ.①养老院－经营管理－中国－高等学校－教材②养老院－社会服务－中国－高等学校－教材　Ⅳ.①D669.6

中国版本图书馆 CIP 数据核字(2020)第 238279 号

责任编辑: 施　猛
封面设计: 常雪影
版式设计: 思创景点
责任校对: 马遥遥
责任印制: 宋　林

出版发行: 清华大学出版社
网　　址: https://www.tup.com.cn, https://www.wqxuetang.com
地　　址: 北京清华大学学研大厦 A 座　　　邮　编: 100084
社 总 机: 010-83470000　　　邮　购: 010-62786544
投稿与读者服务: 010-62776969, c-service@tup.tsinghua.edu.cn
质 量 反 馈: 010-62772015, zhiliang@tup.tsinghua.edu.cn
印 装 者: 三河市科茂嘉荣印务有限公司
经　　销: 全国新华书店
开　　本: 185mm×260mm　　　印　张: 18.25　　　字　数: 400 千字
版　　次: 2021 年 2 月第 1 版　　　印　次: 2024 年 8 月第 6 次印刷
定　　价: 65.00 元

产品编号: 088347-01

前　言

我国人口老龄化进程日益加快，给传统家庭养老模式带来巨大冲击，养老服务体系将面临调整和重构。"十三五"规划纲要中明确提出要建成以居家为基础、社区为依托、机构为支撑的养老服务体系，可见居家养老服务和机构养老服务都是我国养老服务体系中不可缺少的一部分。

2021年3月《国民经济和社会发展第十四个五年规划和2035年远景目标纲要》提出构建居家社区机构相协调、医养康养相结合的养老服务体系，稳步建立长期护理保险制度。2022年10月习近平总书记在中国共产党第二十次全国代表大会的报告中提出："实施积极应对人口老龄化国家战略，发展养老事业和养老产业，优化孤寡老人服务，推动实现全体老年人享有基本养老服务。"

随着近年来家庭结构日益小型化、失能老人人数增多，提供专业化服务的养老机构在养老服务供给中发挥着不可替代的作用。因此，全面、系统地梳理养老机构的相关管理和服务内容，不仅可以为我国养老机构的完善提供借鉴和参考，也为加强养老机构人才队伍建设、提升养老机构管理及服务人才的专业能力提供全面的专业知识。

本书共分为19章，由上篇"养老机构管理"(第1章至第11章)和下篇"养老机构服务"(第12章至第19章)构成，全书力求系统、全面地阐述养老机构的管理和服务体系。总体而言，本书有如下三大特色。

本书从管理和服务两个维度全面阐述养老机构从筹备建设到日常运营过程中面临的管理和服务问题。"上篇——养老机构管理"在概观我国养老机构发展背景、服务定位、类型划分、管理体系的基础上，从建设、岗位设置、行政、人事、财务、后勤、信息化、安全与事故、培训和考核等方面介绍养老机构的管理内容；"下篇——养老机构服务"在分析养老机构服务内容及体系、入住老年人能力评估的基础上，从照护服务、医疗服务、康复服务、膳食服务、心理健康服务、社会工作介入服务等方面介绍养老机构的服务内容。本书既涵盖了养老机构的管理体系，也系统梳理了诸多教材零散提到的服务内容。

本书的内容与我国养老机构的现状高度结合。"上篇——养老机构管理"中的各章内容结合了我国各类型养老机构的管理经验，梳理了机构"人""财""物"的管理方法；"下篇——养老机构服务"中的各章内容侧重我国养老机构改革趋势——医养结合，以医疗、护理、康复为核心，辅以膳食、心理等服务内容，这些都是我国养老机构运营过程中不可缺少的核心服务内容。

本书的内容重视理论与实务相结合，各章节在阐述理论知识的同时，融入了实际操作的方法和技巧，有利于提升学生的实际操作能力。

本书由大连科技学院的奚伟东、邵文娟、马瑄共同编写，具体分工如下：邵文娟编写第 1 章、第 9 章、第 12 章至第 19 章；奚伟东编写第 2 章至第 4 章、第 6 章至第 8 章；马瑄编写第 5 章、第 10 章和第 11 章。本书提供教学课件，可通过扫描封底二维码获取。

本书在编写过程中引用了相关教材的观点和内容，限于篇幅仅列举了主要参考书目，在此一并向为本书出版提供帮助的专家、学者表示感谢。

由于编者水平有限，书中难免存在不当之处，恳请各位读者批评指正。反馈邮箱：wkservice@vip.163.com。

奚伟东　邵文娟

2023 年 8 月

目 录

上篇 养老机构管理

第1章 我国养老机构概述 ………… 3
- 1.1 我国养老机构发展的背景 …… 3
  - 1.1.1 人口老龄化带来巨大的养老压力 ……………… 3
  - 1.1.2 家庭养老功能的弱化,为养老机构提供了契机 ………… 6
  - 1.1.3 护理需求显著增加 ……… 8
- 1.2 我国养老机构的服务定位 …… 9
  - 1.2.1 养老服务定位的决定因素 ……………………… 10
  - 1.2.2 养老机构服务的对象 …… 11
  - 1.2.3 养老机构服务的性质 …… 11
- 1.3 我国养老机构的类型 ………… 12
  - 1.3.1 按投资主体分类 ………… 12
  - 1.3.2 按照营利性分类 ………… 14
  - 1.3.3 按照服务功能分类 ……… 15
- 1.4 我国养老机构管理体系概述 …………………………… 16
  - 1.4.1 养老机构管理体系构成 … 16
  - 1.4.2 养老机构的外部管理 …… 17
  - 1.4.3 养老机构的内部管理 …… 19

第2章 养老机构建设管理 ………… 21
- 2.1 养老机构的选址 ……………… 21
  - 2.1.1 养老机构选址原则 ……… 21
  - 2.1.2 养老机构选址影响因素 … 22
  - 2.1.3 不同选址模式的特点分析 …… 23
- 2.2 养老机构内部规划与设计 …… 25
  - 2.2.1 设计原则和要求 ………… 26
  - 2.2.2 用房配置标准 …………… 27
  - 2.2.3 机构建筑规范性设计 …… 30
- 2.3 养老机构的设立申请与审批 …………………………… 36
  - 2.3.1 申报条件 ………………… 36
  - 2.3.2 申报材料 ………………… 36
  - 2.3.3 受理审批 ………………… 37
- 2.4 养老机构品牌建设与推广 …… 37
  - 2.4.1 养老机构的品牌建设 …… 38
  - 2.4.2 养老机构的品牌推广 …… 39

第3章 养老机构岗位设置管理 …… 42
- 3.1 养老机构组织架构 …………… 42
  - 3.1.1 养老机构组织架构的类型 ……………………… 42
  - 3.1.2 国内养老机构常用的组织结构 ……………………… 44
- 3.2 养老机构岗位设置 …………… 45
  - 3.2.1 行政人员岗位设置 ……… 45
  - 3.2.2 医护人员岗位设置 ……… 51
  - 3.2.3 其他服务人员岗位设置 … 55
  - 3.2.4 后勤保障人员岗位设置 … 58

第4章 养老机构行政管理 ………… 63
- 4.1 规章制度管理 ………………… 63
  - 4.1.1 规章制度的制定方法及程序 ……………………… 63

4.1.2 规章制度的内容 ………… 65
4.1.3 规章制度的执行 ………… 67
4.2 公文及会议管理 …………… 68
4.2.1 公文管理 ……………… 68
4.2.2 会议管理 ……………… 70
4.3 档案管理 …………………… 72
4.3.1 档案管理概念 ………… 72
4.3.2 档案的种类 …………… 72
4.3.3 档案管理分级办法 …… 73
4.3.4 档案的存储保管 ……… 74
4.3.5 档案管理制度 ………… 74
4.4 采购管理 …………………… 76
4.4.1 采购管理的含义 ……… 76
4.4.2 采购管理的内容 ……… 76
4.4.3 采购原则 ……………… 77
4.4.4 采购程序 ……………… 78
4.4.5 采购纪律管理 ………… 79
4.5 公共关系管理 ……………… 79
4.5.1 公共关系管理概念 …… 79
4.5.2 公共关系管理的类型及内容 ……………………… 79
4.5.3 公共关系管理的职能 … 80
4.5.4 公共关系管理工作的程序 … 82
4.5.5 日常性公共关系管理的工作流程 …………………… 82

第5章 养老机构人事管理 ………… 84
5.1 养老机构人事管理概述 …… 84
5.1.1 员工招聘 ……………… 84
5.1.2 员工培训 ……………… 86
5.1.3 员工健康管理 ………… 89
5.2 人事管理制度 ……………… 91
5.2.1 试用与转正 …………… 91
5.2.2 假期制度 ……………… 92
5.2.3 薪资福利制度 ………… 94
5.2.4 保密制度 ……………… 95
5.2.5 奖惩机制 ……………… 96
5.2.6 行为准则 ……………… 97

第6章 养老机构财务管理 ………… 99
6.1 养老机构财务管理概述 …… 99
6.1.1 养老机构财务管理的概念 …………………………… 99
6.1.2 养老机构财务管理的原则 …………………………… 99
6.1.3 养老机构财务管理的目标 …………………………… 100
6.1.4 养老机构财务管理的内容 …………………………… 101
6.1.5 养老机构财务管理方式 … 103
6.1.6 养老机构财务管理的环节 …………………………… 104
6.2 养老机构财务预算 ………… 105
6.2.1 养老机构财务预算的含义 …………………………… 105
6.2.2 养老机构财务预算的分类 …………………………… 105
6.2.3 养老机构财务预算的编制原则 ……………………… 106
6.2.4 养老机构财务预算的编制方法 ……………………… 106
6.2.5 养老机构财务预算的执行与调整 …………………… 108
6.3 养老机构财务控制 ………… 109
6.3.1 养老机构财务控制的作用 …………………………… 109
6.3.2 养老机构财务控制的原则 …………………………… 109
6.3.3 养老机构财务控制的分类 …………………………… 110
6.3.4 养老机构财务控制的主要方法 ……………………… 110

6.3.5 养老机构财务控制的相关制度 …… 111
6.4 养老机构财务分析 …… 114
　6.4.1 养老机构财务分析的原则 …… 114
　6.4.2 养老机构财务分析的内容 …… 114
　6.4.3 养老机构财务分析的方法 …… 115
　6.4.4 养老机构财务分析的基本程序 …… 117

第7章 养老机构后勤管理 …… 118
7.1 后勤管理概述 …… 118
　7.1.1 后勤管理的概念 …… 118
　7.1.2 后勤管理的作用 …… 118
　7.1.3 后勤管理的要求 …… 119
7.2 食堂管理 …… 120
　7.2.1 菜谱制定 …… 120
　7.2.2 食品用料管理 …… 120
　7.2.3 食品卫生管理 …… 121
　7.2.4 餐具卫生管理 …… 121
　7.2.5 食堂卫生管理 …… 121
　7.2.6 厨房仓库管理 …… 122
　7.2.7 伙委会管理 …… 122
　7.2.8 送餐服务管理 …… 122
　7.2.9 食堂人员管理 …… 123
7.3 物业管理 …… 123
　7.3.1 保洁服务管理 …… 123
　7.3.2 洗衣服务管理 …… 124
　7.3.3 设施设备维修管理 …… 124
　7.3.4 供水、供电、供暖、供气服务管理 …… 125
　7.3.5 环境绿化养护管理 …… 125
　7.3.6 车辆服务管理 …… 125

第8章 养老机构信息化管理 …… 126
8.1 养老机构信息化管理概述 …… 126
　8.1.1 信息化管理 …… 126
　8.1.2 养老机构信息化管理的重要性 …… 127
　8.1.3 养老机构信息化管理流程 …… 128
8.2 养老机构信息化的基本元素 …… 129
　8.2.1 养老系统软件 …… 130
　8.2.2 智能硬件 …… 131
　8.2.3 大数据服务 …… 131
　8.2.4 增值服务 …… 132
8.3 养老机构信息化平台的构建 …… 133
　8.3.1 养老机构信息化平台的硬件 …… 133
　8.3.2 养老机构信息化平台的软件 …… 134
8.4 "养老机构+互联网"的发展趋势 …… 137
　8.4.1 养老机构服务智能化 …… 137
　8.4.2 养老机构信息在线化 …… 137
　8.4.3 养老机构服务可视化 …… 137

第9章 养老机构的安全与事故管理 …… 139
9.1 养老机构的安全管理 …… 139
　9.1.1 养老机构常见的事故类型 …… 139
　9.1.2 影响入住老人安全的因素 …… 140
　9.1.3 安全事故管理制度及内容 …… 141
9.2 养老机构意外风险防范 …… 143

9.2.1 安全事故防范工作……143
9.2.2 突发事件、意外事故的应急处理……144
9.3 意外事故纠纷的处理及意外伤害保险……151
9.3.1 意外事故纠纷的处理……151
9.3.2 意外伤害保险……152

第10章 养老机构培训管理……153
10.1 培训管理概述……153
10.1.1 培训目的及原则……153
10.1.2 培训内容……153
10.1.3 培训类型……154
10.2 培训管理的实施……155
10.2.1 培训的组织……155
10.2.2 培训计划的制订……155
10.2.3 培训实施……155
10.2.4 培训评估……156

第11章 养老机构考核管理……157
11.1 考核管理概述……157
11.1.1 考核目标……157
11.1.2 考核主体……157
11.1.3 考核对象……158
11.1.4 考核周期……158
11.1.5 考核指标……159
11.2 考核方法……160
11.2.1 行为评价法……160
11.2.2 目标管理法……162
11.2.3 360°绩效考核法……163
11.2.4 平衡计分卡方法……164
11.3 考核流程及结果……166
11.3.1 考核流程……166
11.3.2 考核结果……167

下篇 养老机构服务

第12章 养老机构服务体系……171
12.1 养老机构服务概述……171
12.1.1 养老机构服务理念……171
12.1.2 养老机构服务需求评估……172
12.1.3 养老机构服务设计……173
12.2 养老机构服务内容及服务流程……174
12.2.1 养老机构服务内容……174
12.2.2 养老机构服务流程……178
12.3 养老机构服务质量监督与评估……179
12.3.1 服务质量监督……179
12.3.2 服务质量评估……181

第13章 养老机构入住老年人的能力评估……183
13.1 能力评估组织……183
13.1.1 评估组织资质……183
13.1.2 评估员资质……184
13.1.3 评估要求……184
13.2 能力评估原则、方法与流程……184
13.2.1 评估原则……184
13.2.2 评估方法……185
13.2.3 评估流程……186
13.3 能力评估实施标准……187
13.3.1 评估指标……187
13.3.2 评估量表……189

第14章 养老机构照护服务……194
14.1 养老机构照护服务需求及内容……194

14.1.1 老年人照护服务需求 …… 194
14.1.2 照护服务主要内容 …… 194
14.2 养老机构照护服务的操作规范 …… 197
14.2.1 清洁护理 …… 197
14.2.2 生命体征的观察与护理 …… 198
14.2.3 饮食及更衣护理 …… 199
14.2.4 排泄护理 …… 201
14.2.5 翻身、叩背排痰及压疮预防护理 …… 203
14.2.6 移动护理 …… 204
14.2.7 临终护理 …… 205
14.3 养老机构照护服务的管理 …… 206
14.3.1 护理管理的方式 …… 206
14.3.2 护理人员的配备 …… 207
14.3.3 护理区的管理 …… 207
14.3.4 老年人出入院管理 …… 208
14.3.5 照护服务质量管理 …… 209

第15章 养老机构医疗服务 …… 212
15.1 养老机构中常见老年病医疗服务要点 …… 212
15.1.1 老年人患病的特点 …… 212
15.1.2 常见的老年性疾病 …… 213
15.2 老年人常见急危重病人的病情观察及护理 …… 217
15.2.1 老年人病情观察及护理人员应具备的条件 …… 218
15.2.2 病情观察的方法 …… 218
15.2.3 医疗护理要点 …… 219
15.3 养老机构医疗服务管理 …… 221
15.3.1 医疗服务管理的原则 …… 221
15.3.2 医疗服务管理的方法 …… 221
15.3.3 危重老年人抢救管理 …… 222
15.3.4 医疗差错与事故管理 …… 223

第16章 养老机构康复服务 …… 226
16.1 康复服务的基本内容及流程 …… 226
16.1.1 康复服务的基本内容 …… 226
16.1.2 养老机构的康复服务流程 …… 228
16.2 养老机构常用的康复方法 …… 229
16.2.1 健康老年人的运动方法及注意事项 …… 229
16.2.2 老年病人的日常生活康复方法及注意事项 …… 230
16.3 养老机构康复服务管理 …… 231
16.3.1 养老机构康复服务工作人员配置 …… 231
16.3.2 养老机构常见的康复服务项目管理 …… 231
16.3.3 养老机构康复服务质量管理 …… 232
16.3.4 养老机构康复服务工作制度管理 …… 232

第17章 养老机构膳食服务 …… 235
17.1 老年人生理代谢特点与营养需要 …… 235
17.1.1 老年人生理特征及消化道结构 …… 235
17.1.2 老年人生理代谢过程中的问题情况 …… 236
17.1.3 老年人营养素代谢特点 …… 237
17.1.4 老年人的热量及营养素需求量 …… 237

17.2 养老机构营养配餐方法与食谱设计 ………… 241
　　17.2.1 养老机构营养配餐方法 ………… 241
　　17.2.2 养老机构的食谱设计 ……… 242
　　17.2.3 老年患者营养膳食 ……… 244
17.3 养老机构膳食管理 ……… 246
　　17.3.1 供餐过程的管理 ……… 246
　　17.3.2 原材料及食品留样管理制度 ……… 246
　　17.3.3 厨房各部卫生管理 ……… 247
　　17.3.4 从业人员健康管理制度 ……… 248

第18章 养老机构老年人心理健康服务 ……… 250

18.1 老年人心理特征及心理健康标准 ……… 250
　　18.1.1 老年人心理特征 ……… 250
　　18.1.2 老年人心理健康标准 ……… 252
18.2 老年人心理健康服务方法及保健 ……… 253
　　18.2.1 影响与老年人沟通的因素 ……… 253
　　18.2.2 与老年人心理沟通的基本原则 ……… 254
　　18.2.3 与老年人心理沟通的基本方法 ……… 255
　　18.2.4 与老年人沟通的技巧 ……… 256
　　18.2.5 老年人心理健康保健 ……… 257
18.3 老年人常见的心理(精神)疾病及处理 ……… 258
　　18.3.1 老年谵妄 ……… 259
　　18.3.2 轻度认知功能障碍 ……… 259
　　18.3.3 老年期痴呆 ……… 260
　　18.3.4 老年期精神分裂症 ……… 261
　　18.3.5 老年期情感障碍 ……… 262

第19章 养老机构社会工作介入服务 ……… 263

19.1 养老机构社会工作概述 ……… 263
　　19.1.1 社会工作及老年社会工作的概念 ……… 263
　　19.1.2 老年社会工作的内容 ……… 265
　　19.1.3 社会工作介入养老机构的作用 ……… 265
　　19.1.4 社会工作介入养老机构的基本工作原则 ……… 266
　　19.1.5 社会工作在养老机构服务中扮演的角色 ……… 267
19.2 社会工作介入养老机构的方法及工作技巧 ……… 267
　　19.2.1 社会工作介入养老机构的方法 ……… 267
　　19.2.2 社会工作介入养老机构的工作技巧 ……… 269
19.3 社会工作介入养老机构服务的具体应用 ……… 269
　　19.3.1 老年人入住工作 ……… 269
　　19.3.2 个案工作 ……… 271
　　19.3.3 小组工作 ……… 273
　　19.3.4 社会工作行政 ……… 276
　　19.3.5 与家属的协作 ……… 278
　　19.3.6 老人退住工作 ……… 279

参考文献 ……… 280

上 篇
养老机构管理

第1章 我国养老机构概述

1.1 我国养老机构发展的背景

1.1.1 人口老龄化带来巨大的养老压力

自1999年进入老龄化社会以来,我国老年人口数量逐渐增加,人口老龄化加速发展。根据国家统计局2018年1月发布的统计数据显示,2017年末,我国60岁及以上人口数量达到24 090万人,占总人口的17.3%(其中65岁以上人口有15 831万人,占比11.4%)。与我国第6次全国人口普查公布的60岁及以上人口所占比例13.26%相比,上升了4.04个百分点,我国老龄化的速度超过日本等国家,成为全球人口老龄化程度较高、增速较快的国家。

1. 老年人口规模大、老龄化速度快

我国的人口老龄化表现为"两高、两大、两低"的特征。"两高"是指老龄化的发展速度"高速化"和老龄化程度严重的"高龄化";"两大"是指老年人口的规模大和老龄化的地区差别大;"两低"是指老年抚养比低和老年人自我养老意识低。老年抚养比是指65岁及以上老年人口与劳动年龄人口之比,是从经济角度反映人口老龄化社会后果的指标之一。我国65岁及以上人口近几十年发展状况如表1-1所示。由表1-1可见,1982年我国65岁及以上人口占总人口的比例为4.9%,2017年我国65岁及以上人口占总人口的比例为11.4%,我国人口老龄化呈现加速上升的态势。

表1-1 我国65岁及以上人口近几十年发展状况

年份	总人口/万人	65岁及以上人口/万人	65岁及以上人口比例/%	老年抚养比/%
1982年	101 654	4 991	4.9	8.0
1987年	109 300	5 968	5.4	8.3
1990年	114 333	6 368	5.6	8.3

(续表)

年份	总人口/万人	65岁及以上人口/万人	65岁及以上人口比例/%	老年抚养比/%
1995年	121 121	7 510	6.2	9.2
2000年	126 743	8 821	7.0	9.9
2005年	130 756	10 055	7.7	10.7
2010年	134 091	11 894	8.9	11.9
2015年	137 462	14 386	10.5	14.3
2016年	138 271	15 003	10.8	15.0
2017年	139 008	15 831	11.4	15.9

资料来源：《中国统计年鉴2018》.

按照国际衡量老龄化进程的常用标准，65岁及以上人口达到7%即达到老龄化，65岁及以上人口达到14%即进入深度老龄化，65岁及以上人口达到20%即为超级老龄化。与其他国家相比，我国人口老龄化进程惊人，如表1-2所示。仅从步入老龄化社会到深度老龄化所用的时间来看，某些国家用了相当长的时间：法国用了115年，瑞典用了85年，美国用了72年，而我国预计只用27年即可完成这个历程。从老龄化到超级老龄化，某些国家用了100年左右，而我国预计仅仅只用35年，达到超级老龄化社会，我国老龄化的速度前所未有。预计到2050年，我国60岁及以上老年人数量将达到4.8亿，占总人口的35.1%。老龄化也许会成为我国可持续发展与社会稳定的长期挑战。

表1-2 人口老龄化进程的国际比较

国家	老龄化进程			所需时间		65岁及以上人口比例(2002年)
	7%	14%	20%	从7%到14%	从14%到20%	
法国	1864年	1979年	2019年	115年	40年	16.3%
挪威	1885年	1977年	2021年	92年	44年	14.9%
瑞典	1887年	1972年	2011年	85年	39年	17.2%
澳大利亚	1939年	2012年	2030年	73年	18年	12.7%
美国	1942年	2014年	2030年	72年	16年	12.3%
加拿大	1945年	2010年	2024年	65年	14年	12.7%
意大利	1927年	1988年	2008年	61年	20年	18.6%
英国	1929年	1976年	2020年	47年	44年	15.9%
德国	1932年	1972年	2010年	40年	38年	17.3%
日本	1970年	1994年	2006年	24年	12年	18.4%
韩国	2000年	2019年	2026年	19年	7年	7.9%
中国	2000年	2027年	2035年	27年	8年	7.3%

资料来源：沈洁. 中国高龄者福祉和护理[M]. 东京：Minerubua. 2007:55-56.

2. 高龄、空巢、失能、残障、失独老人剧增

1) 高龄、空巢老人数量快速增加

《中国统计年鉴 2019》的统计数据显示,我国 65 岁及以上人口达到 16 658 万人,占人口总数的 11.9%,不断增加的高龄老年人使社会对长期护理服务的需求加剧。

随着我国城镇化的进行,流动人口增多、家庭平均人口越来越少,空巢老人、独居老人数量不断增加。根据中国保险行业协会 2017 年关于老人护理需求情况所做的调查[①]显示,调查城市中空巢老人占调查对象的 53.63%,其中独居老人占调查对象的 11.10%。这意味着,我国约半数的老人缺少妥善的生活照料,精神慰藉缺失,面临老无所依、老难所养、孤独终老的问题。

2) 失能老人的托养面临突出问题

据 2016 年第 4 次城乡老人生活状况抽样调查显示,我国失能老人突破 4000 万大关,失能、半失能老人占老人总体的 18%。大量失能、半失能老人的出现,意味着对老人的照料护理需求大量增加。

随着年龄增长和身体自然衰退弱化,我国老年人身体健康状况日益下降,各种老年性疾病的发病率都呈现上升的趋势。2013 年,由卫生部公布的《第 5 次国家卫生服务调查分析报告》显示,我国居民按人数计算的慢性病患病率由 2008 年的 18.9%增加至 2013 年的 24.5%,其中 65 岁以上老年人慢性病患病率高达 78.4%,比 2008 年提高了 13.9 个百分点。多发疾病、慢性疾病严重威胁着老年人的身体健康,这也直接导致了老年人在日常生活、行动中的不便。

3) 残障老年人面临年迈和残疾双重障碍

我国不仅是世界上老年人口最多的国家,也是残疾人数量最多的国家。据 2006 年第 2 次全国残疾人抽样调查数据测算,我国各类残疾人总数为 8296 万人,残疾人数量占全国总人口的 6.34%。其中,60 岁及以上的残疾人有 4416 万,占全部残疾人数量的 53.23%。老年残疾人数量占全国 60 岁以上人口的 24.43%,老年人残疾率是总人口残疾率的 3.85 倍。

老年残疾人的增多已成为我国人口老龄化过程中的必然趋势及突出问题。老年残疾人属于老残一体的双重弱势群体,涵盖失能老人、部分失能老人、重度残障老人、生活半自理老人以及"一户多残"老人等多种情况。数量不断增长的老年残疾人面临年老和残疾的双重障碍,自然衰老带来的身体器官功能退化与残疾带来的身心障碍叠加在老年残疾人身上,使其在日常生活、社会参与等方面遇到一系列不同于常人的困难。因此,在我国老年残疾人数量的绝对规模和相对规模双双增长的情况下,老年残疾人的生活照料或长期护理问题已成为我国人口老龄化背景下亟须解决的社会问题。

---

① 中国保险行业协会 2017 年 7—9 月在广州、东莞、荆门、襄阳、安庆、蚌埠、苏州、南京、宁波、绍兴、北京、成都、攀枝花、青岛、烟台、上饶、鹰潭、南通、镇江、长春、吉林、上海 22 个城市进行的专项问卷调查

4) 失独老人数量持续增加

据统计，2012年我国至少有100万"失独老人"，且每年以约7.6万的数量持续增加。对于作为响应国家号召执行计划生育政策的这些"失独老人"来说，他们尽了自己应尽的责任和义务，就有权利要求国家为其晚年生活负责。政府无论是从责任角度还是从伦理角度出发，都应该为这些"失独老人"建立相应的社会保障制度，以确保这些老人的晚年生活。

1.1.2 家庭养老功能的弱化，为养老机构提供了契机

人口老龄化进程必将同步发生人口出生率的下降、老年人口抚养比上升、户均人口下降，从而对传统的家庭养老保障模式及赖以存在的伦理文化基础形成冲击，家庭养老保障在多元化、多层次养老保障体系中的定位也将重新进行调整。

1. 家庭结构的变化

1) 家庭规模小型化

20世纪70年代末，计划生育政策的实施使4-2-1乃至8-4-2-1家庭结构在21世纪大量出现，家庭平均人口从20世纪50年代的5.3人/户，降低到2017年的3.03人/户。我国传统养老模式以家庭养老为主，由家庭在经济上供养老人，生活上照料老人，精神上慰藉老人。随着家庭规模日渐缩小、以核心家庭为代表的小家庭日益涌现，家庭养老功能不断弱化，可见传统的家庭养老已难以为继，替代性的社会化养老服务支持系统成为维持和提高老年人口生活质量的必要途径。

2) 老年人与子女居住方式的改变

老年人与子女的居住方式是决定家庭养老功能能否发挥的重要因素。1982年、1990年和2000年普查数据表明，大部分老年人与其子女同住。当子女与父母共同居住时，子女能够在日常活动、经济支持和情感体贴等方面提供更多支持。但20世纪70年代末我国实施计划生育政策以来，生育率逐渐降低，能够与老年人同住的子女数量不断减少，即使是与子女同住的家庭，家庭养老功能的发挥也不乐观。在可预见的未来，我国低生育水平状况将长期保持，同时人口老龄化进程将持续推进并不断加深，家庭规模日益缩小，家庭结构日趋核心化，代际分开居住模式越发流行，传统家庭养老面临挑战。

3) 老年抚养比不断攀升

随着老年抚养比快速上升，我国养老负担将急剧上升。表1-3显示了我国从1982年到2017年的老年抚养比的发展状况。我国老年抚养比从1982年的8.0%上升到2017年的15.9%，几乎翻了一番。这表明我国人均劳动力承担的老年人数量近10年来快速增长，也意味着劳动力人口的护理负担不断加重。据推测，到21世纪中叶，我国老龄化将不断加深，养老压力也将不断增加，我国的养老照护体系将面临越发严峻的挑战。

表1-3 我国老年抚养比的发展状况

年份	老年抚养比/%	年份	老年抚养比/%
1982年	8.0	2011年	12.3
1987年	8.3	2012年	12.7
1990年	8.3	2013年	13.1
1995年	9.2	2014年	13.7
2000年	9.9	2015年	14.3
2005年	10.7	2016年	15.0
2010年	11.9	2017年	15.9

资料来源：《中国统计年鉴2018》.

2. 女性就业率居高不下

我国绝大多数的老年人在家庭中接受子女或配偶提供的照护服务。由于女性在老年人照料方面具有天然的性别优势，无论是在中国还是在其他国家，女性都是家庭非正式照护的主要人员。但是，随着社会的发展和经济体制的转换，女性走出家门，走向社会已经成为一种不可阻挡的趋势。

我国是全世界女性就业率较高的国家，且女性就业率居高不下，2007年我国女性就业率高达73%，由女性家庭成员照顾老人的期望难以实现。随着社会生活的转变，大量女性进入劳动力市场，女性在事业上也取得了一定的成就。一旦家中出现失能老人，就业女性可能要面临艰难抉择。有事业追求的女性往往很难拿出大量的时间和精力去照顾老人，即便是有些女性最终选择照护老人，也会付出极大的代价。由于失能老人需要24小时的照顾，这不仅占用照护者大量时间，更会给照护者造成沉重的心理压力，特别是对于那些认知功能存在障碍的老人，一般的家庭照护者难以长期应对。随着家庭非正式照护者的不断减少，家庭照护服务供给的可持续性问题越发突出。

3. 流动人口增加，家庭养老功能弱化

如表1-4所示，我国流动人口从2000年的1.21亿人增加到2010年的2.21亿人，占全国人口总量的16.5%；2017年，我国流动人口已达到2.44亿(人户分离人口达2.91亿)，比2000年翻了一番以上。大规模的人口流动已经成为我国养老保障不可忽视的重大问题。人口流动使子女对父母的生活照料和情感支持受到影响。子女外出工作后，空间上的距离使子女无法为父母提供日常生活照料，也不能在父母生病期间陪护照顾。人口流动对家庭养老的负面冲击表现为三个方面：人口流动的性别结构变化、居住方式的改变和养老观念的转变。

表1-4 我国流动人口数量发展状况

年份	人户分离人口/亿人	流动人口/亿人
2000年	1.44	1.21
2005年	—	1.47

(续表)

年份	人户分离人口/亿人	流动人口/亿人
2010 年	2.61	2.21
2011 年	2.71	2.30
2012 年	2.79	2.36
2013 年	2.89	2.45
2014 年	2.98	2.53
2015 年	2.94	2.47
2016 年	2.92	2.45
2017 年	2.91	2.44

资料来源：《中国统计年鉴2018》.

1) 流动人口的性别结构变化影响家庭养老功能的实现

随着女性受教育程度和家庭地位的提高，女性不再局限于传统家庭角色，而是走向职场。人口流动对妇女职业的改变，加速了家庭养老功能的弱化。

2) 居住方式的改变影响家庭养老功能的发挥

父母与子女居住的地理距离越近，老人能够获得的照料资源就越多。人口流动拉大了父母与子女间的距离，降低了子女探望父母的频率，减少了父母与子女团聚的机会。

3) 养老观念的转变使家庭养老功能弱化

子女在城市工作生活的经历改变了其原有的人生观、价值观，与父母之间的代沟加大，情感交流受到影响。

总体来看，我国流动人口相对年轻。《2011 中国流动人口发展报告》显示，我国流动人口的平均年龄为27.9岁，"80后""90后"占比高达64.7%；我国流动人口平均居留时间持续上升，由2011年的4.8年上升到2016年的7年。由此可见，如此大规模、常规化的流动人口迁移，使"50后""60后"的养老问题更加突出。

综上所述，随着我国城市化的进行，家庭结构发生变化，女性就业率居高不下，再加上大量流动人口的出现，使原本可以依靠的家庭养老面临前所未有的挑战，由家庭成员照顾老人难上加难。

1.1.3 护理需求显著增加

根据中国保险行业协会2017年关于老人护理需求情况所做的调查显示(见表1-5)，调查对象中正在接受各种形式护理服务的占17.3%，还有8.8%的调查对象需要护理服务但没人提供服务。关于需要护理服务却得不到服务的原因(见表1-6)，该调查显示，没有家人或亲友的占22.4%，没有经济能力的占45.8%，而找不到合适机构或人员的占31.3%。可见老年人的护理状况堪忧，我国护理情况不容乐观。

表 1-5　老人接受护理服务的现状

各类情况	占调查对象比例
正在接受各种形式护理服务	17.3%
不需要护理服务	73.9%
需要护理服务但没人提供服务	8.8%

表 1-6　需要护理服务但没人提供服务的原因

各类原因	没有家人或亲友	没有经济能力	找不到合适的机构或人员	其他
占调查总体比例	22.4%	45.8%	31.3%	0.5%

如表 1-7 所示，我国 50 岁及以上老人的护理服务的需求呈逐渐上升态势，由 2000 年的约 1134 万人，预计上升到 2025 年的约 2559 万人。值得注意的是，如果家庭养老保障水平进一步弱化的话，对护理服务的需求还会进一步增加。

表 1-7　我国 50 岁及以上老人对护理服务的需求　　　　　　　　单位：人

年份	长期护理的需求预测		
	男	女	合计
2000 年	5 283 968	6 051 244	11 335 212
2005 年	6 347 490	7 339 331	13 686 821
2010 年	7 287 661	8 469 253	15 756 913
2015 年	8 338 185	9 793 828	18 132 012
2020 年	9 897 121	11 713 992	21 611 114
2025 年	11 641 105	13 943 925	25 585 030

资料来源：张凯悌，等. 社区服务与人口老龄化的对策研究[M]. 北京：华龄出版社，2000：336.

随着我国人口老龄化迅速发展，结构日益分化、内容愈加多样化的养老服务需求与供给滞后的矛盾日益突出；大量失能、半失能老人的出现，意味着老人照料护理需求将会大量增加。在人口老龄化日趋严重的社会背景下，为应对不断增加的养老需求，养老机构逐渐发展起来，养老机构成为老人及其家庭的重要选择之一，是养老服务体系中的重要组成部分，在养老服务供给中发挥着重要作用。

1.2　我国养老机构的服务定位

养老服务模式主要有两种：一种是养老机构服务；另一种是居家养老服务。养老机构服务是指养老服务由福利院、敬老院、养老院等养老机构提供，服务种类包括护理、食宿、照料等。居家养老服务是指老人居住在家中，以社区为中心，养老服务由以社区为依托的各种社会力量来提供。居家养老服务是介于家庭和机构照顾之间的运用社区资源开展的一种养老服务方式，由正规服务机构、社区志愿者及社会支持网络共同支撑，为有需要的老人提供帮助和支援，使他们能在其熟悉的社区环境下维持自己的生活，避免不必要的住院或隔离。

在传统的养老服务体系中，养老机构服务是城镇"三无"和农村"五保"老人等特殊困难群体的主要养老模式；大多数老人由家庭照顾。但是，随着人口老龄化程度的加剧，家庭日趋小型化和核心化，家庭的养老功能逐步削弱，传统的福利服务模式已不能适应老年人的养老服务需求，由此居家养老服务应运而生。面对来势汹汹的人口老龄化浪潮，明确养老机构服务和居家养老服务在养老服务体系中的定位，对于更好地发展养老服务事业有着极为重要的意义。

1.2.1 养老服务定位的决定因素

养老机构服务和居家养老服务有着各自的特点。养老机构服务的优势在于服务专业化，老年人能够得到充分的生活照料和医疗护理，居住环境好，休闲时间多，集体生活能排解老人孤独感，减轻子女负担，符合老人独立生活的尊严感，甚至有再婚选择的可能；但养老机构服务要求老人要重新适应环境、重建人际关系，容易与同住老人发生冲突，生活成本高，额外支付基本生活设施租赁费用，缺少精神慰藉。居家养老服务的优势在于熟悉的家庭环境、人际关系、社区环境，养老成本低，生活成本低，可以充分利用原有的家庭资源、居住环境、家具、耐用消费品、生活设施和社区资源，更易得到家庭成员的照顾，满足精神赡养需求，符合传统的养老心理和习俗；但居家养老服务容易引起代际冲突，对老人健康状况要求高，要求老人能够生活自理。所以，养老机构服务和居家养老服务在养老服务体系中的定位，应由以下两个方面因素决定。

1. 老人的养老意愿

养老机构服务和居家养老服务的对象是老人，老人的养老服务需求是决定养老机构服务和居家养老服务构成比例和发展方向的首要因素。许多老人虽然有养老金，有独立生活的经济保障，但其在养老机构始终感到孤独，而居家养老的方式能够让老人更易享受到家庭生活带来的温暖。大量的实证调查数据显示，老人更愿意选择居家养老的方式来安度晚年。老人选择入住养老机构，主要是因为健康状况变差、家人无力护理和自我照顾能力衰退。由此可见，养老机构更多的是老人自理能力退化后，才会考虑的选择。

2. 服务效率

服务效率可以从两个方面进行考察：一是服务覆盖率；二是资金投入的成本和效益。从服务覆盖率来看，居家养老服务覆盖的老年人群范围更广。这是因为养老机构服务收费较高，把一部分收入较低的老人排除在外。从资金投入的成本和效益来看，开展居家养老服务的投入成本低，服务对象覆盖面更广，服务方式更加灵活，其产生的社会效益较高。

1.2.2 养老机构服务的对象

在我国养老机构服务的发展过程中，养老机构服务对象发生了转变。社会福利社会化改革之前，养老机构服务的对象为"三无"老人(无劳动能力，无生活来源，无法定赡养、抚养、扶养义务人或者其法定赡养、抚养、扶养义务人无赡养、抚养、扶养能力)，一般的社会老人不在养老机构服务对象之列。社会福利社会化改革提出了"服务对象公众化"后，一般的社会老人被纳入养老机构服务对象范围，养老机构的服务对象已扩展到全体老人。在这一共识的前提下，有一些问题值得思考。从我国目前的现实情况出发，养老机构服务资源显然是有限的，供需矛盾将长期存在，在供需失衡的情况下，养老机构服务资源如何合理、有效地进行分配至关重要。养老机构服务的对象是所有需要服务的老人，既有高收入老人，也有低收入老人；既有健康老人，也有生活不能自理的老人，无论是从需求的紧迫性、强烈性，还是从满足这种需求的道义性、可能性，都要有侧重点，这才是对养老机构服务对象比较全面的认识。

1.2.3 养老机构服务的性质

正确认识养老机构服务的性质至关重要，这将直接决定服务对象、服务范围、服务内容、资金来源和服务方式，决定国家、市场互动关系和社会边界，决定社会资源分配模式和国家社会责任。要判断养老机构服务的性质是福利性的还是商业性的，首先要搞清"福利性"和"商业性"的概念。所谓"福利性"是指不按照等价交换的原则，在公共资金的支持下，按照人们的实际需要，尤其是贫弱群体的特殊需要去分配财富和提供服务。从运行原则上看，"福利性"服务是政府或非政府组织向公民提供各种社会服务。"商业性"是指按照等价交换的原则，由市场提供各种服务。

依据以上分析，我们对养老机构服务的性质进行判断。从服务的对象来看，养老机构服务的对象是老人，而社会孤、老、残、幼和其他有特殊困难的社会成员历来是世界各国社会福利服务的对象。我国社会福利社会化改革后，老年福利事业正在从补贴型向普惠型转变，老年福利服务的对象也已经从特殊困难老年群体扩大到全体老人。从这一点可以判断出，养老机构服务的性质应该是福利性的，而不是商业性的。但是，随着社会福利社会化改革的深入，养老机构服务的资金来源和运行机制出现了变化。从资金来源渠道看，大量的社会资金进入养老机构服务领域，虽然政府投入逐年增加，但是投入的资金比例逐渐下降。从养老机构服务的运作看，政府把一批政府公办养老机构通过转制的方式推向市场，并引入竞争机制以促进养老机构服务效率的提高，使养老机构服务呈现越来越浓的商业化倾向，但是市场上绝大多数养老机构是非营利性的，我们不能把非营利性养老机构服务的经营性等同于商业性。无论是从经济活动运行的规律，还是客观的社会主义市场经济条件，养老机构服务都自然具有经营性，但我们不能将这种经营性简单地等同于商业性，它的主要目标不是利润，而是为了更有效地实现养老机构服务的福利性。

目前，社会力量兴办的养老机构大多是非营利机构，政府规定其经营所得和接受的捐赠不能在出资人中分红，以保持机构的福利性质。同时我们还应看到，非营利性养老机构服务的福利性不能等同于社会救助的福利性，不能将非营利性养老机构服务一律视为无偿或低偿服务。应该说，非营利性养老机构服务作为一种社会事业，本质上具有福利性和经营性的双重属性。

1.3 我国养老机构的类型

1.3.1 按投资主体分类

目前，我国养老机构的投资主体包括国家、集体、民间和外资。所以，养老机构可以分为国办、集体办、民办和外资办。一般将国办、集体办的养老机构称为公办养老机构。公办养老机构的服务对象必须首先是低收入老人，养老机构向其提供无偿、低偿的供养服务，享受政府财政拨款。民办养老机构主要由民间力量出资创办，其服务对象不受限制。

1. 国办养老机构

所谓国办养老机构是指由政府投资兴办的养老机构。国家现在对国办养老机的功能定位界定为托底功能，即优先保障"三无""五保"和经济困难的孤寡、失能、高龄等老年人的养老服务需求，充分发挥"托底保障"作用，在此前提下为社会上的其他老年人提供服务。国家和地方财政投入举办的养老机构，由各级民政部门直接管理，如社会福利院、老年人社会福利院、光荣院、军队离退休干部休养所(中心)等。

2. 集体办养老机构

集体办养老机构是指在农村设置的供养"五保"老人的养老机构，供养内容包括保吃、保穿、保住、保医、保葬。这类机构既有政府投资兴办的，也有农村集体经济投资兴办的。现阶段，我国农村五保供养机构的功能定位如下所述：健全农村五保供养机构功能，使农村五保老人老有所养；在满足农村五保对象集中供养需求的前提下，支持乡镇五保供养机构改善设施条件并向社会开放，提高运营效益，增强护理功能，使之成为区域性养老服务中心。

3. 民办养老机构

所谓民办养老机构是指由社会力量投资兴办的养老机构，其服务对象是社会上的广大老年人，社会力量可以理解为除政府力量以外的力量。

在我国，除了公办养老机构外，为了应对人口老龄化的发展，增加社会养老服务的供给，2000年国务院颁布的《关于加快实现社会福利社会化的意见》(国办发〔2000〕19号)首次提出社会化养老，才逐步突破了传统单一的福利模式，形成了政府、集体以及民办等多元参与兴办的各类养老机构。为鼓励引导民间资本投资兴办养老机构，提高机构养老服务水平，中央和地方政府相继出台了一次性建设补贴、床位运营补贴等支持民办养老机构的政策，并就养老机构许可准入、建设运营、管理监督、质量评估等方面出台了一系列规定、办法、标准和规范。此后，增加养老机构数量和养老床位数量主要依靠社会力量，逐步使社会力量成为发展养老服务业的主体。

4. 外资办养老机构

外资办养老机构主要分布在北京、上海、广州等一线城市以及大连、青岛、常州、南京等二线城市(尤其是长三角地区)，这主要与外资养老服务机构定位高端有关，外资倾向于选择有一定消费能力、老龄化趋势明显、尚有开发空间的城市。

为推动我国养老服务业健康发展，推进服务业对外开放，2014年11月商务部、民政部联合发布了《关于鼓励外国投资者在华设立营利性养老机构从事养老服务的公告》，鼓励外国投资者在华独立或与中国公司、企业和其他经济组织合资、合作兴办营利性养老机构。在优惠扶持上，鼓励外国投资者参与专门面向社会提供经营性服务的公办养老机构的企业化改制；外商投资营利性养老机构可以从事与养老服务有关的境内投资，鼓励外国投资者发展养老机构规模化、连锁化经营，开发优质养老机构品牌；外商投资营利性养老机构与国内资本投资举办的营利性养老机构享有同等的税收等优惠政策和行政事业性收费减免。

5. 混合型养老机构

混合型养老机构主要是指地方政府用土地等资源投入和民间资本合作办的养老机构。近年来，我国加大公办养老机构管理运行体制改革力度，通过公办民营、公建民营、购买服务、委托管理等方式，养老机构建设、管理与运营的方式更加多样化。在近几年的养老机构改革中，混合型养老机构较多，可以分为民办公助型、公办民营型、公建民营型。

1) 民办公助型

民办公助型养老机构的投资主体是民间资本，政府只是相应地资助，以此调动民间力量投入养老机构建设。政府资助不能改变其多种经济成分的所有制性质，因此其管理体制和运行机制可以更多地和物质利益原则相关，与市场经济接轨，带有更大的灵活性和实效性。投资主体在运营民办公助型养老机构时，要充分考虑政府的意图、老年人的需要以及机构发展、需要坚持的正确方向等。政府能够随时施加一定的干预和影响，使民办养老机构能够更好地为老年人服务。

2) 公办民营型

公办民营型养老机构是各级政府和公有制单位已经办成的公有制性质的养老机构，需要按照市场经济发展的客观要求进行改制、改组和创新，更快地与行政部门分离，交由民间组织或者社会力量去管理和运作的养老机构。公办民营型的运营模式实现了多种经济成分并存、多种管理和运营模式并存、充满生机和活力的发展局面。

3) 公建民营型

公建民营型养老机构，是指在新建养老机构时，各级政府要摒弃过去那种包办包管、高耗低效的管理体制和运营机制，按照办管分离的发展思路，由政府出资，招标社会组织或服务团体去经办和管理运作，政府则按照法律法规和标准规范担负起行政管理和监督的责任。由此可见，公办民营与公建民营是既有联系也有区别的。

1.3.2 按照营利性分类

按照是否以营利为目的，养老机构可分为非营利性和营利性两大类。

1. 非营利性养老机构

非营利性养老机构应当在当地民政部门注册登记，属于民办非企业组织，持有《社会福利机构执业证书》，民政部门对这些养老机构按照民办非企业单位进行管理。非营利性养老机构具有非营利性组织的特征，以谋求社会福利为宗旨，不以追求利润为目的，享受国家优惠政策，并且不需要上缴税收，但盈利部分不能分红，只能用于养老机构的滚动式发展，属于老年社会福利事业。非营利性养老机构主要有民政部门兴办、国有大中型企业兴办、慈善机构兴办三种类型。

1) 民政部门兴办的养老机构

这类机构都是由国家投资的，如为"三无"老人提供服务的社会福利院和为"五保户"提供服务的敬老院。

2) 国有大中型企业兴办的养老机构

这类机构现在正在改革，会逐步走向市场化、社会化的管理。

3) 慈善机构兴办的养老机构

各种类型的慈善基金会，如红十字会、宗教机构等兴办的养老机构都在这个范围内。

2. 营利性养老机构

营利性养老机构应当在当地工商、税务部门进行注册登记，属于营利性的企业组织。营利性养老机构可以追求利益最大化，一般不享受国家有关优惠政策，在完成税收征缴后，其利润可以分红，属于老龄产业。

一般来说，公办养老机构和民办非营利性养老机构属于福利性养老机构，这些养老机构不以追求利润为目的，承担了福利性的社会养老服务功能。但是，理论上讲，不论是营利性还是非营利性养老机构，都具有社会福利性质，都是以提高老年人晚年生活品质、为老人谋福利为目的而运营的。

1.3.3 按照服务功能分类

按照服务功能,并依据民政部 2001 年颁布的《老年人社会福利机构基本规范》,我国养老机构可以划分为以下几种类型。

1. 老年社会福利院

老年社会福利院是指由国家出资创办并管理的,为综合接收"三无"老人、自理老人、介助老人、介护老人安度晚年而设置的社会养老服务机构。目前,我国的老年社会福利院仍然以接收"三无"老人为首要的服务任务,同时也接收社会老人,其服务内容广泛,涉及养老服务的方方面面。

2. 养老院

养老院是指专为接收自理老人或综合接收自理老人、介助老人、介护老人安度晚年而设置的社会养老服务机构。养老院同样设有生活起居、文化娱乐、康复训练、医疗保健等多项服务设施。

3. 老年公寓

老年公寓是指专供老年人集中居住,符合老年体能心态特征的公寓式老年住宅。

4. 护老院

护老院是指专为接收介助老人安度晚年而设置的社会养老服务机构。

5. 护养院

护养院是指专为接收生活完全不能自理的介护老人安度晚年而设置的社会养老服务机构。

6. 敬老院

敬老院是指在农村乡镇、村组设置的供养"三无"老人、"五保"老人和接收社会寄养老人安度晚年的社会养老服务机构。

7. 托老所

托老所是指为短期接待老年人接受托管服务的社区养老服务场所,分为日托、全托、临时托几种形式。

8. 老年人服务中心

老年人服务中心是指为老年人提供各种综合性服务的社区服务场所。

这些养老机构均应设有生活起居、文化娱乐、康复训练、医疗保健等多项服务设施,其服务范围主要包括老年护理服务、个人生活照料服务、心理或精神支持服务、安全保护服务、环境卫生服务、协助医疗护理服务、医疗保健服务、膳食服务、洗衣服务、物业管理维修服务、陪同就医服务、咨询服务、通信服务、送餐服务、交通服务等。

现阶段，我国一般的福利院、敬老院均未进行服务功能定位，在功能定位和服务对象上存在交叉现象，难以清楚地按照老年公寓、护理院或者康复机构、临终关怀机构进行分类，因此多数养老机构采取在机构内部分类的方法，将收养老人按照需要照料的不同程度进行分类，分为专门护理、一级护理、二级护理、三级护理等，最终实行分部或者分区管理。

1.4 我国养老机构管理体系概述

1.4.1 养老机构管理体系构成

养老机构管理体系主要包括外部对养老机构的管理和机构自身的内部管理，如图1-1所示。外部对养老机构的管理主要是政府对其的管理，多是从宏观方面对养老机构的建设、服务和运营进行管理，管理的形式主要是通过政策法规、标准的制定、养老机构的审批、监督检查和指导。外部管理的目标是确保养老机构建设项目的标准化、科学化和服务运营

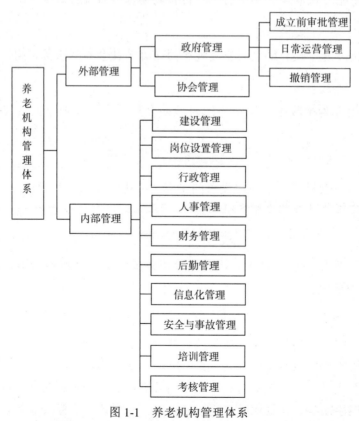

图1-1 养老机构管理体系

项目的规范化，以满足老年群体对养老机构的需求，促进养老事业健康发展。养老机构的内部管理是从微观层面进行的，主要依据国家政策法规，按照养老服务行业自身的特点，在建设、运营和发展方面构建自身的管理体系，制定自己的管理内容、目标和方法。

1.4.2 养老机构的外部管理

1. 外部管理的部门

政府是养老机构管理的主体，在宏观管理中担任"掌舵者"的角色，主要行使行政管理职能。政府在养老机构服务体系发展中应该制定政策、分配资源、协调和监督养老机构的健康发展。政府对养老机构的管理涉及的管理部门较多(如图1-2所示)。民政部门是主管部门，负责拟订养老机构管理办法，负责指导全国养老机构管理工作。县级以上人民政府民政部门是养老机构的业务主管部门，对养老机构进行管理、监督和检查，制订养老机构设置规划，履行审批和年检职能，也会定期对养老机构的工作进行年度检查。

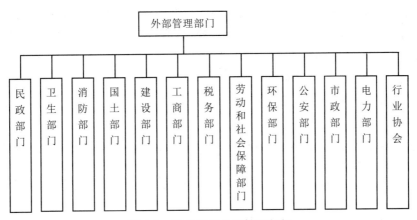

图1-2 养老机构外部管理部门

具体而言，民政部门是养老服务机构成立、变更、撤销的审批机关，负责养老机构的筹建、审批、验收、注册登记和发证，日常经营业务指导、监督，养老机构的建设和发展规划，年度审核、考评工作，养老机构的纠纷调解和意外事故的调查处理工作，还包括对公办养老机构和乡镇养老机构领导的任命和调整等。

除民政部门外，养老机构的外部管理部门还包括卫生、消防、国土、建设、工商、税务、劳动和社会保障、环保、公安、市政、电力等行政部门，各部门应各尽其职，共同对养老机构的运营和发展起监管和保障职责。以卫生部门为例，说明其对养老机构医疗服务方面的管理内容。卫生部门对养老机构的管理职责具体包括养老机构内设医疗服务部门(医务室等)的审批；年审医务人员职业资格认证、注册、职称晋升和继续教育；医疗服务过程中医德医风、服务质量的监督；卫生防疫；商品卫生监督；医疗纠纷的调解、仲裁等。

其他部门的管理职责简述如下。消防部门主要对养老机构的消防安全问题进行监督和指导；国土部门负责对养老机构用地的审批、划拨的管理；建设部门负责对养老机构建筑的审批和验收；工商部门负责养老机构的工商注册和经营监督；税务部门负责养老机构的财务监管和税务监督；劳动和社会保障部门负责养老机构用工的监督；环保部门负责养老机构污染排放等的监管；治安部门负责管理养老机构的治安与刑事犯罪问题；等等。

行业协会作为政府和养老机构的桥梁和纽带，发挥着沟通、协调和监督的职能。行业协会对养老机构的管理内容主要是传达政府对其的要求，帮助政府制订和实施行业发展规划，制定和执行行业规定和标准，监督本行业的服务质量，鼓励各机构公平竞争。

2. 外部管理的内容

外部管理的内容包括养老机构成立前的审批管理、运营过程中的日常管理以及验收不合格或违反规定时的撤销管理。

养老机构成立前审批管理的主要内容包括筹建阶段登记注册的审批、发证管理，筹建机构所用土地的划拨管理，建筑设计规范管理，内部设施、备品以及人员配备管理，建设资金的筹备管理等。

养老机构运营过程中的日常管理的主要内容包括日常经营业务指导与监督、年度审核和考评、管理人员和护理人员的培训、纠纷调解和意外事故的调查处理、消防安全和卫生防疫等问题的技术指导等。

撤销管理是指养老机构验收不合格或年度审核未通过等情况发生时，民政部门可按相关规定撤销其营业资格的管理。

3. 外部管理方法

养老机构外部管理的方法主要有依法管理、分级管理、目标管理、行业协会管理4种。

1) 依法管理

政府职能部门组织养老机构学习法律法规，使机构懂法、依法经营。政府部门还要负责制定符合本地区实情的政策法规，加强对机构的执法监督。

2) 分级管理

养老机构一般按照属地化管理的原则，实行一级政府主管部门对应管理一级养老机构，并由国家和地方制定相应的分级管理办法，规范各等级的标准，以此来对机构进行等级划分，提高机构的服务质量。如北京2002年制定了《北京市养老机构星级评定标准》，对养老机构实行星级管理，每一级别都有相应的标准和监管办法，以此来激励机构改善条件，提高服务质量。

3) 目标管理

政府主管部门根据实际情况制定养老机构的年度管理目标，包括经济目标、服务目标、安全目标等，并与机构负责人签订目标责任状，督促机构做好自身管理。

4) 行业协会管理

政府主要对养老机构的宏观管理，其微观管理职能将委托给行业协会，使行业协会充分发挥行业内的管理作用。行业协会的建立，大大减轻了政府的压力，使政府能够腾出更多的时间规划行业发展方向，制定政策法规，进行宏观管理。

行业协会是指由同行及其组织自愿组成，完成行业服务和自律管理的非营利性组织。行业协会属于非政府组织或非营利组织。行业协会作为行业自律组织，在政府与养老机构之间、机构与市场之间、机构与机构之间起到桥梁的作用，发挥协调、纽带与沟通的作用。行业协会在养老机构的管理具有行业自律、规范行业服务行为、开展行业检查和评估活动、进行行业协调、开展职业培训等作用。

1.4.3 养老机构的内部管理

1. 内部管理的分类

养老机构的内部管理的内容庞杂，按照不同的分类标准有不同的管理类型。

1) 按照管理内容进行分类

按照管理的职能，可将养老机构的内部管理划分为建设管理、岗位设置管理、行政管理、人事管理、财务管理、后勤管理、信息化管理、安全与事故管理、培训管理、考核管理。例如行政管理包括规章制度的建立与管理、组织机构管理；财务管理包括财务预管理、财务控制和分析管理；后勤管理包括养老机构的内外部环境管理、设施备品管理、消防安全与卫生防疫管理、水电煤等设备的维修管理。

2) 按照服务对象进行分类

按照服务对象，可将养老机构的内部管理划分为生活完全自理老人的管理、生活半自理老人的管理、生活不能自理老人的管理三大类。

3) 按照建设与经营过程进行分类

按照建设与经营过程，可将养老机构的内部管理划分为筹建申报管理、审批管理、注册登记管理、年度审核管理等。

4) 按照生产服务要素进行分类

按照生产服务要素，可将养老机构的内部管理划分为养老机构"人"的管理、"财"的管理以及"物"的管理。

(1) "人"的管理可分为对养老机构工作人员的管理和对入住老人的管理。"人"的管理应从三方面着手：第一，员工的选拔、岗前培训、聘用，把握好员工的入口关，并不断提高员工的素质和服务技能；第二，加强员工的职业技能培训和道德教育，因为机构服务对象的特殊性，要求工作人员不仅要有过硬的技能，还要在思想品质、职业道德方面有良好的基础；第三，加强员工的考核管理，做到奖惩分明。

(2)"财"的管理是指对养老机构的财务管理。养老机构的财务管理包括财务计划、资金分配、周转、成本核算和财务监督等方面的管理。为了使养老机构有限的资金能够获得最大的社会和经济效益，需要对机构的财务和资金进行系统管理。

(3)"物"的管理可分为软件管理和硬件管理。软件管理主要指规章制度管理、信息化管理、质量管理；硬件管理是指设施、设备的管理。随着经济社会的发展，软件方面的管理方法和技巧不断完善，养老机构的管理效率不断提高。硬件的设施设备管理包括对养老机构的建设，设备的采购、维护和使用等的管理。硬件管理使养老机构内所有设施设备的管理始终处于规范有序的状态，提高了设施设备使用效率，保证了各项工作正常进行。

2. 内部管理原则

养老机构内部管理应遵循以人为本、安全第一、质量至上、依法管理四大原则。

1) 以人为本的原则

养老机构管理中的"以人为本"主要体现在三个方面。第一，在规划设计、装修或改造过程中体现以人为本，充分考虑老人的体能、心态的变化，一切为了方便老人居住与生活，为老人营造一个温馨、舒适、安全、方便的居住环境。第二，在服务理念上体现以人为本，充分了解老人的需求，理解老人的心理与期望，对每一位老人提供体贴入微的个性化服务。第三，在员工的管理上体现以人为本。员工是养老机构生存与发展的重要因素，管理者对员工既要严格要求，又要处处关心，切实解决员工工作、生活上的困难，维护员工的合法权益，激发员工努力工作的积极性。

2) 安全第一的原则

养老服务业是一个高风险的行业，对象大多是体弱多病的老年人群，工作人员稍有不慎或工作疏忽，就有可能造成老人的意外伤害与事故，引来纠纷，造成损失。因此，在养老机构管理中，安全管理是头等大事。养老机构应该从制度上设防，意识上加以强化，把不安全因素消除在萌芽状态。

3) 质量至上的原则

质量是任何一个企业发展的生命线，养老机构也不例外。没有可靠的服务质量，难以吸引和留住老人，养老机构的经营将面临困境，甚至无法生存。

4) 依法管理的原则

养老服务是一个政策性很强、管理严格、社会关注度高、十分敏感的工作，稍有偏离，将会遭到政府行政部门的批评、处罚和社会舆论的谴责，使养老机构处于被动，甚至难堪的局面。只有依法管理才能使养老机构健康发展，才能赢得政府的扶持和社会的支持。

第 2 章　养老机构建设管理

2.1　养老机构的选址

养老机构的选址，即选择和确定养老机构的开办地点。养老机构是为老年人提供饮食起居、清洁卫生、生活护理、健康管理和文体娱乐活动等综合性服务的机构。在遵守国家和地方政策法规的基础上，需要以现代优质服务理念为指导，以老年人、运营管理效益为本，养老机构的选址需要综合考虑多种因素，力求整合周边资源，为未来养老机构的正常、有效运营提供保障。

2.1.1　养老机构选址原则

养老机构选址是一项公共行为，选址的好坏关系到老年人生活质量的高低，关系到养老机构的运营管理效益的高低。在参考和梳理《老年人社会福利机构基本规范》《老年人建筑设计规范》《老年人居住建筑设计标准》《老年养护院建设标准》《养老设施建筑设计规范》《城镇老年人设施规划规范》等文件基础上，我们归纳得出养老机构的选址应该符合以下几点要求。

1. 应符合当地土地利用总体规划

一般情况下，一个城市的总体规划都会留有社会福利用地或医卫慈善用地，作为养老机构建设用地；养老机构要建在可建设用地上，农保地不能用来建设养老机构。因此，在办养老机构前，机构申办人员需要到当地的规划部门、民政部门做适当了解。

2. 应符合避灾等安全要求

养老机构所选地段要满足地质稳定、场地干燥、排水畅通等条件。山之阳、水之阴，是理想的养老用地，但要确保地质稳定、不会发生滑坡。

3. 应符合环保要求

养老机构是为老年人而设的，必须充分考虑环保指标，远离噪声和其他污染源。

4. 应符合居住质量要求

养老机构要建在阳光充足、通风良好、视野开阔的地方。

5. 应符合交通进出方便的要求

养老机构应该设在交通方便、车位通畅的地方，3千米内最好设有二级以上综合医院。这样选址有三点好处：一是便于老年人进出；二是便于老年人家属、亲友探望；三是当老年人发生意外，能够快速及时地将老年人送往医院抢救。

2.1.2 养老机构选址影响因素

养老机构的选址除了需要遵循一定的原则外，还应该考虑到一定的影响因素，从而对选址的正确性、有效性做综合的评价。

1. 建设规模

床位多少代表着养老机构规模的大小。受土地和城市空间限制，市区适合中小型养老机构的发展；而城市郊区适合较大规模养老机构的开发，可独立建设并配套相应设施。

2. 服务定位

服务定位就是所建的养老院服务于什么类型的老年人，是提供高端、中端还是基础的服务；是营利性还是非营利性机构性质。服务定位可分为服务对象定位、服务层次定位和机构性质定位。

养老机构定位决定位置的选择。如果服务对象定位为健康老年人，养老机构可以选择郊区或者市区，也可以选择高新区，并配置齐全的基础生活设施和娱乐设施；如果服务对象定位为不能自理的老年人，养老机构宜选择具备一定水平的医疗服务的市区，这样也方便老年人家属探望。

3. 开发强度

增加容积率是养老机构发展建设的显著趋势，由于市区可利用土地面积小，无法进行高密度的开发，郊区可以选择低层高密度和高层低密度两种开发强度。但为了保证适老、宜老和生活品质，容积率应控制在适宜范围内。

《老年人居住建筑设计标准》(GB/T 50340—2003)规定，大型、特大型老年人居住建筑基地用地规模应具有远期发展余地，基地容积率宜控制在 0.5 以下。

《老年养护院建设标准》(建标〔2010〕194号)规定，老年养护院的建筑密度不应大于30%，容积率不宜大于0.8。

《北京市养老服务设施专项规划》规定，养老服务设施的容积率一般为1.2~2.0，集中建设区的容积率最高不应超过 2.5，非集中建设区的容积率最低不应低于 1.0。

上海市《养老设施建筑设计标准》(DGJ08—82—2000)规定，新区的养老设施的容积率不应大于 0.3，中心城旧区的不应大于 0.6。

《上海市绿色养老建筑评价技术细则》(2013 年 11 月)规定，养老建筑宜以低层或多层建筑为主，低层容积率不大于 0.8，多层容积率不大于 1.2。

4. 交通因素

市区交通网络比较发达，养老机构在市区的选址应尽量避开拥堵地段；养老机构在郊区应选址于与城市主干道、城市快速路或城市环路附近。

5. 环境因素

养老机构应建在城市公园、街心花园、休闲广场等休闲地带附近，或者位于郊区著名旅游风景区附近，以方便老年人外出活动，呼吸新鲜空气。

6. 配套设施

养老机构的配套设施要齐全，诸如老年文化活动中心、老年大学、绿化设施、医疗设施以及其他生活配套设施要统一规划，方便老人的出行和生活。另外，郊区的配套设施建议同步建设，以免老人产生被孤立的感觉。

2.1.3 不同选址模式的特点分析

养老机构的选址融合了交通、配套设施等多种环境因素。从地理学的角度来说，养老机构的选址模式包括城市中心区、城市郊区和高新区三种。通过对相关资料的梳理，我们对三种模式的优缺点进行分析，为养老机构选址提供参考。

1. 城市中心区模式

城市中心区模式是指养老机构位于城市经济繁荣、文化活动较为丰富、活力性较强的地带。一般小型养老机构或利用已有设施改建型的养老机构应选择此种模式。此种模式优缺点兼备。

1) 优点

城市中心区的交通发达、便捷，老人可以乘坐公共交通到达市区内的老年活动中心、老年大学、超市、公园、健身场所等地，如遇突发情况，可以就近送医；老人居住设施周围的城市功能混合，可以带来地块的活力，养老设施也相对开放，可以使老人更好地融入周围的环境，避免生活功能单一带来的孤独感和无趣感；利于社会各界开展敬老、爱老活动；由于设施在城市中心区，人口密度比较大，周围的居住区可成为该养老机构的潜在住户，方便当地居民就近养老。

2) 缺点

城市中心区的土地价格昂贵，设施建设成本较高，一方面，给入住老人带来费用上的负担，将中低收入的老人拒之门外；另一方面，开发单位多会选择高密度的建筑模式，外部环境相对减少，老人的室外交往和逗留的场所不能得到充分保障，也不利于老人与大自然接触。另外，停车场车位不足、健身器械不足等问题严重影响着养老机构的规模和服务质量。

3) 针对缺点的应对方案

紧凑式的场地开发对于城市来说是成熟和有效的开发模式，高密度的开发使得建筑室外场地的利用率减小。因此，要注重建筑内部的活动空间的设计，加强室内空间和室外空间设计的联系性。利用屋顶花园、露台、阳台等形式创造出多种室外空间的可能性，也要加强室内空间设计的层次性，从公共空间到私密空间提供不同层级的交往空间、活动空间，提升老人的归属感。

城市旧建筑改造成养老机构的过程中，首先要统筹利用社会的闲置资源，并不是所有的旧建筑都适合改为养老院，改造之前的建筑(群)对养老设施要有一定的适用性。其次，改造过程中应充分考虑老年人生活环境的无障碍设计。

2. 城市郊区——自然风景区模式

城市郊区远离城市中心的喧嚣，具有相对市区中心较好的生态环境，加之市区的养老机构已处于高度饱和状态，可供开发利用的空间有限，近年来越来越多的养老机构建设选址于城市郊区。同样，此种模式的优缺点兼备。

1) 优点

利用天然的景观和城市郊区相对宽松的用地，可建设大型高档的养老院、老年公寓。这种模式下，场地开发模式灵活，既可以选择低层高密度的开发模式，又可以选择高层低密度的开发模式；老年人的服务配套设施用地充足，可为老年人提供多种室外活动空间、健身空间、交往空间；设施周围已经形成了一定的建设规模，因此地块比较接近城市快速路、城市干道、城市环路等，虽然距离市区较远，但交通比较通达，易于到达城市中心和其他地方。郊区养老机构最直观的优势是空气质量好，自然环境好，物价水平相对较低，瓜果蔬菜新鲜。例如，上海众仁老年乐园、嘉定康福敬养院等郊区养老机构，无论是在环境还是在软件设施方面，都处于当地领先水平。

2) 缺点

郊区的养老机构养老配套设施不齐全，如区位优势没有城市中心的养老机构明显，医疗条件没有市区优越，有的城区养老床位"一床难求"，而郊区养老机构入住率平均只在六成左右。另外，不便利的交通会给子女探望带来一定的麻烦。郊区养老机构的其他周边配套设施也不够完善，如老人要去老年活动中心、老年大学、商场等要利用公共交通，浪费时间和精力。

3) 针对缺点的应对方案

首先，可以利用增值服务来弥补不足。例如，上海浦东泥城镇春雷养老院就制定了许多优惠服务项目，老人每月享受一次免费理发服务；每月特设"探亲日"，有专车停在人民广场，将家属集体接过来探望老人；老人要入住，100千米以内都可以上门接送。其次，提高管理水平。例如，上海青浦健乐颐养园特地委托著名表演艺术家张瑞芳进行管理。创办者看中的不光是张瑞芳的名人效应，更重要的原因是张瑞芳有自己创办养老院的成功经验。张瑞芳创办的爱晚亭从 2004 年开始已经盈利，它的管理模式已经显现成效。

3. 高新区模式

为了提升区域养老水平，促进高新区的建设和全面快速发展，养老机构也可选址于高新区。

1) 优点

每个城市的高新区都是城市发展战略中发展经济的重要方式，政府的扶持和社会资源的投入会带来高新区经济的快速发展，因此，对高新区各种类型的基础设施建设都会有较高的标准，这里的养老机构在硬件上更易达到先进水平。另外，高新区建设用地比较宽敞，储备用地比较充足，有利于养老机构大规模的集中开发。例如，苏州高新区狮山敬老院是高新区为推动和完善新型养老服务体系而投资兴建的一项惠民实事工程，主要为狮山街道"五保户"及其他有需求的老人提供服务。该敬老院占地面积 28 亩，总建筑面积 1.75 万平方米，床位 300 个。设计师利用高新区的真山真水风貌，打造出一个园林式的养老机构。

2) 缺点

高新区养老机构运营的首要问题是基础配套设施不完善，资源的暂时短缺会给老年人的生活带来不便。另外，完全崭新的环境可能会给老年人带来心理上的不适应。

3) 针对缺点的应对方案

首先，要统筹规划，分期开发建设。合理划分功能区域，规划便捷、通达、合理的交通路网，先开发建设基础设施，再进行养老机构的开发建设，周围形成了一定的生活氛围后再安排老人入住。其次，实现资源共享，提升养老机构的服务水平，带动整个区域的服务水平。仍以狮山敬老院为例，狮山敬老院委托苏州大学附属第二医院管理，医院提供 3500 万元的医疗设备；狮山敬老院不仅能提供一般的养老服务，更可为老人提供治疗、疗养、康复护理等深度服务；敬老院内的中西医结合医院还为高新区居民提供医疗服务。

2.2 养老机构内部规划与设计

养老机构的内部规划与设计不仅关系到入住老人生活的安全性、便利性，还与他们的心理和生理健康息息相关。因此，养老机构的规划与设计应最大限度地保证老年人自理、自立和有尊严地生活，以提高老年人的生活质量。

2.2.1 设计原则和要求

1. 以人为本

由于生理功能的老化和心理状态的转变，老年人对住宅形式、居住方式和居住环境的要求异于其他年龄段的人。养老机构设计应当充分考虑到老年人体能形态的变化，本着以人为本原则，实行人性化设计，从根本上减少或消除安全隐患，方便老年人生活，为老年人营造一个安全、舒适、方便的居住环境。在养老机构设计中我们要注意以下几点。

(1) 注重保护隐私。老年人需要一个属于自己、不被打扰的空间，在房间的设计和装修上应该注意保护老年人隐私。

(2) 设立标识系统。设立标识系统能更好地为视觉功能退化和记忆力减退的老年人提供活动上的方便。上海地区的养老机构可以按照上海市地方标准《养老机构服务应用标识规范》的相关条款设计机构内部标识系统；各地养老机构可以根据实际情况，为老年人行动提供方向性和指示性参考。

(3) 留有社交空间。老年人需要一个社会交往的公共空间，充实老年人的生活，减少孤独感。养老机构可在楼层一角设有活动区域，或者设计活动室、茶室等功能空间。

(4) 注意移动便利。老年人房间、卫生间或其他公共活动场所的设计，不仅要考虑常用设施(如门、窗等)操作的便利性，还要注重轮椅使用的便利性，要留有轮椅回转的空间、轮椅通行的宽度，且不宜设置门槛或者台阶。

2. 无障碍设计

随着年龄越来越大，入住的老年人都会出现不同程度的功能障碍，养老机构的规划与设计要充分考虑不同老年人的身体状况，以确保老年人活动的无障碍性，防止碰撞、跌倒、翻落等其他意外事故发生。

(1) 针对有行动障碍的老年人，应在走廊间设置扶手和休息区域，室内场所应该平坦而无高差或台阶；要考虑斜坡的设置和足够的室内及过道空间等，以方便轮椅使用者。

(2) 针对有视觉障碍的老年人，要保证室内空间的明亮，要在醒目位置用清晰易辨的颜色表示一些需要引起注意的安全和交通标志；保证地面平整防滑，方便弱视者行走以及探路手杖的使用。

(3) 针对有听觉障碍的老年人，要尽可能地降低噪声，窗户要严封，可采用吸音系数较高的装饰材料减弱噪声对室内的影响。

3. 安全性

安全性是养老院设计中一个非常重要的原则，它直接关系到老年人的人身安全。老年人活动的空间应加强安全措施的运用，如卫生间、浴室扶手的设置，地面防滑的设置，急救按钮的设置等。为提高安全性，卫生间应尽可能靠近卧室，从而减少老年人行动的距离。"安全性"居住环境应满足以下几点要求。

(1) 易于识别,视觉、听觉等标志应具有明确显示性。
(2) 易于控制和选择,要考虑老年人使用、操作的方便性。
(3) 易于到达,要考虑建筑物、设施、活动场所等的可及性。
(4) 易于交往,充分考虑设施内无干扰、无噪声,设置一些方便老年人交往的场所。

4. 舒适性

老年人身体素质逐渐下降,独自生活在陌生的环境中,保证环境的舒适性是十分必要的。养老机构的规划与设计要在以下几方面来保证使用的舒适性。

(1) 延续往日生活的设计。在设计中,应使环境的设计具有一定的地方传统,成为往日生活的延续,使老年人对居住环境不感到陌生,有家的感觉。

(2) 色彩的合理搭配。心理学研究表明,不同的色彩对人的心理和生理有不同的影响。老年人的视觉系统对色彩的要求具有特殊性,所以色彩的选择要适合老年人的心理和性格特征。老年居室的色彩要避免单调,要用温暖的色彩烘托出亲近祥和的意境。老年人视觉退化,故整体颜色不宜太暗,室内明度应亮一些;避免使用大面积的深颜色,防止有闷重的感觉。

(3) 适宜的建筑细部尺度。建筑物的细部尺寸大小要符合养老机构相关建筑设计标准,并在此基础上,考虑留出装修材料所占的部分,以防止装修过后的实际尺寸不能满足老年人的出行或者活动需求,影响使用体验。

(4) 适度的声光环境。声光环境对老年人的生活、休息或者活动也有一定影响。有效的隔音、方便的光线调节将大大方便听力和视力减退的老年人的活动,为他们的生活带来舒适、便利。

2.2.2 用房配置标准

1. 用房相关规定

国家标准《老年人居住建筑设计标准》规定:"老年人居住住宅套型或居室宜设在建筑物出入口层或电梯停靠层。""老年人居室和主要活动房间应具有良好的自然采光、通风和景观。"

养老院居室设计标准如表 2-1 所示。

表 2-1 养老院居室设计标准

类型	最低使用面积标准/m²		
	居室	卫生间	储藏
单人间	10	4	0.5
双人间	16	5	0.6
三人间	18	5	1.8

老年人居住建筑配套服务设施的配置标准如表 2-2 所示。

表 2-2 老年人居住建筑配套服务设施配置标准

用房		项目	配置标准
餐厅		餐位数	总床位的 60%～70%
		每座使用面积	2 m²/人
医疗保健用房		医务药品室	20～30 m²
		观察理疗室	总床位的 1%～2%
		康复保健室	40～60 m²
服务用房	公用	公用厨房	6～8 m²
		公用卫生间(厕位)	总床位的 1%
		公用洗衣房	15～20 m²
	公共	公用浴室(浴位)(有条件设置)	总床位的 10%
		售货、饮食、理发	100 床以上设置
		银行、邮电代理	200 床以上设置
		客房	总床位的 4%～5%
		开水房、储藏间	10 m²/层
休闲用房		多功能厅	可与餐厅合并使用
		健身、娱乐、阅览、教室	1 m²/人

老年养护院各类用房使用面积标准如表 2-3 所示。

表 2-3 老年养护院各类用房使用面积指标

用房类别		使用面积指标/m²/床				
		500 床	400 床	300 床	200 床	100 床
老年人用房	入住服务用房	0.26	0.32	0.34	0.50	0.78
	生活用房	17.16	17.16	17.16	17.16	17.16
	卫生保健用房	1.23	1.35	1.47	1.68	1.93
	康复用房	0.57	0.63	0.72	0.84	1.20
	娱乐用房	0.77	0.81	0.84	1.02	1.20
	社会工作用房	1.48	1.50	1.54	1.56	1.62
其他用房	行政办公用房	0.83	0.94	1.07	1.30	1.45
	附属用房	3.57	3.81	3.97	4.34	5.19
合计		25.87	26.52	27.11	28.40	30.53

注：老年人用房、其他用房平均使用面积系数分别按 0.60 和 0.65 计算；建设规模不足 100 张的参照 100 张床老年养护院的面积指标执行

根据民政部 2010 年《社区老年人日间照料中心建设标准》，社区老年人日间照料中心房屋建筑面积指标及各类用房使用面积标准如表 2-4、表 2-5 所示。

表 2-4　社区老年人日间照料中心房屋建筑面积指标

类别	社区人口规模/人	建筑面积/m^2
一类	30 000～50 000	1600
二类	15 000～30 000(不含)	1085
三类	10 000～15 000(不含)	750

注：平均使用面积系数按 0.65 计算

表 2-5　社区老年人日间照料中心各类用房使用面积所占比例

用房名称		使用面积所占比例/%		
		一类	二类	三类
老年人用房	生活服务用房	43.0	39.3	35.7
	保健康复用房	11.9	16.2	20.3
	娱乐用房	18.3	16.2	15.5
辅助用房		26.8	28.3	28.5
合计		100.0	100.0	100.0

注：表中所列各项功能用房使用面积所占比例为参考值，各地可根据实际业务需要在总建筑内适当调整

2. 卫生间配置标准

卫生间应靠近卧室，卫生间的门最好靠近床位。两者之间的布置不要有高度差，以防老年人夜间不够清醒时发生意外事故。卫生间最小面积要满足乘轮椅者进出和使用要求。卫生间入口的有效宽度不应小于 0.8m。轮椅进入后既能接近卫生洁具，又能顺利倒退出卫生间。

为了保证必要的护理空间，老年人卫生间至少是净宽 1.35m 以上的方形，卫生间里厕位和洗漱位大多分开设置，卫生间内仅设坐便器，洗手盆则位于外部。

洗浴过程中老年人最容易发生意外，卫生间的设计必须特别注意安全措施，如地面的防滑、排水的畅通、扶手的正确安放、扶手表面的防滑处理、设置紧急呼叫设备等。卫生间的门最好内外均可开启，以便在紧急情况时能从外面开启。门扇应为推拉门，避免出事故的人或轮椅将门堵住，造成开启困难。为方便护理人员随时知晓老年人在卫生间的动向，在门扇上应设置观察窗口，方便必要时护理人员进入卫生间。

3. 厨房配置标准

老年人使用的厨房面积不应小于 4.5m^2。供轮椅使用者使用的厨房，面积不应小于 6m^2，轮椅回转面积不小于 1.50m×1.50m。

考虑到老年人的腿脚、手臂伸展的不灵便，操作台面的深度以 0.50～0.55m 为限，

台面前半部分 0.25～0.30m 用来操作，后半部分 0.25m 可以用来摆放各种物品。台面高度以 0.85m 为宜，对轮椅使用者高度可略降低，以 0.75～0.80m 为宜。工作台面下要有容膝空间。主要操作台的底面可设置抽屉。吊柜柜底高度应小于或等于 1.20m，深度应小于或等于 0.25m。

洗涤池的设计尺度与工作台面类似，其下部也要有容膝空间。水龙头可采用 1/4 转开关、感应开关、电动开关。

灶具高度一般与工作台面平齐，且考虑到炉具的安全隐患。开关旋钮的体积要较大，且有明显的标识，以便于操作，最好在开关处装置指示灯。由于老年人的记忆欠佳，可安装自动断气、断电装置以及漏气预警装置。

4. 起居室配置标准

(1) 起居室短边净尺寸不宜小于 3.00m。
(2) 起居室与厨房、餐厅连接时，不应有高度差。
(3) 起居室应能直接采光、自然通风。
(4) 室内陈设品宜少而简洁，尽量采用平行、直线陈设方式。
(5) 室内墙面、门洞及家具位置，应符合轮椅通行、停留及回转的使用要求，方便老年人起居、饮食活动。

5. 卧室配置标准

(1) 老年人卧室短边净尺寸不宜小于 2.50m，轮椅使用者的卧室短边净尺寸不宜小于 3.20m。
(2) 主卧室宜留有护理空间。
(3) 卧室宜采用推拉门，若采用平开门时，应采用杆式门把手，最好选用内外均可开启的门。
(4) 衣柜挂衣杆高度应小于或等于 1.40m，其深度应小于或等于 0.60m，衣柜不宜过高，也不宜设置低于膝盖的大抽屉。
(5) 所有家具中，卧具对老年人至关重要，其高度既要便于老年人上下床，又要便于穿鞋、铺床。

6. 阳台配置标准

(1) 老年人住宅和老年人公寓应设阳台。
(2) 阳台栏杆的高度不应低于 1.10m。
(3) 阳台上设置便于老年人使用的晾衣装置和花台。

2.2.3 机构建筑规范性设计

由于养老机构建筑的特殊性，其建筑设计除应符合一般建筑设计标准外，还应当符合《老年人社会福利机构基本规范》《老年人建筑设计规范》《老年人居住建筑设计标准》《养老设施建筑设计规范》《城镇老年人设施规划规范》《老年养护院建设标准》等要求，从而实现最优化设计。

1. 道路交通

(1) 养老机构内的道路系统应简洁通畅，具有明确的方向感和可识别性，避免人车混行。道路应设明显的交通标志及夜间照明设施，在台阶处宜设置双向照明，并设置扶手。

(2) 道路设计应保证救护车能就近停靠在住栋的出入口。

(3) 老年人使用的步行道路应做成无障碍通道，道路的有效宽度不应小于0.90m；坡度不宜大于1/40；当坡度大于1/40时，在变坡点应予以提示，并宜在坡度较大处设置扶手。

(4) 步行道路路面应选用平整、防滑、色彩鲜明的铺装材料。

2. 场地设施

(1) 应为老年人提供适当规模的绿地及休闲场地，并宜留有供老年人种植劳作的场地。场地布局宜动静分区，供老年人散步和休憩的场地宜设置健身器材、花架、座椅、阅报栏等设施。

(2) 距活动场地半径100m内应有便于老年人使用的公共厕所。

(3) 供老年人观赏的水面不宜太深，深度超过0.6m时应设防护措施。

3. 停车场

(1) 专供老年人使用的停车位应相对固定，并应靠近建筑物和活动场所入口处。

(2) 与老年人活动相关的各建筑物附近应设供轮椅使用者专用的停车位，其宽度不应小于3.50m，并应与人行通道衔接。

(3) 轮椅使用者使用的停车位应设置在停车场出入口最近的位置，并应设置国际通用标志。

4. 室外台阶、踏步和坡道

(1) 步行道路有高差处、入口与室外地面有高差处应设坡道；室外坡道的坡度不应大于1/12，每上升0.75m或长度超过9.00m时应设平台，平台的深度不应小于1.50m，并应设连续扶手。

(2) 台阶的踏步宽度不宜小于0.30m，踏步高度不宜大于0.15m；台阶的有效宽度不应小于0.90m，并宜在两侧设置连续的扶手；台阶宽度在3.00m以上时，应在中间加设置扶手。台阶转换处应设置明显提示标志。

(3) 独立设置的坡道的有效宽度不应小于1.50m；坡道和台阶并用时，坡道的有效宽度不应小于0.90m。坡道的起讫点应有不小于1.50m×1.50m的轮椅回转面积。

(4) 坡道两侧至建筑物主要出入口宜安装连续的扶手；坡道两侧应设置护栏或护墙。

(5) 扶手高度应为 0.90m，设置双层扶手时下层扶手高度宜为 0.65m；坡道起止点的扶手端部宜水平延伸 0.30m 以上。

(6) 台阶、踏步和坡道应采用防滑、平整的铺装材料，不应出现积水。

(7) 坡道设置排水沟时，水沟盖不应妨碍轮椅通行和拐杖使用。

5. 建筑设备

1) 给水、排水

(1) 老年人居住建筑应设给水排水系统，给水排水系统设备选型应符合老年人使用要求；宜采用集中热水供应系统，出水温度宜为 40℃~50℃。

(2) 老年人住宅、老年人公寓应分套设置冷水表和热水表。

(3) 给排水系统应选用节水型低噪声的卫生洁具和给排水配件、管材。

(4) 公用卫生间中，宜采用触摸式或感应式的水嘴和便器冲洗装置。

2) 采暖、空调

(1) 严寒和寒冷地区的老年人居住建筑应设集中采暖系统。

(2) 老年人居住建筑各种用房室内采暖温度不应低于规定标准(见表 2-6)。

表 2-6 老年人居住建筑各种用房室内采暖温度标准

房间类别	卧室	卫生间	浴室	厨房	活动室	餐厅	医务用房	行政用房	门厅走廊	楼梯间
计算温度/℃	20	20	25	16	20	20	20	18	18	16

(3) 老年人居住建筑宜安装散热器；有条件的宜采用地板辐射采暖。

(4) 最热月平均室外气温高于或等于 25℃地区的老年人居住建筑宜设空调降温设备。

3) 电气

(1) 老年人居住建筑的电气系统应采用埋管暗敷，应每套设电度表和配电箱，并设置短路保护和漏电保护装置。

(2) 老年人居住建筑中医疗用房和卫生间应做局部等电位联结。

(3) 老年人居住建筑中宜采用带指示灯的宽板开关，长过道宜安装多点控制的照明开关，卧室宜采用多点控制照明开关，浴室、厕所可采用延时开关；开关离地高度宜为 1.10m。

(4) 在卧室至卫生间的过道宜设置脚灯；卫生间洗面台、厨房操作台、洗涤池宜设局部照明。

(5) 公共部位应设人工照明，除电梯厅和应急照明外，均应采用节能自熄开关。

(6) 老年人住宅和老年人公寓的卧室、起居室内应设置不少于两组的二极、三极插座；厨房内对应吸油烟机、冰箱和燃气泄漏报警器位置设置插座；卫生间内应设置不少于一组的防溅型三极插座；每床位宜设置一个插座。公用卫生间、公用厨房应设置对应电器的插座。

(7) 起居室、卧室内的插座位置不应过低，设置高度宜为 0.60～0.80m。

(8) 老年人住宅和老年人公寓应每套设置不少于一个电话终端出线口；其他老年人设施中宜每间卧室设置一个电话终端出线口。

(9) 卧室、起居室、活动室应设置有线电视终端插座。

4) 安全报警

(1) 以燃气为燃料的厨房、公用厨房，应设燃气泄漏报警装置，宜采用户外报警式，将蜂鸣器安装在户外或管理室等易被他人听到的位置。

(2) 居室、浴室、厕所应设紧急报警求助按钮，养老院、护理院等床头应设呼叫信号装置，呼叫信号直接送至管理室。有条件时，老年人住宅和老年人公寓中宜设有关生活节奏异常的感应装置。

6. 室内环境

1) 采光

(1) 老年人居住建筑的主要用房应充分利用天然采光。

(2) 主要用房的采光窗洞口面积与该房间地面面积之比(窗地面积比)不宜小于表 2-7 的规定。

表 2-7　主要用房标准窗地面积比

房间名称	标准窗地面积比	房间名称	标准窗地面积比
活动室	1/4	厨房、公用厨房	1/7
卧室、起居室、医务用房	1/6	楼梯间、公用卫生间、公用浴室	1/10

(3) 活动室必须光线充足，朝向和通风良好，并宜有两个方向的采光。

2) 通风

(1) 卧室、起居室、活动室、医务室、办公室等一般用房以及走廊、楼梯间等应采用自然通风。

(2) 卫生间、公用浴室可采用机械通风；厨房和治疗室等应采用自然通风并设机械排风装置。

(3) 老年人住宅和老年人公寓的厨房、浴室、卫生间的门下部应设有效开口面积大于 $0.02m^2$ 的固定百叶或不小于 0.03m 的缝隙。

3) 隔声

(1) 老年人居住建筑居室内的噪声级昼间不应大于 50dB，夜间不应大于 40dB；撞击声不应大于 75dB。

(2) 卧室、起居室内的分户墙与楼板的空气声的计权隔声量应大于或等于 45dB，楼板的计权标准撞击声压级应小于或等于 75dB。

(3) 卧室、起居室不应与电梯、热水炉等设备间及公用浴室等要紧邻布置。

(4) 门窗、卫生洁具、换气装置等的选定与安装部位，应考虑减少噪声对卧室的影响。

4) 隔热、保温

(1) 老年人居住建筑应保证室内基本的热环境质量，采取冬季保温和夏季隔热的节能措施。夏热冬冷地区老年人居住建筑应符合《夏热冬冷地区居住建筑节能设计标准》(JGJ 134—2001)的有关规定。严寒和寒冷地区老年人居住建筑应符合《严寒和寒冷地区居住建筑节能设计标准》(JGJ 26—2010)的有关规定。

(2) 老年人居住的卧室、起居室宜向阳布置，朝西外窗宜采取有效的遮阳措施。必要时，屋顶和西向外墙应采取隔热措施。

7. 建筑物出入口

(1) 出入口有效宽度不应小于 1.10m。门扇开启端的墙垛净尺寸不应小于 0.50m。

(2) 出入口内外应有不小于 1.50m×1.50m 的轮椅回转面积。

(3) 建筑物出入口应设置雨篷，雨篷的挑出长度宜超过台阶首级踏步 0.50m 以上。

(4) 出入口的门宜采用自动门或推拉门；设置平开门时，应设闭门器，不应采用旋转门。

(5) 出入口宜设交往休息空间，并设置通往各功能空间及设施的标识指示牌。

(6) 安全监控设备终端和呼叫按钮宜设在大门附近，呼叫按钮距地面高度以 1.10m 为宜。

8. 走廊

(1) 公用走廊的有效宽度不应小于 1.50m。仅供一辆轮椅通过的走廊有效宽度不应小于 1.20m，并应在走廊两端设有不小于 1.50m×1.50m 的轮椅回转面积。

(2) 公用走廊应安装扶手。扶手单层设置时高度为 0.80~0.85m，双层设置时高度分别为 0.65m 和 0.90m。扶手宜保持连续。

(3) 墙面不应有凸出物。灭火器和标识板等应设置在不妨碍轮椅通行或拐杖使用的位置。

(4) 门扇向走廊开启时宜设置宽度大于 1.30m、深度大于 0.90m 的凹廊，门扇开启端的墙垛净尺寸不应小于 0.40m。

(5) 走廊转弯处的墙面阳角宜做成圆弧或切角。

(6) 公用走地面有高差时，应设置坡道及明显标志。

(7) 老年人居住建筑各层走廊宜增设交往空间，宜以 4~8 户老年人为单位设置。

9. 公用楼梯

(1) 公用楼梯的有效宽度不应小于 1.20m。楼梯休息平台的深度应大于梯段的有效宽度。

(2) 楼梯应在内侧设置扶手；楼梯宽度在 1.50m 以上时应在两侧设置扶手。

(3) 扶手安装高度为 0.80~0.85m，应连续设置扶手；扶手应与走廊的扶手相连接。

(4) 扶手端部宜水平延伸 0.30m 以上。

(5) 不应采用螺旋楼梯，不宜采用直跑楼梯。每段楼梯高度不宜高于 1.50m。

(6) 楼梯踏步宽度不应小于 0.30m，踏步高度不应大于 0.15m，不宜小于 0.13m，同一个楼梯梯段踏步的宽度和高度应一致。

(7) 楼梯踏步应采用防滑材料。当设置防滑条时，不宜突出踏面。

(8) 应采用不同颜色或材料以区别楼梯的踏步和走廊地面，踏步起终点应有局部照明。

10. 电梯

(1) 老年人居住建筑宜设置电梯。三层及三层以上设老年人居住及活动空间的建筑应设置电梯，并应每层设站。

(2) 电梯配置应符合下列条件：①轿厢尺寸应可容纳担架(0.63~0.74m)。②厅门和轿门宽度应不小于 0.80m；对额定载重量大的电梯，宜选宽度 0.90m 的厅门和轿门。③候梯厅的深度不应小于1.60m，呼梯按钮高度为 0.90~1.10m。④操作按钮和报警装置应安装在轿厢侧壁易于识别和触及处，宜横向布置，距地高度 0.90~1.20m，距前壁、后壁不得小于 0.40m。有条件时，可在轿厢两侧壁上都安装操作按钮和报警装置。

(3) 电梯额定速度宜选 0.63~1.0m/s；轿门开关时间应较长；应设置关门保护装置。

(4) 轿厢内两侧壁应安装扶手，扶手距地高度 0.80~0.85m；后壁上设镜子；轿门宜设窥视窗；轿厢地面材料应防滑。

(5) 各种按钮和位置指示器数字应明显，宜配置轿厢报站钟。

(6) 呼梯按钮的颜色应与周围墙壁颜色有明显区别；不应设防水地坎；基站候梯厅应设座椅，其他层站有条件时也可设座椅。

(7) 轿厢内宜配置对讲机或电话，有条件时可设置电视监控系统。

11. 户门、门厅

(1) 户门的有效宽度不应小于 1.00m。

(2) 户门内应设更衣、换鞋空间，并宜设置座凳、扶手。

(3) 户门内外不宜有高差。有门槛时，其高度不应大于 0.02m，并设坡面调节。

(4) 户门宜采用推拉门形式，且门轨不应影响出入。采用平开门时，门上宜设置探视窗，并采用杆式把手，安装高度距地面 0.80~0.85m。

(5) 供轮椅使用者出入的门，距地面 0.15~0.35m 处宜安装防撞板。

12. 户内过道

(1) 过道的有效宽度不应小于 1.20m。

(2) 过道的主要地方应设置连续式扶手；暂不安装的，可设预埋件。

(3) 单层扶手的安装高度为 0.80~0.85m，双层扶手的安装高度分别为 0.65m 和 0.90m。

(4) 过道地面及其与各居室地面之间应无高差。过道地面应高于卫生间地面，标高变化不应大于 0.20m，门口应做小坡以不影响轮椅通行。

2.3 养老机构的设立申请与审批

养老机构的开办不仅要符合一定的设置标准，还要通过一系列的筹建申报、审批及注册登记等行政程序，以获得设立许可。养老机构在开办之前要根据当地政府部门关于养老机构设立许可的要求，进行相关材料的准备和提交。

2.3.1 申报条件

根据 2013 年民政部颁布的《养老机构设立许可办法》(城乡社区日间照料和互助型养老场所等不适用本办法)的规定，申请领取《养老机构设立许可证书》的机构，应当符合养老机构设置的下列基本条件。
(1) 有名称、住所、机构章程和管理制度。
(2) 有符合养老机构相关规范和技术标准，符合国家环境保护、消防安全、卫生防疫等要求的基本生活用房、设施设备和活动场地。
(3) 有与开展服务相适应的管理人员、专业技术人员和服务人员。
(4) 有与服务内容和规模相适应的资金。
(5) 床位数在10张以上。
(6) 法律、法规规定的其他条件。
依法成立的组织或者具有完全民事行为能力的自然人可以向养老机构住所地县级以上人民政府民政部门申请设立养老机构。

2.3.2 申报材料

申请领取《养老机构设立许可证书》时，应当提交下列文件。
(1) 设立申请书。
(2) 申请人、拟任法定代表人或者主要负责人的资格证明文件。
(3) 符合登记规定的机构名称、章程和管理制度。
(4) 建设单位的竣工验收合格证明，卫生防疫、环境保护部门的验收报告或者审查意见，及公安消防部门出具的建设工程消防设计审核、消防验收合格意见，或者消防备案凭证。
(5) 服务场所的自有产权证明或者房屋租赁合同。

(6) 管理人员、专业技术人员、服务人员的名单、身份证明文件和健康状况证明。
(7) 资金来源证明文件、验资证明和资产评估报告。
(8) 依照法律、法规、规章规定，需要提供的其他材料。

2.3.3 受理审批

许可机关应当自受理设立申请之日起 20 个工作日内，对申请人提交的文件、材料进行书面审查并实地查验，符合条件的，颁发养老机构设立许可证；不符合条件的，应当书面通知申请人并说明理由。养老机构审批流程如图 2-1 所示。

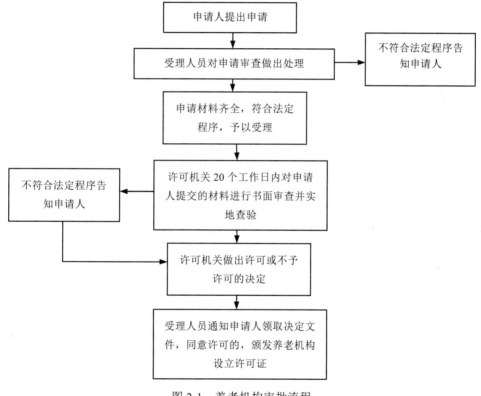

图 2-1 养老机构审批流程

2.4 养老机构品牌建设与推广

品牌是一个企业或产品独有的、具有一定经济价值的无形资产，只有创立一定的品牌，企业或产品才能具有差异性，才能被更多人识别出来。在养老事业和养老产业中，众多的养老机构的创办，从客观效果来看，完善了现有的社会化养老服务体系。在全面放开养老服务市场政策利好的情况下，养老服务供给市场将会面临越来越激烈的竞争。因此，提高养老机构的竞争力就需要在品牌上下功夫。

2.4.1 养老机构的品牌建设

品牌建设是指品牌拥有者对品牌进行的设计、宣传、维护的行为和努力。养老机构的品牌建设是养老机构管理者对养老机构品牌的设计、宣传与维护。

1. 养老机构品牌建设的意义

品牌是具有经济价值的无形资产，它是用抽象化、特有、能识别的心智概念来表现其差异性，从而在人们的意识当中占据一定位置的综合反映。拥有自身的品牌意味着养老机构具有自己独特的经营模式、商品定位和较强的资源整合能力，而多数养老机构不被老年人信任的主要原因正是缺少有效的品牌建设。

2. 养老机构品牌建设方法

1) 明确机构定位法

养老机构的品牌建设是将各种资源进行整合、定位的过程。

(1) 产品定位。养老机构要找到自己的产品定位，确定自己所提供的产品类型，其提供的产品服务可以分为"医养"结合、旅游养老、失能老年人护理、认知症老年人照护或者综合养老等类型。

(2) 经营模式定位。养老机构要确定一种符合自身的经营模式，结合老年人的消费市场、政府的相关政策措施以及自身经营理念可采取一系列的经营方式，如成本领先模式、差别化模式、目标聚集模式。

(3) 消费群体定位。养老机构必须确定好自己的消费群体。老年人由于受传统的思想观念和支付能力的限制，对养老机构的认识有一定的局限，养老机构的价格要根据不同阶层的老年群体来制定。养老机构提供的服务也必须要针对不同收入阶层、不同身体情况和不同需求的老年群体来设定。

2) 提升服务质量法

随着生活水平的提高，人们的主体意识、权利意识的增强，老年人对养老服务的多元化、差异化、优质化的需求越来越明显。养老机构只有提高自身服务质量，才能吸引更多的老年消费群体。养老机构提升服务质量一般从以下几个方面入手。

(1) 明确服务内容。养老机构应在满足入住老年人的身体健康需求的基础上，力求丰富老年人的精神世界，服务内容包括为入住的老年人提供健康管理、健康咨询、康复指导、预防保健、心理疏导、文体娱乐等工作。

(2) 完善软硬件设施。养老机构要完善内部软件和硬件设施，建立系统的医疗服中心、日常生活护理中心、娱乐活动中心等，以满足老年人的多元需求。

(3) 加强专业培训。养老机构要加强服务人员的专业知识培训，聘请外部专业高级护理服务人才、社工服务人才开展讲座,提高养老机构的服务人员质量和服务水平。

3) 改善环境法

养老机构作为为老年人提供饮食起居、清洁卫生、生活护理、健康管理和文体娱乐活动等综合性服务场所,其内部环境和外部环境往往作为老年人选择养老机构的一个重要因素,居住环境的好坏影响着老年人的住养体验和身心健康。因此,养老机构需要在环境方面进行品牌建设。

(1) 选址优化。养老机构的选址必须选择较为安静的地方,老年人由于身体和心理的问题,睡眠和休息需要得到一定的保障。

(2) 环境绿化。养老机构内外部多种植绿色植物,增加绿色植物的覆盖率,为老年人营造健康、活力、多彩的生活环境氛围。

(3) 卫生安全。养老机构内部的卫生、生活、娱乐环境应该达到适合老年人居住的标准,配备适合老年人安全保护要求的设施、设备及用具,定期对老年人活动场所和物品进行消毒和清洗。养老机构应当提供符合食品卫生要求、有利于老年人营养平衡、符合民族风俗习惯的膳食服务。

4) 加强宣传法

在老龄化和信息化同步发展的今天,老年人越来越懂得通过网络和手机来查询符合自己的养老服务信息,所以养老机构可以通过线上和线下相结合的方式进行宣传。

(1) 开发信息网站和微信小程序。老年人通过这些信息网站和微信小程序线上来浏览有关养老机构的信息。

(2) 优化完善信息内容。部分网站或微信小程序上有关养老机构的信息不完全或缺乏新意,导致网站流量不足,老年人和家属对养老机构缺乏充分认识,因此优化完善信息发布内容对养老机构的品牌宣传有很大的推动作用。

(3) 适当增加宣传预算投入。充足的预算增加养老机构利用网络信息化优势展示自身特点的机会,能够吸引更多的老年消费群体的关注。

(4) 线上线下相结合。除了把握线上的宣传方式,养老机构还要充分重视线下的宣传,例如在社区或者商业街区发放介绍养老机构的宣传资料,在公共场所定期举办公益或非公益的活动,以扩大知名度。

2.4.2 养老机构的品牌推广

品牌推广是指企业塑造自身及产品品牌形象,使广大消费者广泛认同的系列活动过程,主要目的是提升品牌知名度。

1. 品牌推广的实施

1) 品牌推广的方式

(1) 新闻发布会。新闻发布会的推广方式具有如下几个特征:①费用低,效果好;

②能够与新闻媒体建立长期友好合作；③借媒体造势，具有公信力和可信度。

(2) 广告。电视、报纸、户外广告等都属于广告形式的品牌推广。

(3) 营业推广。营业推广包括模型展示、样板展示等方式。

(4) 公关推广。公关推广包括抽奖、研讨、讲座、征集等方式。

(5) 人员推广。养老机构在进行人员推广时，要以企业、团体为单位，准备宣传和销售资料，还要划分重要或次要客户。

(6) 活动推广。在进行活动推广时，消费者能够轻易接受宣传的内容，并形成长久记忆。

2) 执行和控制品牌推广任务

对品牌推广活动的有效执行和控制是推广成功的保障。养老机构需要从以下三个管理系统支持品牌推广。

(1) 品牌推广计划。养老机构既要制订较长期的战略规划，决定养老机构的发展方向和目标，又要制订具体的市场推广计划，具体实施战略计划目标。

(2) 品牌推广组织。推广计划需要有一个强有力的推广组织来执行。根据计划目标，对组织人员实施筛选、培训、激励和评估，进而组建一个高效的推广组织。

(3) 品牌推广控制。在推广计划实施过程中，需要控制系统来保证市场推广目标的实施。推广控制主要有养老机构的年度计划控制、赢利控制、推广战略控制等。

推广管理三个系统相互联系、相互制约。品牌推广计划是推广组织活动的指导，品牌推广组织负责实施推广计划，计划实施需要控制以保证计划实施。

2. 养老机构品牌推广的策略

1) 产品策略

养老机构的核心在于为老年人服务，因此，在制订其产品策略时要注意软件与硬件的配套。在给老年人提供优质和舒适的养老环境的同时，还要注重服务到位。比如，从事社区养老服务的企业，可以将消费者、地点、产品作为基础制订差异化的"养生计划"，依据服务对象的行动能力、居住空间适老化情况、饮食和服务状况，研究不同的服务产品；养老机构根据入住老年人的特点提供特色服务，包括配置营养膳食、理疗复健陪护、病例管理、定期体检、中医养生、生态疗养等。

同时，养老机构采用全员参与、全过程控制、全方位监管的方式提高服务质量。比如围绕特色服务内容和质量出台服务规章制度；实施"家属指定负责护理人员，不满意立即更换"制度；设立老年监督会，定期为护理人员打分，决定护理人员去留等方法打造优质的服务产品。

2) 品牌策略

养老机构的从业单位特别是民建民营的养老机构实质上就是企业，作为企业要重视自身的品牌，要有自己的品牌策略。民办养老机构要有自己的发展规划和目标，注意自身的个性化和差异化，注重自身的特色发展，通过自身努力在当地树立好的口碑和品牌，要有把这个品牌做成连锁品牌的目标和决心。

同时，养老机构要采取积极的行动，通过各种途径来宣传该养老机构的品牌。民办养老机构要明确其所提供的服务实质上是一种商品，因此必须要树立服务的品牌意识，通过个性、多样、优质和满意的服务来提高社会的认知度。同时在中国"孝"文化中，居家养老根深蒂固，入住养老机构不仅在老年人心中有灰色观念，儿女也会顾及社会舆论)而消极对待养老机构。所以养老机构要充分利用各种宣传媒介，积极宣传和引导新的养老理念，让老年人和子女打消心中的顾虑。

3) 定价策略

养老机构的定价策略应重点考虑服务成本、市场需求、行业竞争等因素。但是，由于养老机构正处在行业的引入期，还未形成规范的市场体系和运作机理，其服务定价往往随意性较强。目前，人民生活水平有了很大提高，老年人对养老服务的个性化和多样性需求日益增多，而养老服务企业可以充分利用这种需求，在做好市场调研的前提下，制订性价比较高的定价策略。操作的重点是通过差异化战略重塑老年人群体对养老服务企业的心理定位，利用服务质量和品牌形象来定价，并引导顾客形成有利的价值观念，从而制定不同的价格。

4) 推广策略

以往从事养老服务的企业推广方式比较单一，仅仅依靠老年人的口碑传播，这在一定程度上限制了顾客的知晓程度。因此，养老机构应通过多种方式进行推广。

第 3 章 养老机构岗位设置管理

3.1 养老机构组织架构

组织架构是组织成员为实现组织目标在管理工作中进行分工协作,在职务范围、责任、权利方面所形成的结构体系,是整个管理系统的"框架"。组织架构可以通过组织结构图来反映。组织结构图可形象反映组织内各部门、岗位上下左右相互之间的关系,体现组织架构形式。在养老机构中,主要存在以下三种组织架构类型。

3.1.1 养老机构组织架构的类型

1. 直线制组织架构

直线制组织架构是指养老机构中没有职能机构,最高管理者到最基层实行直线垂直领导的组织结构方式。

直线制组织架构常见于小型养老公寓,要求各直线管理人员具备较强的综合能力,不适用于管理人员较多、管理工作复杂的大中型养老机构。养老机构直线制组织架构如图 3-1 所示。

图 3-1 直线制组织架构

2. 直线职能制组织架构

直线职能制组织架构是指在组织内部,既设置纵向的直线指挥系统,又设置横向的职能管理系统，以直线指挥系统为主体，建立两维管理组织的结构方式。该类型为多数大中型养老机构采用。养老机构直线职能制组织架构如图3-2、图3-3所示。

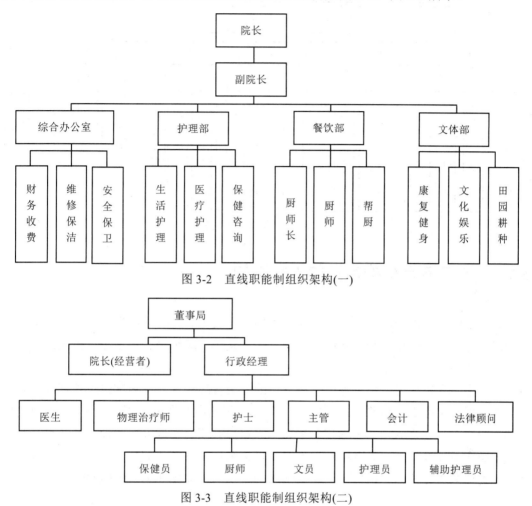

图 3-2 直线职能制组织架构(一)

图 3-3 直线职能制组织架构(二)

3. 事业部制组织架构

事业部制组织架构是指养老机构按照地域或者服务对象在直线职能制框架基础上设置独立核算、自主经营的事业部，在总公司领导下，统一政策，分散经营的组织结构方式。事业部制组织架构是一种分权化体制，其结构如图3-4所示。

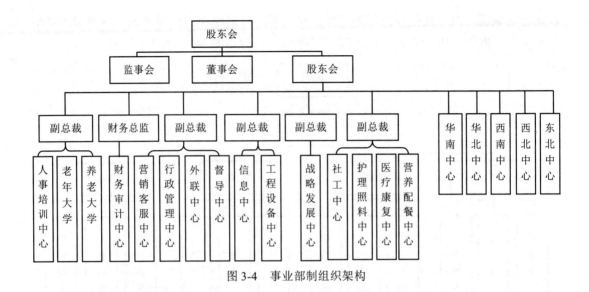

图 3-4　事业部制组织架构

3.1.2　国内养老机构常用的组织结构

较大型的养老机构，尤其是公办养老机构，多实行"三层五级"管理模式，即分为决策层、管理层、操作层和院长级、科级、区主任级、班组级、员工级，由此形成了阶梯形的领导与被领导关系。

中小型养老机构可以不拘泥于上述复杂的分级管理模式，其内部组织管理部门和人员配置应根据实际工作需要，本着精简、高效的原则灵活设置部门。中小型养老机构更强调部门综合，管理人员一专多能，管理人员(包括院长)既是机构的管理者，也是具体任务的操作者和执行者，养老机构内部组织机构名称没有统一的规定，应以明确部门管理职能为原则进行命名。国内养老机构常用的组织结构如图3-5、图3-6所示。

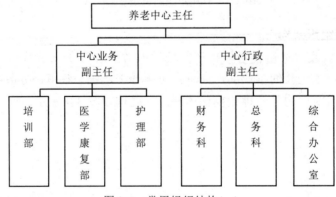

图 3-5　常用组织结构(一)

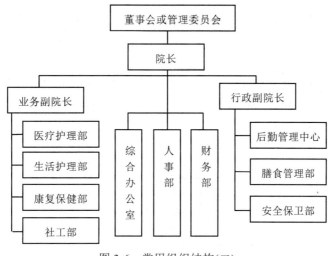

图 3-6 常用组织结构(二)

3.2 养老机构岗位设置

根据国家标准《养老机构基本规范》(GB/T29353—2012)的人员配置要求,养老机构的员工主要包括行政人员、医护人员、膳食服务人员、社会工作者、后勤保障人员等几大类(见表 3-1)。与上述组织结构设置相一致,岗位设置及人员安排应该根据养老机构的规模大小、入住老年人数量等实际情况来进行,可能存在"一人多岗"的兼职情况。

表 3-1 养老机构的岗位设置

人员类型	部门	人员设置
行政人员	院部、综合办公室、财务部、人事部	院长、业务副院长、行政副院长;办公室主任、文秘、文员、信息管理员、宣传员;财务主管、会计、出纳;人事主管、人事专员
医护人员	生活护理部、医疗保健部	护理部主任、护理部副主任、护理组长、护理员;医疗保健部主任、医师、护士长、护士、药剂师、康复治疗师、中医保健师
其他服务人员	膳食部、社工部	厨师长、营养指导师、厨师、点心师、食堂采购员、厨工;社工部主任、社工师、心理咨询师、临终关怀师
后勤保障人员	后勤保障部	后勤部主任、后勤部副主任、保洁组组长、保洁员、洗衣工、物业管理主管、安保、设备维修员、绿化管理员、采购专员、固定资产管理员、驾驶员

3.2.1 行政人员岗位设置

1. 院部

养老机构的院长和副院长是养老机构的高层管理者,他们主要负责养老机构的经营管理，组织编制和实施养老机构总体战略、年度经营计划和财务预算，完成年度经营目标和各项指标，组织养老机构各部门建立健全良好的沟通渠道，建设高效的团队，指导、监督、检查各部门的工作。

养老机构的院长是养老机构最高管理者，其下通常设有业务副院长和行政副院长。院长作为养老机构的管理者，在实际工作中，向上级主管部门或董事会述职。因此，本章中养老机构院部组织架构设置如图3-7所示。

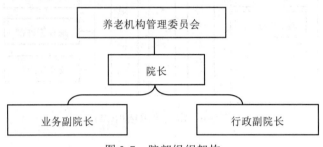

图 3-7　院部组织架构

1）院长的岗位职责

(1) 依照国家和政府的有关法律与政策，在养老机构管理委员会或董事会的领导下，全面负责养老机构工作。

(2) 制订年度工作计划，按期布置、检查、总结工作，接受有关部门监督检查；负责督促机构各部门工作的执行，采取措施，保证机构工作的开展。

(3) 根据人事制度相关规定，组织机构员工的聘用、任免、奖惩、调动及提升等工作。

(4) 负责组织员工的职业道德教育和业务学习。

(5) 负责养老机构服务质量的管理，积极配合和接待外部相关人员的视察工作，定期组织和督促各部门负责人监督和评估服务过程中的服务质量、服务结果。

(6) 加强对后勤工作的领导，审查物资使用情况，经常监督、检查老年人的饮食安全和养老机构的安全保卫工作，严防差错、事故的发生。

(7) 负责财务审批工作，检查财务收入开支，坚持财务开支"一支笔"审批制度，审查预决算，对于重大财务开支，主持集体讨论决定的有关会议。

(8) 关心员工生活及福利待遇。

(9) 及时研究并处理老年人、家属以及员工对机构工作的意见。

2）业务副院长的岗位职责

(1) 在院长领导下，分管全院的业务工作。

(2) 负责组织拟定全院各项业务工作制度，经常检查工作制度和操作规程的执行情况。

(3) 负责组织、检查老年人生活护理、医疗护理、康复保健、社工服务等业务工作，定期分析各类业务指标，提高养老服务质量。

(4) 负责组织全院各类业务人员和护理员的业务技术学习。

(5) 负责全院的业务统计、老年人健康档案工作。

(6) 负责全院老年人的预防保健和饮食卫生检查工作。

(7) 完成院领导交办的其他工作任务。

3) 行政副院长的岗位职责

(1) 在院长领导下,分管全院的党务、人事和后勤工作。

(2) 负责组织拟定全院各项党务、人事和后勤工作制度,并经常督查各项执行情况。

(3) 负责督促后勤部门保证全院所需物资供应工作。

(4) 协助院长抓好本院消防、保卫工作。

(5) 负责基建、维修以及全院财产物资的管理工作。

(6) 负责督查全院工作人员的人事管理工作。

(7) 负责督查全院的清洁卫生和环境绿化工作。

2. 综合办公室

综合办公室是维持养老机构日常运营的工作枢纽。综合办公室在养老机构院长的领导下,负责全院的日常办公室管理工作,通常设有办公室主任、文秘、行政文员、信息管理员、宣传员、法务等相关的岗位。综合办公室的组织架构如图 3-8 所示。

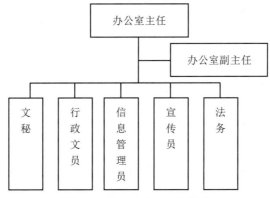

图 3-8 综合办公室组织架构

1) 办公室主任的岗位职责

(1) 在院长领导下,做好干部、员工的宣传教育工作。

(2) 配合院长统筹年度各项工作计划及年终工作总结,并负责贯彻落实院内的各项工作任务。

(3) 协助院长做好外来视察、参观人员接待工作。

(4) 负责组织制定养老机构的规章制度,并监督其落实情况。

(5) 完成院领导交办的其他工作任务。

2) 文秘的岗位职责

(1) 在办公室分管主任的领导下开展工作。

(2) 负责工作中各类文件的收发、登记、保管、归档、修改、报批等工作。

(3) 负责院部宣传报道工作,做好来访人员的记录及备案工作。

(4) 负责院部档案的分类、归档、立卷、保管、借阅等工作,做好防盗、防火、防霉等防范措施。

(5) 负责起草、打印和保管各类文书、文件、信函、计划、规划、工作总结、会议纪要等资料。

(6) 负责做好会议记录，撰写院部大事记。

(7) 完成院领导交办的其他工作任务。

3) 行政文员的岗位职责

(1) 负责前台日常接待、登记，监督员工打卡，汇总考勤。

(2) 接转前台电话，对来往电话驳接要准确及时、声音清晰、态度和蔼，恰当使用礼貌用语；对未能联络上或紧急电话记录在案并及时转告，且上报至上级领导。

(3) 负责传真收发与登记，邮件和报刊的收取、分发工作；做好复印、打印等行政工作。

(4) 负责养老机构内低值易耗办公用品的购买、保管、发放、使用登记；做好机构内办公设备的日常管理，计算机、传真机、签字长途电话、复印机的具体使用和登记；负责名片印制等工作。

(5) 负责养老机构内的巡视工作，查看门窗、饮水机、电源等关闭情况，并做记录。

(6) 完成领导交办的其他工作。

4) 信息管理员的岗位职责

(1) 负责养老机构内老年人电子信息档案的录入、整理和保管，建立养老机构数据库系统。

(2) 负责养老机构数据库系统的维护和安全。

(3) 对录入的老年人信息和数据进行整理分析，协助各部门负责人的工作，为其提供所需的信息和数据分析结果，以便各部门更好地开展工作。

(4) 遵守国家和养老机构的保密规定及有关规程。

(5) 做好办公室主任临时交办的其他工作。

5) 宣传员的岗位职责

(1) 积极宣传机构的路线、方针、政策，协助办公室主任做好养老机构从业人员的思想政治工作。

(2) 组织和动员机构成员积极参加机构和社会开展的政治、文化、技术、学习等各项活动。

(3) 做好机构中所发生事情的各项记录。

(4) 组织机构人员参加岗位读书、岗位成才活动，主动向企业和社会上的报刊投稿。

(5) 宣传机构内先进人物的先进事迹，不断提高机构人员的道德水平。

(6) 办好养老从业人员交流园地，使班组园地成为班组成员的知识窗、宣传栏和凝聚剂。

(7) 加强纪律教育，讲文明礼貌，树立良好的形象。

(8) 完成上级交办的其他工作。

6) 法务的岗位职责

法务主要负责养老机构合同的制定及其他法律相关事务。

3. 财务部

养老机构的财务管理是养老机构为实现经济效益，在养老机构的财务活动中所进行的科学预测、决策、计划、控制、核算、分析和考核等一系列经济管理工作。养老机构财务部的工作内容包括财务预算管理、资金管理、成本管理。

财务部负责养老机构内的财务管理，根据业务需要，养老机构对财务部的组织架构进行相应设置。财务部门的岗位设置不是一成不变的，可根据养老机构规模和需要灵活设置。小型养老机构通常只设置出纳和会计岗位或财务主管岗位；大型的养老机构，除财务主管、会计、出纳外，还可设置财务经理岗位。

1) 财务主管的岗位职责

(1) 贯彻有关财务会计的法令、制度，遵守国家财经纪律，建立健全养老机构财务管理制度。

(2) 审核日常费用报销单据。

(3) 负责日常财务所有会计凭证的审核检查。

(4) 每月工资表的考勤及核算。

(5) 指导税务会计网上报税及发票领购。

(6) 落实养老机构预算管理体系指标考核，对指标完成情况进行过程控制和总结分析。

(7) 月末结账前检查核对各级账目，包括费用预提、待摊销科目、固定资产折旧、低值易耗品摊销等的数据是否准确，待处理财产损益是否结平等。

(8) 月初检查、核算上月养老机构的盈利情况，依据收集的信息，制作财务分析报告，发现问题，及时向院长做工作汇报。

(9) 与财政、税务、银行等有关部门保持密切联系，沟通信息，发挥上传下达的作用。

2) 会计的岗位职责

(1) 在财务主管的领导下负责全机构的财务工作。

(2) 贯彻有关财务会计的法令、制度，遵守国家财经纪律。

(3) 年终编制财务预算，年初进行财务决算，并及时报送有关部门。

(4) 负责各项会计事务处理，做到科目准确，数字真实，凭证完整，装订整齐，记载清晰，日清月结，报账及时。

(5) 及时、正确地编制各类会计报表，保证所提供的会计信息合法、准确、及时、完整。

(6) 坚持"一支笔"审批制度，对违反财务制度的收付凭证，拒绝登账，并及时向领导反映。

(7) 加强内控制度，对于印章、空白支票，实行印票分开保管制度，严禁印、票由一人保管。

(8) 会计档案按照国家统一会计制度规定定期整理归档；当好院领导参谋，及时完成院办的其他工作。

3) 出纳的岗位职责

(1) 在办公室分管主任的领导下开展工作。

(2) 认真执行《会计法》，遵守各项财经制度，做好出纳工作。

(3) 认真做好银行存款及库存现金的收付，并随时记账，向会计提交银行存款及库存现金日报，做到日清月结。

(4) 严格核对报销单据，退回手续不全单据。

(5) 对违反财务报销制度的支付款，应拒绝报销。

(6) 负责各种有价证券及收据的保管，按时做好工资、奖金、老年人存款、零用金等发放工作。

(7) 每日将全院收款入库，并当日存入银行，做好安全防范工作。

4. 人事部

养老机构所有工作的正常运营都离不开人才，人事部正是为养老机构输送人才和进行人才管理的重要部门。人事部的主要职责是根据养老机构发展战略的要求，有计划地对人力资源进行合理配置，负责全院员工的招聘、录用、培训、考勤、考核等工作，从而调动员工的积极性，发挥员工的潜能，为机构创造价值和收益。

1) 人事主管的岗位职责

(1) 在行政副院长的领导下，完成各项工作。

(2) 负责拟定人力资源各项制度与流程，按制度要求规范化管理。

(3) 负责审核员工招聘、录用、晋升、调动、辞退、培训、考核、奖惩等意见。

(4) 全面负责机构培训计划的拟定，完善培训制度及流程。

(5) 修订并完善机构绩效考核制度。

(6) 负责建立、完善执行机构薪酬管理制度。

(7) 负责机构的文化建设，各类员工活动的组织。

(8) 负责监督管理行政部门相关工作。

2) 人事专员的岗位职责

(1) 在人事主管领导下开展工作。

(2) 认真做好全院管理人员的思想政治、业务水平的考核，并按时做好聘用工作。

(3) 按期完成人事统计及劳动工作的月、年报工作。

(4) 根据各部门实际需要，制订全院培训计划，组织开展培训工作，并做出成效评估。

(5) 认真办理员工的调入和调离、退职、退休及请假、销假的手续，办理在职员工的辞职、辞退手续。

(6) 制订全院人员的储备计划，并具体负责执行。

(7) 制定全院员工的考核制度、奖惩制度，做好员工的考核奖惩工作。

(8) 制定和完善薪酬体系，并按照岗位要求和考核结果，适时进行调薪。

(9) 完成院领导交办的其他工作任务。

3.2.2 医护人员岗位设置

1. 生活护理部

生活护理是养老机构为老年人服务的核心内容，主要承担老年人的日常生活护理等事宜，是老年人在机构安享晚年生活的基础服务。

在养老机构中，生活护理部通常被称为"护理部"或"护理中心"，在分管院长的领导下，为不同护理等级的老年人提供 24 小时日常照护工作，并为有需求的老年人提供日常清洁卫生、如厕、穿衣、饮食、便溺护理等服务。接待老年人及家属的咨询及来访，协助老年人办理出入院手续，协助相关负责人对入住的老年人开展定期评估工作，根据老年人身体状况制订相应的个案照顾计划，并负责组织一线护理人员业务学习，提高其日常照护技术。

为老年人提供生活照料服务是养老机构的主要服务内容之一，该服务主要由护理员提供。根据护理人员的不同级别，养老机构对护理人员的工作职责和任务进行规定，保证护理服务的质量和效率。

1) 护理部主任的岗位职责

(1) 在业务副院长直接领导下开展工作。

(2) 负责生活护理部人员管理方面的工作。

(3) 组织部门的员工开展老年人需求评估工作和养老机构服务质量评估工作。

(4) 负责拟定本部门的工作计划并组织实施，及时总结，按时汇报，主动做好各方面的协调工作，保证部门工作的正常运行。

(5) 督促生活护理程序、分级护理及护理操作规程的执行，定期抽查，保证生活护理质量。

(6) 掌握本部门工作人员的思想动态，根据个人特点采取不同的管理方式，充分调动员工的积极性，积极开展部门各项工作。

(7) 深入了解入住老年人的生活、思想和健康状况，采取预防措施，做好老年人生活、思想和保健工作，协助医务人员做好重病老年人的医疗工作。

(8) 负责组织本机构各部门的业务学习，督促员工自觉遵守劳动纪律，负责各部门人员业务考核，提出奖惩意见。

(9) 负责本部门固定资产的保管工作，组织员工搞好室内外环境卫生，认真做好防盗、防火等安全工作。

(10) 完成院领导安排的其他工作。

2) 护理部副主任的岗位职责

(1) 在护理部主任的指导下开展工作。

(2) 协助护理部主任开展老年人需求评估工作和养老机构服务质量评估工作。

(3) 负责制订生活区工作计划,并负责组织实施;定期进行检查,按时总结汇报。

(4) 监督专业技术人员严格执行各项规章制度和技术操作常规,有计划地检查各种护理措施的执行情况,加强医护配合,严防差错、事故发生。

(5) 深入科室,指导护理组长对病房等护理单位进行科学管理,分析护理工作情况,并组织互相检查、学习、交流,不断提高护理质量。

(6) 遇有重症抢救及特护任务,负责随时调配护理人员。

(7) 积极组织专业服务领域科研项目的选题,补充技术领域中的新概念和技能,开展护理领域新项目。

(8) 组织和配合院长查房,发现问题及时处理并解决。

(9) 完成院领导安排的其他工作。

3) 护理组长的岗位职责

(1) 协助部门领导开展老年人需求评估工作和养老机构服务质量评估工作。

(2) 在护理部主任及副主任的领导下负责全院护理工作,实施目标管理,拟订全院护理工作计划,负责组织、协调与质量控制,定期向上级汇报工作,并按期总结;实现护理工作的规范化、标准化管理。

(3) 以现代护理观为指导,突出护理特色,协助护理部拟定和组织修改全院护理常规与操作规程,检查指导基础护理、分级护理与专科护理。

(4) 做好信息交流工作,及时引进新理论、新知识、新技术、新方法,加以推广与应用,并定期组织业务技术考核。

(5) 主持召开全院护理工作会议,分析护理工作情况,传达、布置任务,并定期组织护理员相互检查、学习、交流经验,不断提高护理工作质量与服务水平。

(6) 开展职业道德教育,不断提高服务水准;掌握护理人员的工作、思想、学习情况。

4) 护理员的岗位职责

(1) 在护理组长的指导下,做好养老机构内的各项评估工作。

(2) 在护理组长的指导下,按分级护理要求,协助完成低技术性基础护理工作及非技术性护理工作;重点负责老年人的晨间护理、生活护理及生活照顾。

(3) 协助护理组长进行养老机构床位护理管理,经常巡视各床位老年人,保证老年人居住环境安全、安静、整洁、舒适。

(4) 协助护理组长对床位周围物资及护理仪器进行保管维护。

(5) 协助护理组长对访客进行管理,保障老年人安全。

2. 医疗保健部

医疗保健部是为老年人提供预防、保健、康复、医疗等服务的部门,其主要职责是维护及促进老年人的健康,提高老年人的生命质量。医疗保健部的工作人员包括执业医师、护士、药剂师、康复治疗师、中医保健师等专业技能人员。医疗保健部组织架构如图3-9所示。

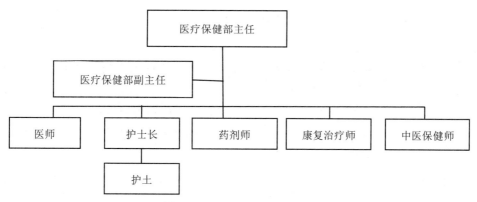

图 3-9 医疗保健部组织架构

1) 医疗保健部主任的岗位职责

(1) 在业务副院长直接领导下开展医疗保健部的管理工作。

(2) 组织员工开展老年人需求评估工作及养老机构服务质量评估工作。

(3) 负责拟定本部门的工作计划，并组织实施，及时总结，按时汇报，主动做好各方面的协调，保证部门工作的正常运行。

(4) 深入了解入住老年人的心理、思想和身体健康状况，采取预防措施，做好老年人的心理、思想和身体保健工作，做好老年人临终关怀，协助医务人员做好重病老年人的医疗工作。

(5) 掌握本部门工作人员的思想动态，根据个人特点采取不同的管理方式，充分调动员工的积极性，积极开展部门各项工作。

(6) 负责本部门固定资产的保管工作，组织员工搞好室内外环境卫生，认真做好防盗、防火等安全工作。

(7) 完成院领导安排的其他工作。

2) 医师的岗位职责

(1) 在主任的指导下做好老年人的评估工作，并协助领导做好养老机构服务质量评估工作。

(2) 全面负责入住老年人的健康监护及日常医疗保健，每日上午查房一次，下午巡视一次，并填写相关记录，如"高血压、糖尿病预防监测登记表""老年人血压观测表""老年人体温登记表"等。

(3) 急诊随叫随到，及时做出妥善处理。

(4) 密切关注患病老年人的病情变化，记录在"病程记录表"上；制定针对性治疗和护理措施，开具长期医嘱和临时医嘱，记录在"长期医嘱单"上，防止并发症的发生。

(5) 当患病老年人因病情需要外出就诊时予以安排落实，做好老年人的医院急诊转接工作。

(6) 做好入住老年人心理护理与卫生保健指导工作，对体质虚弱、骨折等老年人给予慰问和关怀，协同营养指导师开出"营养膳食单"，并告知餐饮部门。

(7) 老年人体格检查每年一次，及时记录在"老年人年度体检登记单"和"老年人年度体检调查表"上。

3) 护士长的岗位职责

(1) 在医疗保健部副主任的领导下,根据养老机构护理工作质量标准、工作计划,结合本部门情况制订护理计划并组织实施。

(2) 配合医生做好老年人的需求评估工作和养老机构服务质量评估工作。

(3) 负责组织领导本部门的医疗护理服务学习和技术指导工作,以及部门内外的联系工作,负责护士工作调配。

(4) 检查和督促护士工作的完成情况以及机构各种规章制度的落实,督促护士严格执行护士操作规范。

(5) 统计每月工作量,定时领取护士站需要物品,组织老年人健康卫生宣教工作。

(6) 刻苦学习,熟练掌握业务与技术操作,抓好护士护理质量管理。

(7) 负责老年人药品的供应和管理工作;加强对精神药品、急救药品和急救物品的管理,使这些物品保持备用状态。

(8) 搞好本部门护士与医师之间的团结协作,关心年轻护士的政治思想和业务技术水平的提高。

(9) 完成院领导安排的其他工作。

4) 护士的岗位职责

(1) 在护士长领导下进行工作;认真执行各项护理制度和技术操作规程,正确执行医嘱,防止差错、事故的发生。

(2) 认真做好治疗工作及各种治疗物品和药品的准备和保管工作,使治疗抢救物品保持备用状态。

(3) 治疗室卫生、输液室的清洁卫生、物品归位、固定资产登记工作。

(4) 老年人使用医疗物品每月结算一次,上报药房;办理老年人出入机构手续。

(5) 协助护理员开展各区域老年人的护理工作,指导护理员对老年人进行专业护理。

(6) 做好老年人日常用药的发放、服用工作。

(7) 做好养老机构内各项评估工作。

(8) 完成院领导安排的其他工作。

5) 药剂师的岗位职责

(1) 在医疗保健部副主任领导下进行工作。

(2) 指导和参加药品调配和制剂工作,认真执行各项规章制度和技术操作规程,严防差错。

(3) 负责药品检验鉴定,保证药品质量符合药典规定。

(4) 检查毒、麻、限制、贵重药品和其他药品的使用、管理情况,发现问题及时研究处理,并报告上级。

(5) 负责进修、实习人员的培训,指导护士的配药学习和工作。

6) 康复治疗师的岗位职责

(1) 在医疗保健部副主任的领导下，认真执行各项规章制度和技术操作规范，负责制定老年人的康复处方、康复计划、康复目标，并做好相关记录。

(2) 对老年人的功能状况进行定期评估，做好记录，确定老年人的存在问题，拟定治疗目标，修正治疗方案，对症进行康复治疗。

(3) 协助营养师参与特殊饮食老年人的饮食计划，制定方案，每月对老年人进行一次综合评估。

(4) 院长和主任查房时，应详细汇报老年人病情和康复治疗情况；尊重医生的诊治意见，并严格执行，与医生、护士、护师、护理员协同做好老年人的康复、护理工作。

(5) 随时了解老年人的思想和生活情况，征求老年人对康复护理的意见，有针对性地做好老年人的思想工作。

(6) 指导老年人进行医疗运动，如练习晨间操、太极拳、健身操等，编制有创意的新操教给老年人；指导老年人开展多种形式的治疗，如开展编织、书画、园艺种植等活动。

(7) 协助护理员开展各区域老年人的康复活动，指导护理员对老年人进行康复护理。

(8) 管理并维护好治疗室的辅助治疗器械，确保器械使用安全。

(9) 完成院领导安排的其他工作。

7) 中医保健师的岗位职责

(1) 针对老年人的身体健康状况，通过专业理疗，帮助老年人减轻症状、改善其健康状况。

(2) 为老年人提供起居、运动等适宜养生方法指导，带动老年人开展保健活动。

(3) 开展中医养生保健服务宣传活动，通过讲座、宣传册等形式向老年人传播健康保健知识。

(4) 通过亲情沟通，与老年人建立良好的关系，提高老年人对养老机构的满意度。

3.2.3　其他服务人员岗位设置

1. 膳食部

膳食部是为老年人及工作人员提供膳食服务的部门，部门职责具体包括老年人及工作人员的一日三餐供应；保持餐厅整洁卫生，及时张贴菜谱，为老年人提供个性化膳食服务；食品留样，做好食品卫生事件防范等餐饮相关工作。

1) 厨师长的岗位职责

(1) 在后勤部副主任的领导下，负责全院老年人及员工的饮食供应工作，服从院部的工作安排。

(2) 认真安排好食堂工作人员的各项工作，经常检查、督促食堂各项规章制度和人员职责的落实情况。

(3) 掌握食堂开支情况，抓好成本核算，定期公开项目。

(4) 抓好饮食卫生工作，防止食物中毒。

(5) 负责组织召开伙食管理委员会会议，深入生活区、各组室听取意见和要求，改进餐饮工作，提高伙食质量。

(6) 掌握食堂的炊具、物资使用情况。

(7) 遵守《中华人民共和国食品卫生法》。

(8) 制定每周食谱，核实每天主副食品的质量和数量，保证兑现率超过 90%。

(9) 抓好厨房员工每年的体检工作。

2) 营养指导师的岗位职责

(1) 根据入住老年人对营养的要求和特点，进行膳食设计。

(2) 对菜肴进行营养标注，包括营养素含量、口味特点、适宜人群或不适宜人群，便于老年人自行选择。

(3) 辅助老年人点餐，帮助老年人选择营养全面、均衡合理的膳食。

(4) 对老年人宣传基本的营养知识。

(5) 监督厨师制作各种营养膳食的过程，保证搭配合理。

(6) 组织安排厨房工作人员学习营养基础知识。

(7) 努力钻研技术，不断提高业务水平。

(8) 自觉遵守机构内的各项规章制度。

(9) 听取老年人的意见和要求，不断改进服务态度，提高服务质量。

3) 厨师的岗位职责

(1) 自觉服从厨师长的领导，积极完成各项任务。

(2) 和厨工一起搞好食堂卫生工作，服务态度热情主动，说话和气，积极为老年人和员工服务。

(3) 积极搞好个人卫生工作，饭前便后要洗手。

(4) 努力钻研炊事技术，不断提高烹饪技术。

(5) 自觉遵守机构内的各项规章制度。

(6) 听取老年人和员工的意见和要求，不断改进服务态度，提高服务质量。

4) 点心师的岗位职责

(1) 自觉服从厨师长的领导，配合老年人日常生活及院内活动需要提供各类点心。

(2) 积极搞好个人卫生工作，饭前便后要洗手。

(3) 努力钻研中点、西点技术，不断提高业务水平。

(4) 自觉遵守机构内的各项规章制度。

(5) 听取老年人和员工的意见和要求，不断改进服务态度，提高服务质量。

5) 食堂采购员的岗位职责

(1) 本着节约的原则，根据食堂的实际需要进行采购。

(2) 采购应做到及时准确；品种数量、质量等符合要求；合格后登账核算。

(3) 采购员对采购的物资当场验收清点，保证物资的数量、质量。

(4) 根据市场信誉及长期合作情况确定合格供方，双方长期合作，以确保采购的安全性。

(5) 定期考察供方信息，对于质量不符本院要求且无明显改进的供方，取消合作资格。

(6) 对于不合格或手续不完备的采购物资，应拒绝验收。

6) 厨工的岗位职责

(1) 自觉服从厨师长的领导，积极完成各项任务。

(2) 配合厨师做好卫生工作，服务态度热情主动，说话和气，积极为老年人和员工服务。

(3) 积极搞好个人卫生工作，勤洗头，勤洗澡，勤理发，勤剪指甲，勤洗工作服，饭前便后要洗手。

(4) 自觉遵守院内的各项规章制度。

(5) 听取老年人及员工的意见和要求，不断改进服务态度，提高服务质量。

2. 社工部

中华人民共和国民政部令第 49 号《养老机构管理办法》规定，养老机构应当开展适合老年人的文化、体育、娱乐活动，丰富老年人的精神文化生活，并为老年人提供必要的安全防护措施。因此，养老机构应组建社工部，为老年人提供社会工作服务。根据《老年社会工作服务指南》(MZ/T064—2016)中关于社会工作服务内容描述，养老机构社工部应设置社工部主任、社工师、心理咨询师、临终关怀师等岗位。

1) 社工部主任的岗位职责

(1) 在业务副院长的带领下负责社工部的日常运营管理工作。

(2) 负责制定部门服务内容、服务流程、服务标准及其他管理制度。

(3) 负责拟订部门工作计划与年度费用预算。

(4) 组织养老机构内社会工作活动的开展。

(5) 负责本部门员工培训及督导工作。

(6) 完成上级领导交办的其他工作。

2) 社工师的岗位职责

(1) 积极配合生活护理部和医疗保健部开展的各项老年人活动，在社工部主任的指导下，全面负责在院老年人的社工服务。

(2) 根据在院老年人的特点，制订年度社工服务计划，做好老年人的个案服务、小组工作、社区工作等工作，并做好相关记录。

(3) 与护理主管、医生、护士、康复师合作，为新入住的老年人提供需求评估，并出具相应的服务计划。

(4) 组织开展有益老年人身心健康的文娱兴趣活动，充分发挥老年人的积极性；同时在活动中注意老年人的安全，及时处理活动中发生的矛盾。

(5) 帮助老年人渡过角色转换期，调动社会资源，为老年人提供救助服务，协助老年人解决生活困难。

(6) 为老年人提供朋辈群体、家庭或社会关系支持服务，让老年人生活在积极、健康的环境中。

(7) 为老年人开展生命教育，为临终老年人提供关怀服务。

(8) 完成院领导安排的其他工作。

3) 心理咨询师的岗位职责

(1) 在社工部主任的领导下，认真执行各项规章制度和技术操作规范，负责老年人的心理健康维护，建立老年人心理健康档案。

(2) 在上级领导指导下，对入住的老年人定期进行评估，及时了解老年人的心理健康状态，针对老年人心理健康开展心理康复护理。

(3) 与老年人的家属保持定期沟通，帮助家属及时了解老年人的心理状况，并与家属一起解决相关问题。

(4) 为老年人开展生命教育，为临终老年人提供关怀服务。

(5) 严格遵守保密条例，保护老年人的隐私权。

(6) 完成院领导安排的其他工作。

4) 临终关怀师的岗位职责

(1) 在社工部主任的领导下，认真执行各项规章制度和技术操作规范，负责处于生命晚期的老年人的心理健康维护。

(2) 及时了解生命晚期老年人的心理健康状态。

(3) 与社工师、心理咨询师合作，为老年人及其家属开展生命教育。帮助进入生命晚期的老年人了解死亡，进而接纳死亡，使老年人在生命晚期活得有尊严。

(4) 与老年人的家属保持及时沟通，帮助家属及时了解老年人的心理诉求，并与家属一起解决相关问题。

(5) 完成院领导安排的其他工作。

3.2.4 后勤保障人员岗位设置

后勤保障在养老机构中通常称为"后勤部"，由后勤部主任直接领导。后勤保障部主要职责是为养老机构的正常、有序运营提供支持服务。后勤保障部的工作内容包括为养老机构提供保洁服务、安全防护、设备维修、绿化管理、膳食服务、采购服务、固定资产管理、接送服务等。后勤保障部对应的服务岗位如图3-10所示。

1. 后勤部主任的岗位职责

(1) 在行政副院长的领导下开展工作，负责全院保洁、安保餐饮、维修、安全等相关后勤工作。

(2) 负责拟订本部门的工作计划并组织实施，及时总结，按时汇报。

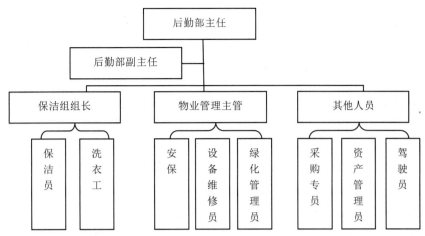

图 3-10 后勤保障部组织架构

(3) 了解各种安全技术知识,熟悉国家有关法律法规。

(4) 对整个院部的水、电、燃气等系统设备的运行和日常维护保养质量负有主要责任,督促员工按照院部的质量方针质量目标及有关规定做好各项工作。

(5) 抓好日常管理工作,认真做好各项运行、巡检记录,做好本部门员工的日常考核工作;保障水、电、燃气、电梯、通信、安保、保洁的正常运行,确保设备完好率达到98%以上。

(6) 负责全院的安全保卫工作,坚持贯彻"安全第一"的原则,出现大小安全事故和安全隐患立即处理,并报告行政副院长。

(7) 根据院领导要求,结合本院实际情况组织安全知识学习活动,对存在的不安全因素,积极寻找解决办法,提出具体措施并报告分管副院长,以消除隐患。

(8) 定期召开安全例会,听取各部门人员的工作汇报。

(9) 合理安排工作,提高工作效率,按时完成院部布置的其他任务。

2. 后勤部副主任的岗位职责

(1) 在后勤部主任的领导下开展工作。

(2) 负有维修工、保安等同等岗位职责,同时了解各种安全技术知识,熟悉国家有关法律。

(3) 当设备发生异常情况和故障时,组织人员采取相应措施防止故障扩大,并及时排除故障;遇到重大问题应及时向后勤部主任汇报,并做好详细记录。

(4) 根据报修、维护保养的需要,及时提出材料申购申请,做到材料合理储存,保证报修维修材料的供应。

(5) 每天巡视一次,对安全问题做好记录,对违反安全操作规程的员工指出批评,并及时对其进行安全教育。

(6) 发现和指出其他部门存在的安全隐患,上报存在的安全隐患和发生的安全事故。

(7) 遵守各项规章制度,遵守安全操作规程,文明操作,坚持贯彻"安全第一"的原则。

(8) 主动参加等类业务学习，不断提高自身素质，实现一专多能，全面提高服务质量。

(9) 合理安排工作，提高工作效率，按时完成上级布置的其他任务。

3．保洁组组长的岗位职责

(1) 在后勤部门副主任的领导下，规范执行院的各项规章制度。

(2) 在工作中起骨干作用，做到以身作则，出色完成本职工作。

(3) 负责下属员工的日常管理，督促员工保质保量地完成保洁服务工作。

(4) 认真学习保洁方面的相关知识，并经常对员工进行业务指导和技能培训，及时解答员工提出的技术性问题。

(5) 检查所管辖区域的保洁、洗衣等服务质量，并做好安全教育工作。

(6) 检查员工使用的工作器具的保养完好情况，要求员工爱护工具。

(7) 厉行节约，控制成本，杜绝保洁用品的浪费和保洁工具的人为破坏。

(8) 完成上级领导交办的其他任务。

4．保洁员的岗位职责

(1) 在保洁组组长的领导下开展工作，按计划和规范完成各项保洁工作。

(2) 按时对公共部位地面、墙壁、高空设施、门、窗、电梯等进行保洁工作。

(3) 按时收取机构内各楼面的垃圾。

(4) 按时对机构内铜器、不锈钢制品进行除锈保洁工作。

(5) 按时对机构内厕所进行保洁工作。

(6) 按时对大楼周围环境进行保洁工作。

(7) 做好公共区域消毒、消灭虫害工作。

(8) 做好垃圾库、员工浴室的保洁工作。

(9) 积极参加各类培训，熟练掌握各种保洁用具的操作技能。

(10) 完成组长交办的其他任务。

5．洗衣工的岗位职责

(1) 负责全机构被服洗涤、保管和消毒等工作。

(2) 严格执行被服的收、送手续，防止被服错发、漏发和丢失。

(3) 各类深浅不一、易褪色的衣被要分类洗涤，分类安放，保证洗涤质量。

(4) 树立节支观念，节约水、电、肥皂粉等，每天登记洗涤被服等的数量。

(5) 在洗涤时发现衣袋内有钱物，应及时将其上交保洁组组长。

(6) 使用洗衣机、烘干机等设备应严格遵守操作规程；定期对各种机械的传动部位加油保养；使用设备时，若发现异常情况，应立即停止使用，及时报修。

6．物业管理主管的岗位职责

(1) 协助上级领导监察、审查、评估及修订物业管理的职能及工作。

(2) 执行政府各项法规、法令及物业管理公约，与有关各部门保持良好关系。

(3) 制定项目年度物业管理预算方案，管理日常物业的服务品质、操作管理流程及适当的财务运行情况。

(4) 妥善处理一切紧急及突发事件。

(5) 负责养老机构内房屋的管理，负责机构内设备设施的验收及设施设备的维修，安排各项维修工程。

(6) 负责监管养老机构内来往车辆和车位的登记、管理。

(7) 负责协调和管理绿化、安保等相关工作，维持养老机构内的治安秩序。

7. 安保的岗位职责

(1) 做好老年人、员工、访客进出院登记。

(2) 管理进出院的单位车辆及外来车辆。

(3) 不定时巡查全院各区域，对院内设备进行检查，防止意外事件发生。

(4) 若院内老年人发生紧急事件或纠纷，及时劝阻和制止，并及时报告主管领导或报警。

(5) 不定期巡查各楼层水、电、煤气开关及仓库物资情况，保证重要区域的安全。

(6) 监管全院的消防器材。

(7) 保持保安室、公告栏等区域的清洁卫生。

(8) 保持监控室 24 小时值班，切实保证全院安全。

(9) 保持良好的工作态度，与各部门良好沟通。

8. 设备维修员的岗位职责

(1) 负责设施设备的日常维修、计划检修、保养。

(2) 负责 LED 大屏幕、投影仪等设施设备的安装和调试。

(3) 及时巡查，发现问题及时处理。

9. 绿化管理员的岗位职责

(1) 负责编制绿化管理制度、标准、工作流程。

(2) 按照绿化标准，设计和做好机构内绿化工作，为老年人提供绿色、自然、空气清新的居住环境。

(3) 加强对环境绿化养护的技能学习，提高养护专业水准。

(4) 定期对机构内绿植、草坪进行修剪、清理工作，加强对绿植病虫害的防治工作；协助上级主管做好日常绿化养护管理工作。

(5) 做好污水的处理工作。

(6) 定期检查花草树木的养护、浇水、施肥、病虫害及修剪等工作，并做好详细记录。

(7) 负责绿化工具、材料的发放、保管，合理控制绿化工具、材料的消耗。

(8) 配合部门领导完成每月中心服务质量考核工作，并完成领导交办的其他工作。

10. 采购专员的岗位职责

(1) 遵守养老机构内部的各种规章制度,在后勤部主任的领导下开展工作。

(2) 审核物资供应计划,协调物资采购、提货、供应工作;严格按照采购单所列的数量、规格及要求进行采购;负责采购物资领用的登记手续。

(3) 及时做好采购物资的验收入库手续;对不合格的采购物资,应退还供应方。

(4) 预算并控制采购费用,规范采购程序和行为,制定采购制度。

(5) 负责采购物资的分类保管,堆放整齐,采取通风防潮、防霉、防鼠、防火、防盗等措施,确保物资安全。

(6) 根据院内各部门需要,每月编制采购计划,上报院领导审批。

(7) 收集市场信息,做好市场调查,为养老机构经营、决策提供依据。

(8) 完成领导交办的其他工作任务。

11. 固定资产管理员的岗位职责

(1) 在后勤部主任的领导下开展工作,负责全院固定资产、低值易耗品的保管。

(2) 建立固定资产明细卡片,定期进行核对,做到账、卡、物相符。

(3) 负责资产调配,对内部资产的转移、调拨、报废进行审核,以保证资产账实相符。

(4) 定期对养老机构内的固定资产清查盘点,按月编制物资申领汇总表。

(5) 资产盘点后,若发现盘盈、盘亏和毁损等情况,及时查明原因,明确责任,按规定的审批程序办理报批手续,根据批准文件进行账务处理。

(6) 建立物资的收发明细账,物资进出仓库的原始凭证,应定期进行装订,做到物物有账,账物相符。

12. 驾驶员的岗位职责

(1) 在后勤部副主任的领导下,负责养老机构老年人就医、外出的接送,并服从后勤副主任的用车安排,保证全院车辆的合理使用。

(2) 坚持每天对车辆进行例行保养,并定期检修、清洁消毒,使车辆始终处于技术性能良好的状态。

(3) 严格执行各项交通法规和要求,主动学习相关法律法规,增强法律意识,遵守交通法规。

(4) 坚持文明行车、礼貌行车,严禁酒后驾车,严禁出现车辆违章情况,保证责任事故率为零。

(5) 行驶时有效控制车速,以中速行车为基点,爱护车辆,节约能源。

(6) 出车时积极热情,主动帮助老年人上下车、拎物品等。

第4章 养老机构行政管理

在养老机构中,养老机构的行政管理部门通常被称为院部"行政部"或"办公室",在院长的直接领导下负责全院的日常行政,包括养老机构内的规章制度会议、公文、档案、采购以及公共关系等日常事务。养老机构行政管理一般包括规章制度管理、公文及会议管理、档案管理、采购管理、公共关系管理、人事管理和财务管理。其中人事管理和财务管理在其他章节介绍。

4.1 规章制度管理

养老机构规章制度管理是养老机构管理的重要内容。建立规章制度,实行制度化、规范化管理可以使员工有章可循,做到事有章程、言有依据、行有规约,对保证养老机构各项工作的完成、提高工作效率都具有十分重要的意义。

养老机构的规章制度是指养老机构内部制定的组织劳动过程和进行劳动管理的规则和制度的总和,是养老机构内部的"法律"。规章制度管理主要包括制定规章制度、规章制度的实施以及规章制度执行过程的监督和评估。养老机构规章制度应符合相关的法律法规,它是保障员工的劳动权利,督促员工履行劳动义务,实施员工的奖励和惩罚的重要凭证。

4.1.1 规章制度的制定方法及程序

1. 制定方法

规章制度要在学习的基础上制定、在总结工作经验的基础上制定、在听取员工意见的基础上制定,以及在借鉴同行经验的基础上制定,如图4-1所示。

(1) 在学习的基础上制定。规章制度的制定者应当理解国家相关的政策法规和行业规范,以免使制定的规章制度与国家、地方现行的政策法规、行业管理规范相抵触,所以养老机构管理者制定各项规章制度时,应熟悉掌握相关领域的政策法规。例如管理者在制定员工管理制度时，应了解《中华人民共和国劳动法》等相关劳动权益保障法规；管理者在制定安全管理制度时，应掌握《中华人民共和国消防法》《中华人民共和国食品安全法》等相关法规；管理者在制定入住老人管理的制度时，应了解《中华人民共和国老年人权益保障法》《老年人社会福利机构基本规范》等。在深刻掌握现行政策法规、行业规范的基础上制定的规章制度，才具有科学性、实用性和可操作性。

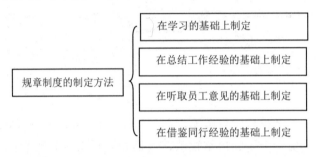

图 4-1 规章制度的制定方法

(2) 在总结工作经验的基础上制定。根据以往的工作经验、教训，总结经营与管理方面取得的成绩与存在的问题，在此基础上制定的规章制度，可以更具有实用性和可操作性。

(3) 在听取员工意见的基础上制定。参与规章制度拟定的人数越少，其制度可能越容易存在着这样或那样的问题，所以制定规章制度时需要广泛听取员工的意见。在此基础上制定的规章制度才会更加完善，更容易得到员工的理解和接受。

(4) 在借鉴同行经验的基础上制定。借鉴同行的管理经验，参考同行的规章制度，可以使制定的规章制度更具有先进性和实用性，同时可以节省时间，但应根据本机构的实际情况适当借鉴，合理引用，避免盲目抄袭。

2. 制定程序

(1) 调查。对同类机构的各种规章制度进行调查、收集，学习借鉴同类机构的管理经验，这样可以节省时间，少走弯路。

(2) 草拟。从本机构的实际出发，分析各种制度对本机构的适用性和可操作性，取长补短，在此基础上草拟本机构的规章制度。

(3) 讨论。草拟的规章制度往往存在不足，广泛听取老年人(服务对象)和员工的意见，讨论意见的合理性，在此基础上修改完善的规章制度，才更容易得到老年人和员工的理解和支持。讨论的过程也是学习规章制度、进行制度教育的过程。

(4) 公示。经过反复讨论修改的规章制度，应在机构内公示，进一步听取老年人和员工的意见，最后在全体(或代表)会议上通过。

3. 制度制定过程中需要注意的问题

(1) 因地制宜，实事求是。任何事物符合实际，才具有实用性，制度也要顺应我国的国情，符合机构的具体情况，合情合理，体现人性化，进而调动员工积极性和创造力。

(2) 与时俱进，不断完善。凡是制度总有一定的时效性，任何一种制度都不可能一劳永逸、一成不变，制度必须随着国家大政方针的调整而修订，随着机构的发展而不断健全。

(3) 大处着眼，小处着手。养老机构制定制度要着眼机构的整体建设要求，体现机构的发展方向，同时又要从每位员工的个体发展考虑，从细微之处体现制度的作用。

(4) 通俗易懂，简明扼要。养老机构制定的规章制度需要全体员工的落实和执行，由于员工文化程度、个人素质等的差异，制度的条文内容务必通俗易懂、简明扼要，使员工便于学习遵守。

(5) 方便操作，具体量化。制度有效落实的重要前提是方便操作，这就要求制度尽量具体化，能够量化，便于对照检查和考核评比。

4.1.2 规章制度的内容

规章制度应当是组织机构生产、经营、服务与管理的工具。凡是机构内所涉及的重复性或可能重复出现的工作都可以形成制度文件。目前，养老机构的规章制度主要涉及的内容有以下几种。

1. 部门职能方面

部门职能的主要目的是明确各部门的分工与任务、应履行的职责、承担的责任和享受的权限等，以避免各部门互相推诿责任。部门职能应根据各机构部门设置情况而定，设置什么样的部门就应该有相应的部门职能。

养老机构的部门职能可以划分为行政部门职能、后勤部门职能以及业务管理部门职能，如图4-2所示。每个部门职能一般由部门名称、上级部门、下级部门、主要职责以及主要任务等构成。

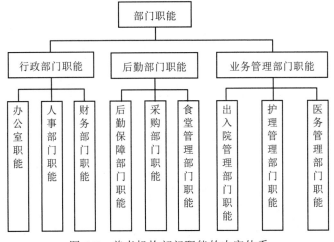

图4-2 养老机构部门职能的内容体系

(1) 行政部门职能。行政部门职能包括办公室职能、人事部门职能、财务部门职能。

办公室主要负责全院规章制度的制定，协调各部门、科室的工作，组织各种会议，负责接待、来信来访、突发事件的协调处理等工作。

人事部门主要负责员工的招聘、调配、教育培训，员工年度考核、评级、奖惩，员工劳动工资及待遇的统计与管理，员工人事档案的管理等工作。

财务部门主要负责机构财务、资金和资产管理，财务预算、成本核算、报账，入住老人收费及欠费的催缴等工作。

(2) 后勤部门职能。后勤部门负责全院的后勤保障工作，其职能主要包括后勤保障部门职能、采购职能部门、食堂管理部门等，具体包括全院设施设备维修与保养、物资采购与供应、食堂管理、园林绿化与保洁、安全卫生与消防管理等工作。

(3) 业务管理部门职能。业务管理部门职能包括出入院管理部门职能、护理管理部门职能以及医务管理部门职能。

出入院管理部门主要负责来访老人和亲属的接待、为老人办理出入院手续、协调相关部门为初次入住老人的护理等级做出评估、入住老人档案的管理等工作。

护理管理部门主要负责老人的生活护理、康复护理、心理护理，护理人员的基础培训、工作考核，意外伤害事故的处理等工作。

医务管理部门主要负责老人临床医疗保健服务的提供与管理、医务人员的培训与考评、药品的管理、医疗事故的处理及转诊的协调等工作。

2. 岗位职责方面

制定岗位职责的目的是明确各岗位的员工应当承担的工作任务、履行的职责和上下级的关系，使每一位员工都知道该做什么、不该做什么、应当达到什么标准或要求、该对谁负责和该承担什么样的责任。岗位职责一般由岗位名称、上下级、本职工作、工作职责等部分构成。

养老机构主要岗位职责一般包括管理、技术以及工勤这三大类岗位职责，如图 4-3 所示。

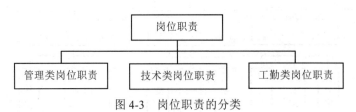

图 4-3　岗位职责的分类

(1) 管理类岗位职责。管理类岗位主要根据各养老机构管理岗位设置情况而定，如院长、书记、副院长、工会主席、科研室主任、班组等。

(2) 专业技术类岗位职责。养老机构专业技术类岗位职责指医生、护士、社工、财会以及其他专业技术职称系列岗位的职责。各专业技术职务可根据职称系列进一步分为高级、中级和初级。

(3) 工勤类岗位职责。工勤类岗位职责指养老护理员、厨师、锅炉工、水电工、维修工、洗衣工和门卫等的职责。工勤类岗位可根据职业资格等级进一步分为高级、中级、初级、技师和普工五类。

3. 工作制度方面

养老机构主要依据实际工作需要制定相应的工作制度、管理与服务规范,明确具体的工作目标、工作任务、工作内容、工作程序等内容。工作制度包括行政类、业务类、后勤服务类、技术操作类、考核评价类五大类。

(1) 行政类工作制度。行政类工作制度包括工作会议制度、人事管理工作制度、突发事件报告制度、查房制度、值班制度、接待来访工作制度、消防安全管理制度、食品安全管理制度等。

(2) 业务类工作制度。业务类工作制度包括老年人入住管理、健康评估制度、护理等级评估制度、交接班制度、转诊制度、药品代保管与代发放制度、财务工作管理制度、医疗服务管理制度、护理服务管理制度、其他服务质量管理制度等。

(3) 后勤服务类工作制度。后勤服务类工作制度包括物品采购、验收、储藏制度,车辆管理制度,维修管理制度,食堂服务管理制度等。

(4) 技术操作类制度。技术操作类制度包括服务诊疗规范、临床护理规范,生活护理规范、康复护理规范、营养配餐规范、突发事件应急处理预案、临床医疗规范、康复服务质量标准等。

(5) 考核评价、奖惩类制度。考核评价、奖惩类制度包括月度、季度、年度考核管理办法与评价标准,员工奖励与处罚管理办法等。

4.1.3 规章制度的执行

一个养老机构的规章制度制定得再好,如果不能在日常管理中贯彻落实,那这个规章制度就是一纸空文,没有任何意义,所以规章制度的建设关键在于落实。养老机构规章制度的落实主要从以下几个方面入手。

1. 管理者要带头遵守规章制度

管理者必须带头执行规章制度。在制度面前人人平等,没有特殊的员工,领导者、管理者也不例外,要求员工做到的,管理者必须带头做到。一个好的管理者应该是带头执行制度的模范。

2. 落实规章制度要赏罚分明

落实规章制度一定要赏罚分明。对违反规章制度的员工,应根据其造成的影响和后果及时处理;对遵守规章制度、自觉履行岗位职责、做出成绩的员工,也应及时给予表彰奖励。

3. 落实规章制度要常抓不懈

执行和落实规章制度不能想起来就"抓一抓",忘掉了就"松一松"。在养老机构的日常服务、管理和经营活动中,应时时、事事、处处都执行和落实规章制度,使遵守制度成为全体员工的工作习惯。

4. 落实规章制度要发动群众

养老机构的规章制度能否有效地贯彻落实取决于广大的老年人和全体员工。因此,要充分发动和依靠群众,使人人都成为自觉遵守规章制度的模范,使人人都主动地监督违反规章制度的现象,这样才能确保各项规章制度都得到有效落实。

养老机构的规章制度既要保持相对稳定,避免随意修改,也不能固化、僵化,要从机构的实际出发,在贯彻执行规章制度的实践中,随着机构面对的形势、环境、任务等变化,对不适应的部门条款定期(如一年)通过全体(或代表)会议做出适当修改,使规章制度更加符合机构的实际情况。养老机构的规章制度在实践中不断改进提高,才能有利于调动群众的积极性,有利于提高管理和服务水平,更有利于养老机构的发展。

4.2 公文及会议管理

4.2.1 公文管理

公文管理,即在公文从形成、运转、办理、传递、存贮到转换为档案或销毁的过程中,以特定的方法和原则对公文进行加工和处理的行为或过程。公文管理是养老机构日常行政办公的一项重要职能,公文管理的内容就是对这些公文进行收文管理、发文管理以及文件的归档。

1. 公文的种类

在养老机构的行政办公过程中,常用的文书类别包括备忘录、备忘单、报告、请示、通告、通知、通报、函和纪要等种类。不同的文书,其用途也有较大差别。

(1) 备忘录,在养老机构内部发布规章、规定、办法及较重要的通知、通告、通报等时使用。

(2) 备忘单,在养老机构内部各平行部门之间进行业务接洽、协调、联络时使用。

(3) 报告,适用于向上级机关汇报工作,反映情况,回复上级机关的询问。

(4) 请示,适用于向上级机关请求指示、批准某个事项。

(5) 通告,适用于在一定范围内公布应当遵守或者周知的事项。

(6) 通报,适用于表彰先进、批评错误、传达重要精神和告知重要情况。

(7) 通知,适用于发布、传达要求下级机关执行和有关单位周知或者执行的事项,也适用于批转、转发公文。

(8) 函，适用于兄弟单位之间商洽工作、询问和答复问题、请求批准和答复审批事项。

(9) 纪要，适用于记载机构各类重要会议主要情况和议定事项。

2. 公文管理的程序

公文管理的基本流程是指自收文或交办起至发文、归档止之全部流程。

(1) 收文主要程序。

① 签收，即上级发文或参会人员带回文件，工作人员对收到的公文逐件清点，核对无误后签字或者盖章，并注明签收时间。

② 登记，即对公文分类编号，主要信息和办理情况应当详细记载。

③ 承办，即经过初审后，报办公室主任审阅，报送院领导传阅批示。

④ 办理，即根据领导批示，转有关部门办理。

⑤ 办结，即及时了解掌握公文的办理进展情况，督促承办部门按期办结，紧急公文或者重要公文应当由专人负责催办。

⑥ 归档，即文件办理后，送档案部门归档。

(2) 发文主要程序。

① 起草，即职能部门或业务部门起草文件。

② 审核，即部门主管领导审核修改。

③ 签批，即报送院领导签批。

④ 复核，即办公室对公文的审批手续、内容、文种、格式等进行复核。

⑤ 编号，即对文件进行统一编号。

⑥ 盖章，即根据需要加盖相应的公章。

⑦ 登记，即对文件分送范围和印制份数进行详细记载。

⑧ 印制，即公文印制必须确保质量和时效，涉密公文应当在符合保密要求的场所印制。

⑨ 核发，即公文印制完毕，分别发文，底稿归档。

3. 公文管理的内容

(1) 编制文件管理。文件的格式、编号、标题、版式、字体、字号等要符合统一要求。

(2) 审批文件程序。相关部门起草编写后，填写"发文稿纸"，交由部门领导审核后，由主管副院长会签。院长签发后，制作正式文件，把备查文件归档，最后上报或下发文件。

(3) 接收文件管理。接收内部或外部文件后，登记编号，由部门领导审阅后，交由机构领导传阅批示，再通知相关部门落实，对接收的文件进行归档处理。

(4) 发放文件管理。外部文件审批后进行复制，登记编号后，下发职能或业务部门，签字后取回文件；内部文件审批后要再次制作，登记编号后，下发职能或业务部门，签字后领取文件。

(5) 文件归档管理。外部文件，内部形成的上报和下发文件，职能或业务部门的各类内部文档、资料、数据等，由相关人员分类整理后装订归档。

(6) 文件更改管理。文件更改必须由申请人或相关部门填写"文件修改申请单",获得批准后方可修改文件;更改后生效的新文件发布后,原文件废止。

(7) 文件借阅管理。文件或资料被借阅时,文档管理员应填写"文件及资料借阅登记单";借阅人使用文件或资料后,应当及时归还。

4. 公文管理的注意事项

养老机构在对外或对内行文时,首先应确定行文名义及签发权限,以避免文书传达错误。文书行文时,应注意以下几个问题。

(1) 属于政策性或影响机构重大权益的行文,应由机构院长签发。

(2) 对政府机关、业务主管机构等一般性公文应由相关部门起草,以机构名义行文,由机构院长签发。

(3) 以养老机构名义对外与独立法人团体、企业行文进行联系或发传真时,需要由机构院长签发。

(4) 机构内机要文件及绝密文件等由院长指派专人管理,与外界经常来往及内部一般文书由行政部门管理。

(5) 文书处理必须遵守一定的文书处理期限,根据不同类型文书的期限进行处理,并进行及时的催办,以免延误事情的处理和解决。

(6) 文书结案后,原件由文书管理部门专人按养老机构自行编制的《档案管理制度》负责归档,经办部门视情况可留存复印本。另外,档案分类目录及编号、保管原则,依据相关制度执行。

4.2.2 会议管理

会议管理是养老机构正常运转的重要制度。有关机构发展的重大事项,学习贯彻上级主管部门的重要精神,研究日常管理的医疗服务事务,研究人事工作和重大经济事项,研究解决实际工作中的困难等,都可通过会议进行,所以会议管理对养老机构来说,是必不可少的一项工作。

会议是保证养老机构正常运转解决机构内重大事项的重要保障。进行会议管理的目的是提高会议的质量和效率,规范与会议有关的事项,保证会议有序进行。会议管理的内容具体包括明确会议的种类,会议的安排,会议的准备,会议的落实与会议内容的记录、归档等。

1. 会议的种类

(1) 机构级会议,主要包括机构全体大会、养老机构干部会议、养老机构全体班组长会议、养老机构职工大会、养老机构技术人员大会及其他大会等。

(2) 专业会议,是技术、业务等方面的综合会,如服务技术探讨会、服务质量分析会等。

(3) 系统和部门工作会,是由各部门召开的工作会,如部门办公会。

(4) 班组会议,由各分部、中心或班组负责人决定并主持召开的会议。

(5) 上级或外单位在本养老机构召开的会议,如报告会、现场会、办公会等。

2. 会议的安排

为避免会议过多或重复,养老机构的正常性会议一律纳入例会制,原则上要按例行规定的时间、地点、内容组织召开。例行会议安排如下所述。

(1) 院长办公会,研究、部署机构行政工作,讨论决定养老机构的重大问题等。

(2) 副院长办公会,总结评价机构当月行政工作情况,安排布置下月工作任务等。

(3) 班组长以上干部大会(或养老机构职工大会),总结机构上季度(半年、全年)工作情况,部署工作任务,表彰奖励先进集体、个人等。

(4) 质量分析会,汇报、总结机构服务质量情况,讨论分析服务质量问题,研讨质量持续改进措施等。

(5) 服务工作分析会,汇报、分析养老机构服务情况和经营活动成果,评价各方面工作情况,肯定成绩,寻找问题,提出改进措施,提高养老机构服务质量和经济效益等。

(6) 安全工作会(含治安、消防工作),汇报、总结机构上季度安全、治安、消防工作情况,分析处理事故,检查分析事故隐患,研究确定安全防范措施等。

(7) 技术工作会,汇报、总结机构为老服务技术应用情况,研究有关新技术的措施方案等。

(8) 部门办公会,例行检查、总结、布置本部门工作。

3. 会议的准备

所有会议主持人和召集单位人员都应分别做好有关准备工作,包括拟好会议议程、提案、汇报、总结提纲、发言要点、工作计划草案、决议决定草案,落实会场,备好座位、茶具、茶水,并通知与会人员等。

4. 会议的落实与会议内容的记录、归档

会议召开后,工作人员还需对会议过程进行管理和维护,保证会议的正常进行,及时解决会议过程中的突发事件,并认真如实做好会议记录。会后,工作人员及时将会议记录,会议相关材料整理和归档。

5. 会议管理的原则

(1) 目的明确。管理人员在会前首先要明确会议的主题,如是沟通会议、管理会议还是决策会议;然后围绕主题有的放矢地做好准备。

(2) 人员合适。根据会议内容选择合适的人员参加,会议中做到人人畅所欲言、各抒己见。

(3) 明确议程。办公室要在会议之前建立清楚的会议议程,在会前分发给参会人员,使其有充分的时间准备相关的资料。

(4) 设定时间。会议要准时开始,并对每个议程制定大致的时间限制,准时结束。

(5) 做好记录。会议的各项决议必须要有具体执行人员及完成期限,如某项决议的完成需要多方资源,一定要在决议记录中明确说明,避免会后各方互相推诿,影响决议的完成。

(6) 会后追踪。会议每项决议都要有跟踪,如有意外情况可及时发现,适时调整,确保各项会议内容落实到位。

4.3 档案管理

4.3.1 档案管理概念

养老机构档案是养老机构在各项运营管理活动中形成的全部档案的总和,是在以行政管理、荣誉文件管理、业务档案、各部门的运营管理、合同文件管理、宣传文件管理、注册类文件管理、财务工作管理、人事档案管理、法务类文件管理等活动中直接形成并具有保存、查考价值的各种文字、图表、账册、凭证、报表、技术资料、电脑盘片、声像、荣誉实物、证件等不同形式和载体的历史记录,是维护养老机构真实历史面貌、合法权益的历史凭证。

4.3.2 档案的种类

1. 按照档案内容分类

按照内容不同,养老机构的档案主要分为报批与注册登记文件、管理性文件两类。

1) 报批与注册登记文件

(1) 报批文件。报批文件主要包括养老机构设立的项目建议书、可行性报告、设立和变更申请、主管部门的审批、养老机构的章程等。

(2) 注册登记文件。注册登记文件主要包括申请加入各类专业技术协会的文件、养老机构主要负责人身份证明和住所资料、经营场所使用证明及营业执照等。

2) 管理性文件

管理性文件包括行政管理、经营管理、技术管理以及质量和环保管理过程中所形成的文件。

(1) 行政管理文件。行政管理文件是在政务、教育、法律事务等工作中形成的文件,主要包括以下几种文件。

① 院长会议的记录、纪要、决议。

② 院长办公会、经营分析会等会议记录的纪要、决议。

③ 养老机构大事记,包括重大庆典、市级以上重要领导或外宾视察和访问、重大新闻发布会等。

④ 养老机构中长期规划、年度工作计划、总结和报告。

⑤ 养老机构已成形的各项规章管理制度及宣传画册、管理手册及宣传片(带)等。

⑥ 上级主管机关颁布与本养老机构有关的各项法律法规性、政策性条文以及养老机构报给上级机关的文件。

⑦ 教育培训计划、总结、报告及员工接受专业技术、文化和思想教育等方面的文件材料等。

(2) 经营管理文件。经营管理文件包括财会、统计、劳资和人事等方面的文件。

① 财务方面的文件：各种会计凭证、会计账簿、会计报表、审计报告及借贷款申请报告等。

② 统计方面的文件：物资设备等采购、保管及供应中形成的各种重要文件、单据。

③ 劳资和人事方面的文件：机构设置定额定员、劳动调配、工资福利和劳动保险工作中形成的文件、报表和记录，以及员工个人人事档案。

(3) 技术管理文件。技术管理文件包括质量管理、环境保护、检验测量及能源管理等方面的文件。

(4) 质量和环保管理文件。这类文件包括质量和环保管理文件建立的体系文件、产品质量分析报告、养老机构环保基本情况文件等。

2. 按照档案的保密程度分类

按保密程度，养老机构的档案可分为绝密级、机密级、普通级。

(1) 绝密级。绝密级是指只有养老机构的院长、副院长、决策辅助人员等少数人员才能接触的核心机密，如养老机构发展规划、发展战略、政策策略、预算决算、个别人员档案等。

(2) 机密级。机密级是指养老机构的主要经营管理人员、涉及的部分院长级人员和工作人员才能接触的档案，如养老机构发展决议或决定、各类报表、薪资奖金、员工档案等。

(3) 普通级。普通级是指养老机构科级以上主管和涉及的员工因工作需要而需接触的档案。

4.3.3 档案管理分级办法

档案管理应在内容分类的前提下进行分级管理，达到责权明确的目的。

1. 报批与注册登记文件的管理办法

报批与注册登记文件统一由养老机构档案室保管，各部门需要使用时按核决权限申报，经批准后使用，且必须在规定时间内交回。

2. 管理性文件的管理办法

(1) 上级下达养老机构的各类文件(不含各部门间的往来文件)，统一由养老机构档案室接收、登记后，再按文件类别呈送养老机构相关领导，领导批示后存档，所批示的经办部门一律使用复印件。以养老机构名义报给上级机关(包括中、外方)的各类文件(最终稿)由主办部门直接上报并在 10 日内送存。

(2) 院长会议记录、纪要、决议等及相关会议材料，由会议记录人整理、主持人审核成文后每年定期交存档案室。

(3) 养老机构的各项规章制度、经营政策、规划、年度培训计划，成文后一个月内送存。

(4) 养老机构员工的人事档案统一由养老机构档案室保管，人力资源部负责专人协助管理。

(5) 养老机构所属及所使用的房屋、设备、管道、电器等固定资产的文字、文件及图纸，审核后每年定期交存档案室。

(6) 工程项目申报及实施购买过程中，应有专人负责各类文件、图纸的收集与保管工作，在项目完成投产之后三个月内，由物业部门管理部将档案材料整理立卷，移交养老机构档案室存档。

4.3.4 档案的存储保管

档案的存储保管期限分为永久、长期和短期三种。

1. 永久保管的档案

永久保管的档案是指记录和反映政治活动、经济建设、科学研究和主要职能活动并需要长远利用的档案。这类档案要无限期保管。

2. 长期保管的档案

长期保管的档案是指反映较长时间内管理与服务活动中有查考价值的档案。这类档案的保管期限为 16~50 年。

3. 短期保管的档案

短期保管的档案是指在较短时间内养老机构的一般管理与服务活动需要查考利用的档案。这类档案的保管期限一般为 15 年。

4.3.5 档案管理制度

1. 档案管理的原则

养老机构的档案属养老机构所有，由养老机构统一管理。养老机构负责维护档案的完整、准确、系统和安全。

档案管理是养老机构管理工作的组成部分,养老机构应加强对档案工作的管理,建立与之相适应的档案管理机制,将其列入养老机构的工作计划和发展规划,切实解决档案建立及保存等实际问题,以保障档案工作与其他各项工作同步发展,更好地为养老机构发展服务。

2. 档案的形成与归档

(1) 归档时限的具体规定。

① 产生(生效)后及时归档:产生(生效)后 48 小时内归档。

② 半年归档一次:1 月 20 日、7 月 20 日之前归档上半年度资料。

③ 一个月归档一次:次月 10 日之前归档上月资料。

④ 一季度归档一次:1 月、4 月、7 月、10 月的 20 日之前归档上季度资料。

⑤ 一年归档一次:次年 4 月底归档上年资料。

(2) 凡归档的文件材料应符合规范、字迹工整、影像资料清晰、签字完备,便于长期保存,符合国家和本市的有关规范和标准。

(3) 建立老年人入院档案。

① 建立老年人入院档案,做到一人一袋,袋内须有申请、登记、通知、协议、清单、病历、离院小结等文件资料。

② 老年人档案由医疗护理中心统一专人管理,妥善保存。

③ 借阅病历限于本院主治医生以上人员,其他人员不得借阅病历;外单位借阅必须经院长签字批准,否则任何人不得外借。

④ 住院老年人需要查阅以往病历时,须经院长批准,到医疗护理中心按规定办理查阅手续。

⑤ 病历必须由工作人员传递,不得交与家属或老年人传递。

(4) 养老机构工作人员因公外出参观学习、考察和参加会议获得的文件材料及考察出差总结报告,按照归档范围,及时归档。

(5) 涉及采购的各部门应及时将合格供应商资料移交给养老机构档案,供应商一般为进入最后谈判甄选的供应商(一般为 3 或 4 家)。归档的资料包含营业执照复印件、联系方式、报价单、询标记录、评估意见等,并填写"合格供应商清单表"。

(6) 所有资料的移交应做好移交签收记录。移交的资料数量较少时,移交人可自制签收本,做好记录;定期移交的资料数量较多时,移交人必须制作"文件材料移交单"(一式两份),由移交人、接收人签字后各自保留一份,同时提供电子目录,并填写"文件材料移交单"。

3. 档案的编制与利用

(1) 养老机构办公室依据文件材料的归档范围,结合本机构实际编制的档案分类方案,对接收的档案进行分类、整理、编号和有序排列;同时编制档案、资料、信息等电子版分类目录,并利用检索工具逐步完善档案信息查询系统。

(2) 查阅及外借。因工作需要查阅文档的,应填好"档案借阅审批单",经部门负责人签字后方可查阅或复印;若需查阅跨部门的档案,须经部门负责人及院长签字审批后方可查阅或复印;员工不得随意外带有关养老机构重要的文件材料,确因工作需要外带,需填写"档案借阅审批单",经部门负责人、院办公室负责人、院长核准后方可带出,除特殊情况外必须当天归还。借阅档案的人对所借阅档案必须妥善保管,不得私自复制、调换、涂改、污损、画线等,更不能随意放置,以免遗失。

(3) 养老机构办公室进行档案收集、管理、利用、鉴定、销毁等情况统计,定期出具统计报告。

(4) 养老机构按国家及有关部门的规定,编制档案的保管期限表,档案按不同的保管期限分为永久、长期、短期;院长和档案人员组成鉴定小组,负责各类档案的鉴定,编制销毁清册。

(5) 档案存放地点必须具备防火、防水、防盗、防尘、防光、防有害生物、防污染和温湿度监控等保护措施,确保档案安全,并指定专人管理;档案保管人员变动时要做好移交工作。

4.4 采购管理

4.4.1 采购管理的含义

所谓采购管理,是指为保障养老机构物资供应而对机构采购活动进行的管理活动。采购管理是对整个机构采购活动的计划、组织、指挥、协调和控制的活动。

4.4.2 采购管理的内容

采购管理包括采购订货计划和实施订货计划两部分。采购订货计划需要在需求分析的基础上,选择供应链,制定订货方案和进货方案;实施订货计划需要与供货商进行商务谈判,签订订货合同、实施进货、验收入库、支付及善后处理,最后进行采购评价与分析(见图4-4)。

第 4 章 养老机构行政管理 77

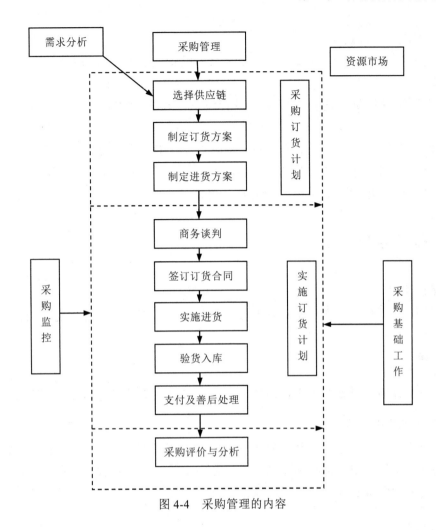

图 4-4 采购管理的内容

4.4.3 采购原则

1. 采购总则

加强对物资采购的管理，进一步规范机构食堂、办公等用品的采购工作，提高采购工作的效益；根据机构实际，实施采购。

2. 采购细则

(1) 比价、定点采购原则。能列为定点采购的办公用品一律纳入定点采购，不能列为定点采购的物品进行市场比价采购。

(2) 公开、公平、公正原则。所有办公用品的购买都应由办公室统一负责，凡采用单一来源采购方式(包括定点采购)的物品应遵循公开、公平、择优的原则，按照权限由主管部门与申购单位共同确定供应商。

(3) 遵循采购计划。按审批计划采购，不准采购计划外的物品。

3. 定点供应商确定原则

(1) 根据市场调研，认真考察、货比三家，以质优价廉、售后服务好为原则确定定点供货单位。

(2) 每月进行询价、比价，每半年进行考核，根据考核结果，确定或淘汰定点供应商。

(3) 建立供货商名录，根据情况变化及时更新；对长期合作的供应商，办公室应建立档案并索取有效的营业执照复印件、各类相关的证照，每年对供应商做出评价。

(4) 建立"采购台账"，要求记录全面、准确、真实。

4.4.4　采购程序

1. 了解需求

办公室随时了解机构内日常消耗性办公设备用品需求情况，并确定机构办公用品采购计划。

2. 提出申请

院领导和各部门根据业务工作需要提出办公用品需求计划，报办公室汇总。

3. 填写"采购申请单"

各部门需要购置大宗办公用品和固定资产的，须先填写"采购申请单"，注明用品名称、规格、型号、用途等具体要求，经办公室审核、报主管领导审批同意后，办公室根据申请单审批费用指标，按照采购原则进行办理。

4. 按需购买

办公室按需求统一购买办公用品。采购工作要科学、合理、增强透明度，采购前应做市场调查，充分掌握欲购物品的性能、价格及附加物件，力争达到货真价实、优质低价。

5. 验货

所采购的用品到货后，仓库管理员按送货单进行验收，经核对(名称、规格、数量、单价、金额、质量等)无误后，在送货单上(一式两联)签字验收，然后将送货联留存归类，送货回单联交与送货人带回送货单位作结算凭据。

6. 付款

采购员收到供货单位发票后须查验订货单位合同，核对所记载的发票内容并在发票背面签字确认，然后，携验收入库单结算发票以及开列的支付传票交与主管部门负责人审核签字，做好登记，保证账、卡、物一致，最后将其交与财务处支付或结算。记账联由记账员作记账凭证并归档。

7. 保管

办公用品入库后，仓库管理员按物品种类、规格、等级、存放次序分区堆码，不得混乱堆放，并由记账员按送货单序号和货单内容在办公用品收发存账册上进行登记。仓库管理员必须清楚地掌握办公用品库存情况，经常整理与清扫，必要时要实行防潮、防虫等保全措施。

4.4.5　采购纪律管理

(1) 参与物品采购的单位和工作人员不准参加可能影响公平竞争的任何活动。
(2) 不准收取供货方任何名目的"中介费"或"好处费"。
(3) 不准在供货方报销任何应由个人支付的费用。
(4) 不准损害机构利益，徇私舞弊，为对方谋取不正当利益。
(5) 物品采购过程中发生的"折扣""让利"等款项，应用于降低采购价格，确属难以用于降低采购价格的，一律进入机构财务账内，不得由部门坐收坐支，不得提成给经办人员。
(6) 对违反规定的行为，机构应追究有关责任人纪律责任，由此造成的损失由责任人赔偿并按机构规定惩处。

4.5　公共关系管理

4.5.1　公共关系管理概念

公共关系管理是对在组织与社会公众之间传播沟通的目标、资源、对象、手段、过程和效果等基本要素的管理。养老机构的管理同样包括一般管理的基本环节，也就是对组织的公众传播沟通活动进行决策、计划、组织、指挥、控制、协调和监督等。公共关系管理包括的主要工作有媒体合作、信息披露、投资者关系、投诉处理、危机管理等。就养老机构而言，公共关系管理可涵盖宣传报道、媒体宣传、外宾来访、举办重大公关活动、信访等工作。

4.5.2　公共关系管理的类型及内容

公共关系部门的工作一般可分为四类，即长期工作、日常工作、定期活动和专题活动(见表 4-1)。

表 4-1　公共关系管理的内容

类型	工作内容
长期工作	机构整体形象的策划、调整、传播、评估，管理好机构的无形资产
日常工作	(1) 监测机构环境，收集机构内外公众的各种意见，接待投诉 (2) 撰写机构有关情况和活动的新闻稿、演讲稿 (3) 与各种传播媒介及记者、编辑保持密切联系 (4) 协同影视制作方面的人员拍摄、整理、保存影片 (5) 设计、筹划、监测机构的各种宣传品和馈赠品 (6) 在注册互联网上注册本机构的域名，设计网络上的主页，管理电子信息 (7) 了解竞争对手的公关活动情况，并加以分析 (8) 与印刷厂保持密切联系，同主管部门、政府有关部门的人员保持联系 (9) 培训公关工作人员 (10) 与有业务往来的公关公司、广告公司保持密切来往；与公共关系社团，如公共关系协会、公共关系研究所等机构保持密切联系
定期活动	(1) 组织内部的听证会 (2) 编辑、印刷内部刊物 (3) 参加各种管理会议，了解机构内部的管理状况 (4) 参加各种销售会议，了解机构同外界的商业联系情况 (5) 与所在社区的代表接触，紧跟时代的发展，关注互联网上的"虚拟社区"，与网络公众联络 (6) 协助拟写为董事会准备的机构年度经营报告 (7) 组织安排全体人员的集体娱乐活动 (8) 总结、评价公共关系活动的效果
专题活动	(1) 组织记者招待会 (2) 组织安排各种大型庆典活动 (3) 处理危机事件 (4) 策划、安排"制造新同"活动 (5) 组织举办展览会 (6) 策划、安排公关广告，协助专业人员拍摄有关机构情况的录像或影片 (7) 安排来宾参观访问；组织新产品介绍会；安排筹款、赞助活动

4.5.3　公共关系管理的职能

组织围绕树立和维护养老机构良好的形象这一目的而开展的一系列活动构成了养老机构公共关系管理的职能。简言之，养老机构公共关系管理的职能就是公共关系管理在养老机构当中应该发挥的作用以及应该承担的职责。养老机构公共关系管理的职能主要包括以下几个方面。

1. 收集信息和监测环境变化

从养老机构开展公共关系活动的过程来看，公共关系活动始于信息收集。养老机构只有在收集信息的基础上才能够了解公众和监测环境；在实施公共关系活动方案之后才有足够的信息对活动进行分析和评价。

在各种信息当中,公共关系部门和人员最需要收集以下两类信息:一是有关养老机构形象的信息,包括养老机构的知名度和美誉度;二是有关公众环境的信息。

2. 决策支持和咨询

决策支持和咨询是公共关系管理最具价值的一项职能。由于公共关系活动能够获得大量有关的信息,是信息集散的中心,而科学的决策和咨询都是建立在充分的信息基础之上的。因此,公共关系能够为养老机构决策提供支持,并且为养老机构的运行提供大量有价值的咨询,提供咨询的领域包括公共关系战略、营销战略、CIS战略、组织文化、广告宣传以及机构的政策、方针、行动等。同时,在对环境进行监测的过程当中还可以对环境变化进行预测,从而提供有关环境发展趋势的咨询。此外,公共关系的决策支持和咨询职能还可以帮助养老机构更好地定位目标公众、设计机构的形象、制订机构传播策略以及制订公共关系危机应对策略。

3. 传播推广

公共关系管理的传播推广职能主要包括以下两个方面:一方面,组织利用各种传播手段向公众传递各种信息,并且与公众进行双向沟通,努力获取公众对养老机构的信任和支持,提高养老机构的知名度和美誉度,把养老机构向更广泛的范围推广。另一方面,引导舆论为机构形象的建设、维护和提升创造一个良好的环境和氛围。例如当养老机构形象受到损害的时候,公共关系部门应该尽快地查明原因,客观地向外界传递真实信息,并利用各大主流媒体来引导舆论,将大众舆论引导到对机构最有利的方向。

4. 沟通和协调

以养老机构内部关系冲突为例,由于员工的知识水平、教育背景、价值观、目标、能力、生活习惯、兴趣爱好等不同,员工之间时常会出现冲突,为了能够使养老机构内外部关系更加顺畅,养老机构必须要和周围的环境建立良好的关系,公共关系管理具有沟通和协调内外关系的职能。

5. 处理危机和应付突变

公共关系中的突发事件主要包括两大类:一类是人为的危机,如组织内部的突发纠纷、公众的投诉、组织与组织之间的突发性危机、新闻媒介的突然介入等;另一类是自然灾害危机,如地震、泥石流、海啸等。

公共关系管理是养老机构的预警系统,该部门正确执行了信息收集职能之后,养老机构能够获得大量的有关机构本身及其所处环境的变化信息,通过认真分析,能够恰当地对环境的变化做出预测。当预测到环境变化向着不利方向发展时,就可以制定出规避风险的策略,将预期的损失降到最低。

6. 形象塑造

在现代激烈的市场经济竞争当中,品牌和形象往往能够在很大程度上提升养老机构及其产品的竞争力。

4.5.4 公共关系管理工作的程序

1. 制订公关计划

根据养老机构的经营管理计划、市场环境，制订公关工作计划。计划要突出重点，兼顾一般，承上启下，富有弹性。计划中各阶段、各项目的目标、内容、时间等要具体、明确，且具备可操作性。任何人员不得随意行动，以免影响整个计划的实施。

2. 收集相关信息，研究和调整公关方向和目标

时刻对养老机构内部状态、外部环境进行调查，密切收集与养老机构有关的信息，包括养老机构的认知度、和谐度等，了解社会公众对养老机构行为的意见和态度，判断其社会基本形象、地位。发现外界或内部形势出现变化趋向时，及时研究、调整公关工作的方向与目标。

3. 确定公关目标，选择公关媒介

公关目标一般包括多个目标体系。养老机构公关目标以对外公关为主，并根据行业特点确定公关的重点对象和工作方式，争取政府、社会公众、媒体和机构员工对公司的关心、支持。公关媒介选择要有利于目标的实现，有利于公众的接受，有利于内容的传播，有利于经费的节约等。

4. 确定公关的方式和技巧

公关工作要准备充分，以目标为导向。养老机构可创建内部交流刊物，不定期地组织举办赞助活动、联谊活动，广泛征集公众参与性资讯，或由养老机构领导根据实际情况，随时酌情举办新闻发布会、社会宣传活动等。

5. 评价阶段效果，做好工作总结

定期评价公关工作阶段效果，做好总结，将取得有关公关工作过程、工作效益方面的信息，作为以后决定开展、改进公关工作和制订公关计划的依据。

4.5.5 日常性公共关系管理的工作流程

1. 重大公关活动

养老机构举办重要的公关活动或出现重大的公关事件时，由院长进行决策和领导，院办负责策划、制定公关方案，并精心组织实施。接待人员对活动中出现的新情况迅速反馈，及时修正计划，力争取得最佳效果。

2. 一般来访接待

(1) 接待人员在接到来宾来访的通知时，应首先了解来宾的单位、姓名、身份、性别、人数等；其次要了解来宾的目的和要求；最后要准确掌握来宾乘坐的交通工具和抵离时间。

(2) 接待人员应及时将嘉宾来访的通知和了解的基本情况向主管领导报告，听取主管领导对接待工作的安排和意见。

(3) 根据主管领导的意见和来宾的意图，相关工作人员制定接待工作方案，在安全保卫、汇报内容、陪同人员、交通工具、费用开支、活动方式、日程安排等方面提出具体意见，报主管领导批准。

(4) 根据接待方案，接待人员通知各相关部门做好必要的准备工作，并落实接待食宿，安排接待用车，布置会场等。

(5) 接待人员应根据接待方案，组织好接待来宾来访的各项活动，保证各项工作的顺利进行。

3. 新闻媒体接待

(1) 凡新闻媒体记者采访均由院办接待和安排，各部门配合。

(2) 记者申请采访时，办公室负责人员先将采访提纲传真或邮件至院办，经领导签批后方可进行答复。

(3) 涉及重大采访活动，办公室负责人员应自始至终陪同，做详细文字或摄影、录像记录，并存档。

(4) 采访后的新闻稿件须在发表前由院办审定，经领导同意方可上传，并做好采访的后期跟踪，保证稿件落地。

4. 信访工作制度

(1) 由养老机构副院长(书记)分管信访工作。

(2) 养老机构主要领导应定期接待家属来访，原则上每半个月1次。

(3) 信访工作要有专人负责，逐件登记(登记内容包括来信，来访人的姓名、单位或住址，反映的主要问题和要求及处理结果等)，并签署承办人姓名。

(4) 党办、院办对上级交办的信访事项要及时催办。

(5) 对于重要事件的处理结果，工作人员要按有关规定整理材料，及时归档备查。

第5章 养老机构人事管理

5.1 养老机构人事管理概述

5.1.1 员工招聘

员工招聘是养老机构人员配置中的关键一步。在确定机构内部人员需求、工作内容及任职条件后,就需要进行人员招聘,通过筛选,聘用合适的人才。

1. 招聘渠道

养老机构的招聘主要有招聘会、网络招聘、委托中介、媒体广告等几种渠道。养老机构可根据服务定位与实际情况灵活选用招聘渠道,各个招聘渠道比较如表5-1所示。

表 5-1 主要招聘渠道比较

方式	适用范围	特点
招聘会	适用于招聘通用性专业、职位(如会计、文档、行政销售人员等)所需的一般层次人员	招聘信息时效性较强,求职者向招聘单位直投简历,招聘费用较低,企业和人才能够面对面交流
网络招聘	适用于多种行业,面向多层次人才	求职者及时获取定制招聘信息,简历制作及投递便捷、目的性强,但面试前电子化交流、标准化模式使得求职者个性特征不突出、信息可信度不便确认
委托中介	适用于缺少经验、时间,或对职位有特殊要求的人才	信誉好的中介机构能够提供完善、持续的服务,成为真正的职业顾问,但中介机构运作情况参差不齐,有的机构收费与服务不成正比
媒体广告	想进入人才市场但不知如何应聘的人	信息发布广,但针对性不强、费用高

养老机构在招聘人员过程中需要注意以下几个方面。

(1) 编制岗位说明书要包含各岗位的岗位职责、应聘要求等,并根据拟定的岗位说明书来拟定招聘条件,实施招聘。

(2) 聘用方式因岗而异,对不同岗位人员采取不同的聘用方式。

(3) 注重新员工的岗前培训。

2. 招聘流程

招聘流程是指从组织内出现岗位空缺到候选人正式进入组织工作的整个过程。广义的招聘包括招聘准备、招聘实施和招聘评估三个阶段;狭义的招聘是指招聘的实施阶段,主要包括招募、选择、录用三个步骤。

1) 招聘准备

招聘准备包括提出需求、审核批准、制订计划三个阶段(见图5-1)。

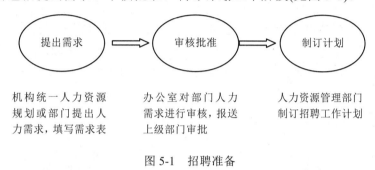

图 5-1　招聘准备

(1) 提出需求。养老机构统一人力资源规划或各部门根据长期或短期的工作实际需求提出人力需求,填写"人员需求表"(所需人员的部门、职位,工作内容、责任、权限,所需人数及录用方式,人员基本情况、学历、经验等条件)。

(2) 审核批准。办公室对部门人力需求及资料进行综合审定,对有关费用进行评估,提出是否受理的具体建议,报送上级主管部门审批。

(3) 制订计划。人力资源管理部门制订招聘工作计划。招聘计划一般包括人员需求清单、招聘信息发布的时间和渠道、招聘人选、招聘者的选择方案、招聘的截止日期、新员工入职时间、招聘费用预算、招聘工作时间表等。

2) 招聘实施

招聘工作的实施是整个招聘活动的核心,也是关键的一环,主要分为招募、选择、录用三个阶段(见图5-2)。

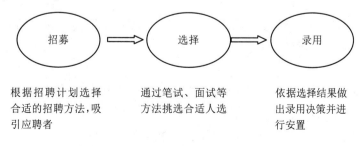

图 5-2　招聘实施的阶段

(1) 招募阶段。根据招聘计划确定的策略及单位需求所确定的用人条件和标准进行决策，采用适宜的招聘渠道和相应的招聘方法，吸引合格的应聘者，以达到适当的效果。

(2) 选择阶段。选择是指组织从人、事两个方面出发，使用恰当的方法，从众多候选人中挑选出与岗位匹配度最高的人员的过程。常用的人员招聘选择办法有初步筛选、笔试、面试、心理测验等。

(3) 录用阶段。录用是依据选择结果做出录用决策并进行安置的过程，主要包括录用决策、发录用通知、办理录用手续、员工的初始安置、试用、正式录用等内容。在此阶段，招聘者和求职者均需做出自己的决策，以便达成个人和工作的最终匹配。

3) 招聘评估

招聘评估主要分为两个方面，一方面是对照招聘计划对实际招聘录用的结果(数量或质量)进行评价总结；另一方面是对招聘工作的效率(时间效率或经济效率)进行评估，以便及时发现问题、分析原因、调整相关计划。

5.1.2 员工培训

养老机构应根据培训需求分析，对员工进行相应培训。培训的内容应结合在岗人员的培训意愿，充分体现老年人身心整体护理需求和特点，开展不同内容、方式的培训，以满足从业人员的工作需求。

1. 培训模式

1) 政府培训

政府培训属于政府包办的模式，即政府承担责任、组织培训、进行管理，适用于传统的计划经济环境。一般公办养老机构特别是各类型社会福利院依旧采取这种培训方式。

2) 市场培训

市场培训是改革后形成的一种养老机构培训模式，其运行机制和条件都以市场经济为背景，适用于发达的市场经济环境。

3) 社会培训

社会培训是对其他培训模式的补充，它可以与政府培训模式和市场培训模式结合，适用于不同的经济社会环境。

4) 混合培训

混合培训模式是以上三种培训模式的综合，适用于政府、市场和社会组织的培训机制均难以独立发挥作用的社会环境。

这4种培训模式的主要特点和区别如表5-2所示。

表 5-2　培训模式的主要区别

培训模式	责任主体	培训对象	培训实施	培训制度	培训责任
政府培训	政府	养老机构员工或即将进入养老机构就业的人员	政府委托事业单位或其他培训机构	政府管理制度	政府
市场培训	机构或员工	养老机构员工或即将进入养老机构就业的人员	培训机构	市场经济制度	培训机构和养老机构
社会培训	非政府组织	养老机构员工或即将进入养老机构就业的人员	非政府组织或培训机构	道德规范	非政府组织
混合培训	政府、养老机构、社会组织	养老机构员工或即将进入养老机构就业的人员	培训机构	市场、政府和社会组织三项制度的综合	多元主体

2. 培训内容

(1) 管理方面。在全方位的培训内容中，养老机构培训应重点使管理者了解全球化的社会背景、我国的老年政策和相关法律法规、老年服务事业的现状和发展、养老机构的境遇与管理、养老服务内容的拓展和服务水平的提高等知识，以提高养老机构管理者的管理和决策能力，改进服务意识和理念，提升服务质量和水平。

(2) 服务方面。护士以更新知识、完善知识结构为主，加强老年医学和老年护理学的基本理论和技能的培训，以及心理学、人际沟通等科学知识的学习，提高实施整体护理的能力；护理员则以基本的护理知识及生活照料的培训为主，使他们在基本护理理论知识的指导下，为老年人提供规范、合理的生活照料。

此外，培训应与员工晋升、转岗、工资调整等结合，避免培训对象的单一、培训流于形式。

3. 培训流程

(1) 培训需求分析。需求分析的目的是确认培训的必要性，了解培训的具体内容，确定培训需求的主次缓急。

一般来说，培训需求分析主要从组织、工作和人员三个方面来进行，根据养老机构的目标、资源、绩效差距等问题，首先确定整体的培训计划，然后制订服务质量和员工个人方面的培训计划。

(2) 培训计划拟定。若需求分析结果显示确有必要进行员工培训，则需制订培训计划。培训计划包括确定培训目标、规划培训内容、做好培训预算。

(3) 培训方案拟定。按照培训计划，制定详细的实施方案，即培训方案。

第一，确定培训目标、地点和人员。

第二，确定培训师的来源。培训师来源主要有两个途径：一是由养老机构内部的管理人员、专业技术人员或人力资源部门专职培训师担任；二是聘请外部培训师。培训师来源的优劣对比如表 5-3 所示。

表 5-3　培训师来源优劣对比

分类	优势	劣势
内部培训师	熟悉养老机构情况及存在问题；了解机构文化；掌握机构的技术和工作流程；更关注培训结果和培训能力的被认可；培训成本低	缺乏专门培训技巧；太过了解机构，导致"当局者迷"
外部培训师	有专门的培训技巧与培训经验；独立于养老机构之外，便于更为透彻地了解机构的情况和问题	不了解机构情况和问题，使培训缺乏针对性；挑选优秀合适的培训师难度较大；需支付的报酬较高

第三，制订具体的培训实施办法。在培训实施方法中，要明确培训活动总负责、具体负责人，确保各项任务分配到个人，减少或避免培训活动中出现差错。

(4) 培训项目实施。培训项目实施流程如图 5-3 所示。

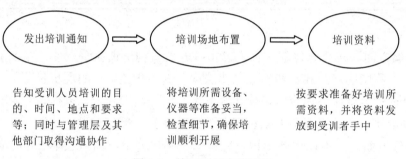

图 5-3　培训项目实施流程

(5) 培训效果评估。培训效果评估大体上包括项目目标达成度、受训者满意度以及对整个培训过程进行检查三个方面。

① 目标达成度。通过目标达成度，管理者可以对照设定的培训目标以及评估标准，衡量已达到的目标及达到的程度；找到未达到的目标及原因；发现不合理需要调整的目标。

② 受训者满意度。通过受训者满意度，管理者可以针对培训目标及受训者的培训期望，了解受训者对培训项目(包括培训目标、课程、安排、培训师水平和能力、培训方式和方法等)的具体感受和评价。

③ 培训过程检查。通过对培训过程的检查，管理者可以总结经验和教训，不断改进培训工作中存在的问题，提高培训的质量和水平。

(6) 培训跟踪反馈。培训的最终目的是培训效果在实际工作中的转化，这就需要培训结束后进行跟踪和反馈，包括对培训转化度、培训满意度和培训效果持续度的评估。

① 培训转化度，是指培训的内容与工作实际的切合度。

② 培训满意度，是指培训结束后一定时期内，受训者对当时受训的效果和后果的感

受与评价。

③ 培训效果持续度，是指培训效果持续时间的长短。通常在培训三个月、半年和一年各做一次培训效果持续度的评估。

(7) 评估差距不足。一次培训的结束并不意味着终点，而是代表着新的起点。培训结束后要进行回顾、评价和分析，探究培训中出现的问题，并在以后的培训中汲取经验教训，从而加以改进和完善。

5.1.3 员工健康管理

员工健康管理是养老机构的一项管理行为，它是通过养老机构自身或借助第三方的力量，应用现代医疗和信息技术从生理、心理角度对员工的健康状况进行跟踪、评估，系统维护员工的身心健康，降低医疗成本支出，提高养老机构整体效率的行为。

1. 健康安全与风险

健康安全与风险包括职业健康安全、劳动防护用品、风险、危险源、有害因素限量要求这 6 个方面。

1) 职业健康安全

职业健康安全是指影响工作场所内员工、临时工作人员、合同方人员、访问者和其他人员健康和安全的条件和因素。

2) 劳动防护用品

劳动防护用品是指劳动者在生产过程中为免遭或减轻事故伤害和职业危害的个人随身携带的用品。

3) 风险

风险是指某一特定危险情况发生的可能性和后果的组合。

4) 危险源

危险源是指可能导致伤害或疾病、财产损失、工作环境破坏或这些情况组合的根源或状态。

5) 危险源分类

依据《中华人民共和国职业病防治法》以及工作环境及其作业条件对职工健康的危险源主要有以下几类。

(1) 传染病，常见的传染病有病毒性肝炎、肺结核、细菌性疾等。

(2) 接触性皮炎，特别是由于药物和消毒剂引起的过敏性皮炎。

(3) 化学因素所致疾病。人员接触有害化学物质，如防护不当时，易造成各种疾病。

(4) 辐射因素，如提供医疗放射所造成的 X 射线。

(5) 各种劳动条件所致的医疗废弃物、环境污染，以及职业暴露的防护不到位等。

6) 有害因素限量要求

(1) 有害因素限量标准。空气应符合室内空气质量标准的规定，不能有空气污染源，应保持室内外空气的新鲜和流通。周围环境不应有强噪声源,我国对安静区环境标准建议值:白天为45分贝,夜晚为35分贝,一般35~40分贝是老年人比较理想的声级范围。冬季室内温湿度为18℃~22℃,夏季为28℃~30℃,相对湿度为50%~60%之间为宜。

(2) 生物危险保护(传染病)。执行传染病防治法、职业病防治法的规定。

(3) 对有害性物品使用处理要求。按照国家、行业以及相关标准对有害物品进行处理,对传染病的确诊应参照《〈中华人民共和国传染病防治法〉规定管理的传染病诊断标准(试行)》以及相关法律法规执行。医疗检验过程中产生的含菌培养基需经高压(105.93kPa)、高温(134℃)灭菌3~5分钟后,按照医疗废物处理程序进行处理。

2. 工作场所的安全卫生

1) 环境卫生、个人卫生的要求及相关设施

(1) 作业场所的环境应符合相关规定的要求。

(2) 特殊工种的作业场所应有符合相关标准的设施配备。

(3) 营养保健部(科)应配备空调等降温设施;油烟净化装置应符合相关规定的要求。

(4) 为满足接触高温、生物传染源等有害因素的职业人员的防护要求,应配备必要的洗浴、消毒设施。

2) 各岗位安全操作规范

(1) 从事诊疗活动的所有医、护、技人员:执行规范洗手程序;用过的针应立即放入防刺、防渗漏的利器盒内,不要将针放入已经过满的利器盒中;在相关工作完成后,再脱掉手套;摘掉手套或接触体液后立即洗手。

(2) 微波辐射作业人员:穿着微波防护服,佩戴防护镜作业,不在机器旁逗留。

(3) 放射作业人员:上岗作业必须携带放射剂量测试笔,执行隔室作业避免辐射伤害,必要时穿戴铅防护服。

(4) 检验作业人员:在使用生物安全柜时必须穿个人防护服,戴手套(手套应该套在隔离衣的外面),必要时戴口罩、帽子、防护镜、面罩。

(5) 口腔作业人员:治疗前穿长袖工作服,戴工作帽、医用纱布口罩,必要时戴防护镜、面罩,穿着防护服;治疗结束后进行手部清洗和快速消毒。

(6) 医疗废物回收人员:工作过程中应穿着工作服、工作鞋,戴工作帽、口罩、手套。

3. 劳动防护

1) 劳动防护用品配置要求

(1) 一般性劳动岗位的劳动防护用品执行通用配置标准。

(2) 接触有害因素的职业人员执行特殊岗位防护用品的配置要求。

① 膳食作业人员配置防滑鞋、橡胶手套、隔热手套。

② 从事医疗活动的所有医、护、技人员配置工作服、工作帽、医用口罩、工作鞋。

③ 放射作业人员配置铅帽、铅屏风、铅衣和放射剂量测试笔。

④ 微波辐射作业人员配置微波防护镜、微波防护服。

⑤ 口腔检验作业人员配置防护服(非一次性)、防护镜、面罩、医用纱布口罩。

(3) 遇特殊疫情时按需要制定配置要求。

2) 劳动防护措施

(1) 员工每年体检一次，女员工妇科体检一年两次，特殊岗位的从业人员应按需增设体检项目。

(2) 员工每年度体检完成后，体检记录和各类检验单据应存入员工个人健康档案妥善保存，门诊部应及时汇总员工体检结果，并针对员工身体健康检查结果进行分析，向院长提交分析报告。

(3) 对于从事医疗活动的所有医、护、技人员，在基本防护着装的基础上，可按风险程度递加使用防护用品，作业场所内配备摆式洗手龙头、抗菌洗手液、加盖污物桶。

5.2 人事管理制度

5.2.1 试用与转正

1. 试用期

(1) 试用期内若发现员工违反机构制度或不符录用条件，机构会依法解除劳动合同。

(2) 试用期内员工表现优异，由上级领导提出，可提前转正成为正式员工，但试用期至少不得少于1个月。

(3) 试用期内员工经考核后不能胜任工作岗位，经培训或调岗后仍不能胜任岗位，机构将依法解除劳动合同。

2. 转正

试用期满时，员工应填写"员工转正考核表"，经审批通过后方可转正。转正后，员工可享受正式员工待遇，即各类休假及机构福利。

3. 档案转入

凡是被录用的员工都必须配合人事行政部门做好档案转入工作，若在收到入职通知书后30日内由于员工个人原因造成其档案无法转入，员工本人将承担全部责任。

4. 员工辞职与劳动合同终止、解除

员工申请辞职必须提前口头申请或填写书面"辞职申请书"经由直属领导、院长审批后方可生效。申请辞职的员工按要求完成所有工作和物品的移交，并经相关部门审查签字后交与人事行政部复核。人事行政部为员工开具离职证明。

(1) 试用期员工申请辞职，需提前3日提交口头申请或者书面辞职书。

(2) 正式员工申请辞职，需提前30日提交口头申请或者书面辞职书。

(3) 新员工自报到日起 5 个工作日内向上级部门领导提出离职要求却未办理相关工作交接手续的,机构将视为该员工自动放弃本人工资,不再结算其工资及其他任何费用。

(4) 如未按规定递交"离职申请单""离职工作交接表"且尚未办理离职手续并未获得机构批准即先行擅自离职的,机构将视为旷工行为,并依照机构相关规定予以处罚后方可进行工资结算及档案转出手续。

5.2.2 假期制度

养老机构的假期一般有事假、病假、年休假、婚假、生育假、丧假以及探亲假等,让员工了解各种假期审批程序、假期间工资奖金待遇等规定,使员工有计划地合理使用假期,有利于各项工作的顺利开展。

1. 事假管理

(1) 员工应在事前请假,说明理由并填写"请假单",审批同意后方可休息。特殊情况下,不能事前请假的,应尽可能在当日上班后 2 小时内电话告知本部门领导,事后补办请假手续,否则按旷工处理。

(2) 员工全年请事假累计 15 天以内的岗位工资照发,超过 15 天按日扣发 30%岗位工资,其他待遇按院内相关规定执行。

(3) 事假期间员工患病(含在外地探亲的员工),该员工应持相关医院急诊证明,并经人力资源部审核认定后,可按病假处理。

(4) 批准权限有以下几类。

① 3 天以内事假由部门领导批准。

② 3 天以上事假由部门领导审核,主管院长批准。

③ 中层干部请假由主管院长批准并报告院长;院级领导请假由上级领导批准;同级副职请假由正职批准。

④ 新员工在见习期间一般不准请事假,特殊情况应经部门领导批准并办理请假手续,方可请假。

2. 病假管理

(1) 若员工看病,应尽可能提前请假,并依照公费医疗相关规定到指定医院就诊。

(2) 若员工病休,应持有指定医院病休证明或经批准的非指定医院病休证明或急诊证明;急诊病休每次不得超过 3 天;病休后未痊愈者,应到指定医院就诊。

(3) 若员工病休,应及时送交医院证明,否则按旷工处理;上班后补病休证明或非急诊证明或代开的病休证明一律无效;对伪造、涂改病假条等弄虚作假行为,一经核实,均按旷工处理。

(4) 员工非正常情况就诊(如打架、斗殴酗酒等),看病及病休时间按事假处理,医药费自理,工资、奖金等按事假处理。

3. 年休假管理

(1) 员工年假管理依据《全国年节及纪念日放假办法》及《员工带薪年休假条例》执行。员工累计工作已满1年不满10年的，年休假5天；累计工作满10年不满20年的，年休假10天；累计工作满20年的，年休假15天。员工休年假不影响工资、奖金等待遇的发放。

(2) 国家法定休假日、休息日不计入年假的假期，休年假一般在本年度享用，不跨年度安排。

(3) 员工休年假应当持本人年休假假条办理请假手续，经本部门领导同意后才可休假；中层干部休年假应经主管院领导同意，一次性休年假超过3天时，主管院领导应报告院长同意。

(4) 员工年休假一般应一次性休完；确因工作需要不能一次休完的，经部门领导同意方可分次休假(每次休假不得少于1天)。

(5) 每年6月30日以后调入的员工，不安排休年假。脱产1年以上学习的，不享受当年的年休假；毕业后回单位工作的，下年度再享受年休假。

(6) 年内连续病休超过6个月或事假累计超过15天的，不再享受当年的年休假待遇；本年度已享受年休假后再请病事假超过上述规定的，不享受下一年度的年休假。

(7) 按规定已享受探亲假、婚丧假、生育假、计划生育假的，仍可享受当年的年休假。

4. 婚假管理

(1) 员工结婚，可享受国家规定的婚假3天，符合晚婚条件(男25周岁，女23周岁以上初婚登记的为晚婚)，可享受奖励婚假7天。

(2) 员工结婚时，双方有一方在外地工作的，可根据路程给予路程假期并报销路费。

(3) 员工休婚假应事先办理请假手续，婚假应在婚期使用，否则无效；办理婚假应经本部门批准并报人力资源部(科)备案。

5. 生育假管理

(1) 女员工怀孕满7个月及婴儿未满1周岁时，一般不安排夜班，不参加重体力劳动。女员工生产前因保胎休假，按病假处理；员工带子女看病，按事假处理。

(2) 女员工产假为98天，经个人申请并由所在部门认可，报院计生办备案；如继续休假至6个月，应本人书面申请，征得部门领导同意并经主管院领导批准后，到计生办备案，计生办应及时书面通知人力资源部(科)。

(3) 晚育女员工(已领独生子女证)增加奖励假30天，产妇护理确有困难时，奖励假也可由男方使用(应有女方单位证明)。

(4) 男女双方均不休晚育假的，女方应增加1个月工资。

(5) 未满周岁婴儿的母亲(婴儿不在身边的除外)，每天可享受1小时的哺乳时间，双胞胎为2小时。

(6) 生育假从生产后第2个月开始计算。

(7) 其他有关计划生育假方面的奖励或处罚办法，按国家及地方政府有关规定执行。

6. 丧假管理

(1) 在职员工的配偶、直系亲属以及一起生活的岳父母、公婆去世可以请丧假,假期一般不超过 5 天,赴外地奔丧,按实际路程给予路程假(不报销路费)。

(2) 员工请丧假应由本人办理请假手续并经本部门领导签字同意,赴外地奔丧请假的,应经主管院领导同意。

(3) 丧假期间工资照发,当月津贴、补贴、奖金等按院相关规定执行。

7. 假期管理规定补充规定

(1) 病假、生育假、路程假、探亲假均包括公休假日和法定假日在内。

(2) 婚假、丧假、事假均不包括公休假日和法定假日在内。

(3) 员工休事假、婚假、丧假、探亲假应事前填写请假单。如用倒休抵假,应在请假时将倒休条附在请假单上;休 3 天以上年休假,应在请假时上交年休假条,事后补交无效。请假单应按规定的项目逐级审批。

5.2.3 薪资福利制度

为适应养老机构发展需求,本着公平、竞争、激励、经济、合法的原则,充分发挥薪酬的激励作用,进一步拓展员工职业上升通道,建立一套相对科学合理的薪酬体系,有必要建立薪酬福利制度,具体可参考如下。

1. 总则

(1) 目的。为了将员工工作绩效与养老机构经济效益有机结合,形成与养老机构绩效考核挂钩的薪酬激励制度,规范员工的薪酬分配行为,充分调动员工的积极性和创造性,发挥薪酬体系的激励作用,特制定本制度。

(2) 制订原则。

第一,以人为本,依法办事原则。根据国家劳动法及相关法律法规,结合养老机构实际情况制订本制度。

第二,收入与贡献对等原则。根据本机构的经营状况招聘合适的人才,制定具有市场竞争力的薪酬制度。

第三,公平原则。养老机构内部不同职务序列、不同部门、不同职位员工之间的薪酬相对公平合理。

第四,激励原则。根据员工工作岗位的差别及对机构的贡献大小,突出全员创收和绩效考核功能,实现多劳多得。

2. 薪酬构成及工资系列

(1) 试用期员工薪酬构成。

① 养老机构员工试用期为 1~6 个月,根据劳动法、相关规定及岗位特性而确定。

② 员工试用期工资一般不少于转正后工资的80%，试用期内不享受针对正式员工发放的各类补贴。

(2) 正式员工薪酬构成。员工薪酬包括基本工资、岗位工资、安全绩效、各种福利、津贴或补贴和奖金。

养老机构可根据不同职务性质，将机构的工资层级划分为经营决策层、管理层、一般职能层。员工工资层级适用范围如表5-4所示。

表5-4 员工工资层级适用范围

工资层级	适用范围
经营决策层	院长、副院长
管理层	各部门主管
一般职能层	护士、会计、护理组长、出纳、司机、保安、护理员等(钟点工除外)

3. 员工工资标准的确定

(1) 基本工资。基本工资是参照当地员工平均生活水平、最低生活标准、生活费用价格指数和各类政策性补贴确定。

(2) 岗位工资。养老机构可实行岗位等级工资制，根据各岗位所承担工作的特性及对员工能力要求不同，将岗位划分为不同的级别，实行梯级工资标准。

(3) 安全绩效。各岗位员工在工资期间未发生任何安全事故，期末报院长审批，由综合管理部汇总，财务部发放。

(4) 奖金。奖金是对为本机构做出重大贡献或优异成绩的集体或个人给予的奖励，由各部门负责人根据具体情况提出申请，报院长审批通过后计发。

4. 员工福利

(1) 社会保险，养老机构按照国家和地方相关法律规定为员工缴纳养老、失业、医疗、工伤、生育保险，养老机构为经营决策层人员另外缴纳住房公积金。

(2) 法定节假日执行国家规定的相关假期。

(3) 津贴或补贴，包括用车补贴、通信补贴、餐费补贴和工龄补贴等。

5.2.4 保密制度

为明确机构秘密范围，保障机构的合法权益不受侵犯，维护养老机构正常经营管理秩序，结合本机构实际特制订保密制度。

(1) 老年人资料、价格策略、商业计划、软件源代码、未公开的技术文档等涉及机构利益及知识产权的，均属于机构技术及商业机密。机构所有员工均有责任与义务保守本机构技术及商业机密。

(2) 所有以机构名义对外发布的宣传推广资料、产品信息、技术资料等，必须获得管理层负责人的书面批准,并由人事行政部登记备案后,方可由指定部门委派专人对外发布。如有违者,其行为则视为故意泄密,机构将按照人事行政奖惩制度予以严肃查处。

(3) 掌握机构相关技术及商业机密的员工,不得以任何方式把机构技术及商业机密告知其他机构或个人,包括机构内部与自身业务无必然联系的其他员工。如有违者,其行为则视为故意泄密,机构将按照人事行政奖惩制度予以严肃查处。

(4) 未经机构管理层同意,员工不得随意将可能涉及机构技术及商业秘密的文件、数据等带离机构(包括带回家中或是其他地方)。如有违者,其行为则视为故意泄密,机构将按照人事行政奖惩制度予以严肃查处。

(5) 经管理层批准,可将涉及机构的技术及商业秘密的文件、数据带离机构的员工,必须采取必要的安全防范措施,保证相关资料不被泄露。如因失窃等因素而导致机构的商业和技术机密泄露,机构将对相关责任人按"玩忽职守"予以经济或行政处罚。

(6) 禁止任何非本机构员工在任何时间内未经允许使用本机构的计算机等办公设备,在确有需要使用本机构计算机等办公设备,须由本机构正式员工向本部门领导及综合部相关负责人提出申请,取得同意后方可在指定区域内使用,负责申请的员工须保证使用人不能访问涉及机构机密的任何内容。如有违者,其行为将视为故意泄密,机构将按照人事行政奖惩制度予以处罚。

(7) 所有员工不得随意复制与自身业务无关的文件。如确有工作需要,须事先由本部门领导向总领导申请,获得签字同意后方可在相关部门领导的指导方可进行。如有违者,其行为则视为故意泄密,机构将按照人事行政奖惩制度予以严肃查处。

(8) 对于由于工作失误或保密措施不当而导致机构机密泄露者,机构将视情节轻重分别处以相应的经济及行政处分;对于有意泄露机构机密者,机构除将立即与其解除劳动合同、并对其处以经济及行政处分外,还将视其行为后果的严重性,保留追究其刑事责任的权利。

(9) 离职员工和解聘员工应于离职前与机构签订书面承诺,在离开机构后不得以任何方式泄密,若因泄密而造成机构利益损失的,机构保留追究其刑事责任的权利。

(10) 机构将与涉及机构机密文件的部门签订相关保密协议,若员工违反保密协议面牵涉到机构纠纷,机构将视情节严重情况处以相应的处罚。

5.2.5 奖惩机制

为完善养老机构奖惩机制,提高员工工作的积极性,养老机构需制定奖惩机制。

1. 奖励

养老机构对有以下事项的员工予以不等的精神鼓励、物质奖励。

(1) 超额完成任务、达到各项经济指标使机构经济效益显著。

(2) 对机构管理制度、经营方式有所建议,经采纳施行卓有成效。

(3) 维护机构利益和荣誉,保护公共财物,挽回经济损失有功。

(4) 坚持业余自学,不断提高业务水平,在机构任职期间,获取更高层次学历或专业证书,且能在实际工作中发挥所学知识,为机构创造效益。

(5) 热心为服务对象服务,有具体事实,受到表扬。

(6) 敢于检举或阻止他人违规或损害机构利益行为,维护机构利益,避免经济损失。

(7) 对社会做出贡献,使机构获得社会荣誉。

(8) 具有其他功绩,经院办公室认定应给予奖励。

2. 惩罚

为严肃机构纪律,保证机构正常运作,促进机构健康发展,养老机构设立如下惩处方式。

(1) 轻微过失书面批评、口头警告、处以 20 元以上 100 元以下罚款。

(2) 严重过失降职减薪、处以 100 元以上 500 元以下罚款。

(3) 重大过失解除劳动合同、处以 200 元以上罚款。

5.2.6 行为准则

员工的行为准则代表了养老机构的形象,为树立和保持养老机构良好的社会形象,进一步规范化管理,使养老机构形象具有统一性,特制定行为准则。

1. 仪容仪表

为树立和保持机构良好的社会形象,进一步规范化管理,特制定着装管理规定,机构员工应按本规定的要求着装。

(1) 员工在上班时间内,要注意仪容仪表,总体要求得体、稳重、大方、整洁。

(2) 男职员夏天不准穿短裤、无袖衫、拖鞋。

(3) 女职员上班不得穿超短裙、吊带衫、拖鞋及其他有碍观瞻的奇装异服,裤子及短裙长度必须及膝。

(4) 员工上班不宜用香味浓烈的香水。

(5) 有接待任务的员工须穿着正装。

(6) 禁止穿着有其他机构标志的衬衫、工作服等。

2. 日常业务中的礼仪

(1) 电话来时,听到铃响,至少在第二声铃响前取下话筒;通话时先问候,并自报机构、部门;对方讲述时要留心听,并记下要点;未听清时,及时告诉对方;通话结束时礼貌道别,待对方切断电话,再放下话筒。

(2) 进入房间,要先轻轻敲门,听到应答再进入。进入后,回手轻轻关门。进入房间后，如对方正在讲话，要静候，不要插话，如有急事要打断说话，也要等待机会，而且要说"对不起，打断您的谈话"。

(3) 走通道、走廊时要放轻脚步，不能一边走，一边大声说话，更不能唱歌或吹口哨等。

(4) 在通道、走廊里遇到上级或客户要礼让，不能抢行。

(5) 及时清理、整理账簿和文件，墨水瓶、印章盒等使用后及时关闭盖子。

(6) 工作台上不能摆放与工作无关的物品。

(7) 未经同意不得随意翻看同事的文件、资料等。

第6章 养老机构财务管理

养老机构的财务管理是一项非常重要的管理内容,对规范养老机构的管理行为有着重要影响。养老机构财务管理是否有序,直接影响到养老机构管理的质量和效果。

6.1 养老机构财务管理概述

6.1.1 养老机构财务管理的概念

财务活动是指经营实体涉及资金的活动,即开展生产经营活动所涉及的筹集、运用和分配资金的活动。财务管理是基于企业再生产过程中客观存在的财务活动和财务关系而产生的,是利用价值形式对再生产过程(经营过程)进行的管理,是组织财务活动、处理财务关系的一项综合性的管理工作,是为提高其整体管理水平和整体服务价值的一项经济管理工作。

养老机构财务是指养老机构在提供养老服务的过程中所形成的各种财务活动以及由此形成的各种财务关系。养老机构财务管理是针对这种财务活动和财务关系所运用的各种管理方法和手段,即养老机构的财务管理是养老机构根据有关财务法规制度,按照财务管理的原则,正确组织财务活动,处理财务关系的一项经济管理活动。养老机构的财务管理是养老机构为实现良好的经济效益,在机构的财务活动及财务关系处理过程中所进行的科学预测、决策、计划、控制、协调、核算、分析和考核等一系列经济管理工作。

6.1.2 养老机构财务管理的原则

养老机构财务管理的原则是机构组织财务活动、处理财务关系所必须遵循的基本要求和行为规范,反映了财务活动的内在要求。为确保实现养老机构财务目标的实现,养老机构的财务管理一般遵循以下4条原则。

1. 资金效率最大化的原则

养老服务是带有一定福利性质的公益服务，养老机构财务管理不能以利润最大或以结余最大化为目标，但这并不意味着养老机构不需要开展切实有效的财务管理。我国现有的养老机构存在着资源投入不足和浪费并存的现象，因此养老机构需要通过资金活动的组织和协调，对资金进行合理配置，保证养老机构内部的各项资源具有相对最优的结构比例关系，以提高资金的使用效率。

2. 成本效益的原则

成本效益原则是指对养老机构经营活动中的花费与所得进行比较分析，使收益和成本实现最优配置。财务活动中收入是取得利润的基本前提，收入一定时，成本的高低直接决定利润的数额。在经营过程中，养老机构应随时注意将经营成本与投资收益相联系，成本效益原则是养老机构财务管理的基本原则。

3. 资金收支平衡的原则

养老机构要保证资金周转的正常进行，应尽可能使资金流量在数量和时间上达到平衡。如果收入小于支出，必然会使经营资金不能正常运转，造成资金链的中断或停滞。控制财务活动的过程就是追求资金运动平衡的过程，只有资金收支达到平衡，财务管理的目标才能得以实现。

4. 利益关系协调的原则

养老机构在组织财务活动的过程中，会与有关各方发生相应的利益关系，如国家、其他法人单位、所有者及机构员工等。在处理机构与相关利益者的关系时，必须在保证机构财务目标实现的同时，注意维护有关各方的合法权益，只有尽力均衡机构及其相关利益者的利润分配，尽可能地减少各相关者的利益冲突，才能保证更好地实现机构财务管理的目标。

6.1.3 养老机构财务管理的目标

养老机构财务管理的目标是机构财务实践、财务决策的出发点和归宿，也是机构财务管理的行为导向，养老机构的所有财务活动都是围绕财务管理目标而进行的。

1. 保证养老机构财务与资金操作的规范、安全、良性运行

为了降低成本，提高养老服务的效率、效果和质量，养老机构应推行目标化、定量化、指标化的服务理念和方式，不断完善机构的各项工作标准，重视人力资源管理、成本效益分析、全面质量管理等。养老机构的财务管理在保证资金合理筹集、规范、安全、良性地运行等方面起着关键作用，为机构正常运营和良性发展提供可靠保证。

2. 协助做好成本核算、经济运行分析、资产管理

随着养老服务市场竞争的加剧，标准化管理将越来越受到管理者的重视，并不断深

化。养老机构的标准应更具有人性化、科学性、可行性、实用性和可操作性，实现过程管理和质量监控并举，保证服务质量的不断提高，吸收更多的老年人入住养老机构。因此，财务人员应做好成本核算、经济运行分析和各类资产的管理等，提高资金和资产的利用效率。

6.1.4 养老机构财务管理的内容

根据财务管理制度和财务管理的基本要求，养老机构财务管理的主要内容包括预算管理、资金管理、成本管理等。养老机构财务管理流程如图6-1所示。

图6-1 养老机构财务管理流程

1. 预算管理

财务预算是对未来一定时期编制的综合性预算，它既是机构经济活动的起点和出发点，又是监督和检查机构收支情况的依据，同时也是考核机构经济效益的标准。养老机构的预算管理首先由财务部门汇总各部门预算执行情况，然后根据实际情况修改预算，并报给上级部门审批，如图6-2所示。

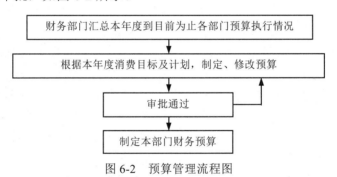

图6-2 预算管理流程图

由于各养老机构性质不同，经费开支渠道不同，在资金的管理方式上也应有所不同，常用的管理方式有以下几种。

1) 全额预算管理

全额预算管理是指养老机构的收入和支出全部纳入预算，养老机构支出全部由上级拨款，收入除预算收入外，全部上缴上级主管部门或财务部门，不实行以收抵支的政策。

2) 差额预算管理

差额预算管理是指养老机构的收入抵补支出后，不足部分由预算拨款，并将收支差额列入拨款预算。

3) 自收自支管理

自收自支管理是指养老机构收入不需要上缴，支出也不由预算拨款，而是以其收入按指定用途用于相应的支出，结余不上缴，差额不补助，只求收支平衡。这种管理方式有利于自立自强，调动员工的积极性，有利于提高养老机构的经济效益。

2. 资金管理

养老机构的资金管理主要包括固定资金管理、流动资金管理和专项资金管理等。

1) 固定资金管理

固定资金是指养老机构所有的主要劳动资金和耐用消费品，包括房屋、运输工具、医疗设备、其他建筑物和福利设施等。

固定资金管理应重点抓好固定资金立卡及登记工作，以保证固定资金的完整无缺。此外，养老机构应该提高对固定资金的使用和提取折旧基金。

2) 流动资金管理

流动资金是指养老机构垫付给员工的工资和其他业务支出的消费周转资金。流动资金与固定资产一样是养老机构组织各种活动不可缺少的基本条件之一。流动资金管理可分为现金管理、银行管理、库存管理及其他流动资金管理等。其中现金管理是养老服务机构流动资金管理的主要方面。

养老服务机构中的现金管理，绝大部分是老人入住费用的管理，因此有以下几点要求。

(1) 入住费用应有标准及相关管理制度，并严格按照收费标准和收费管理制度收取老人的床位费、护理费、伙食费、医护费和其他费用。

(2) 每次收取费用要向老人及家属开具凭证，必要时打印详细收费清单。老人对收费存有疑问时，要热情接待查询，逐项解释，不得拒绝。

(3) 老人逾期未缴费，要及时向老人下发收费催交单，督促老人及家属及时缴费。

(4) 老人出院、转院或去世，要及时为老人和亲属办理结账业务。

(5) 开办老人现金代保管业务的养老机构，应当面点清现金，辨别钱币真伪，并向老人开具代保管凭据。老人支取现金，不论金额大小都要予以办理，并当面点清。

(6) 已建立养老机构信息化管理系统的养老机构，财务人员要及时将老人入住和服务费用录入养老机构信息化管理系统，以备老人及家属上网查询。

(7) 库存现金不得超过银行核定的限额，也不得两人同时保管，金库钥匙、密码不得让第二人掌握，限额以上的现金必须及时存入银行。

3) 专项资金管理

专项资金又称为专用资金，是指各种具有特定来源和专门用途的资金，包括专项拨款、大修理基金、职工福利基金、职工奖励基金和失业发展基金等。专项资金一定要区分与其他资金的界限，不能互相挪用，保证有计划地专款专用。

3. 成本管理

成本管理是养老机构通过对产品和服务成本进行分析、计算，找出较低成本的有效途径，并实施控制成本的管理。养老机构的成本管理流程如图6-3所示。

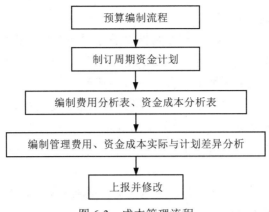

图 6-3　成本管理流程

养老机构的成本可以包括总成本和单项成本。例如，经营 100 张床位的养老机构每月或每年需要多少钱，这是总成本；新建 200 张床位的养老机构实际投入了多少资金，这也是总成本(建造成本)。单项成本种类繁多，例如不同等级的护理成本、每位老人每月的伙食成本、医疗服务成本和行政管理成本等。成本甚至还可以细分到一项具体的操作、服务项目，例如注射成本、换药成本，等等。

成本管理的目的有两点，一是为制定、修订服务价格提供依据；二是寻找生产、服务和管理上存在的问题和漏洞，即找出降低成本的有效途径，其最终目的是提高养老机构的经济效益。

6.1.5　养老机构财务管理方式

1. 财务交接监督与审计

养老机构财务管理应加强内部财务监督与审计，同时接受上级有关部门的监督，使养老机构财务管理更加规范，经济运行效果更好。

加强财务人员交接班管理应做到以下几个方面。

(1) 会计人员工作调动或离职，必须与接替人员办理交接手续，没有办理交接手续的，不得离职。

(2) 会计人员离职前，必须将本人所管辖的会计工作全部移交清楚，接替人员必须认真做好接管移交工作，并继续办理移交未了工作。

(3) 会计人员办理移交手续前，必须做好以下工作：已经受理的经济业务的会计凭证应填制完毕；尚未登记的账目应登记完毕，并在最后一笔金额后加盖印章；整理应移交的各项资料，对未了事项要写出书面材料；编制移交清单，列出移交的凭证、账表、公章、现金支票、文件、资料和其他物品。

(4) 会计人员办理移交时，必须有监督交接的人员。

(5) 接替的会计人员逐项核对后盖章，并继续使用移交账本，不得自行另立新账，以保持会计记录的连续性。

2. 财务管理制度建设

财务人员应增强工作的责任心和原则性，遵守财务制度和财经纪律，主动接受有关部门的监督检查，及时向有关领导汇报违法违纪行为，正确、及时编制预算计划和年初决算报告，及时、正确、全面地报告会计月报和年报。

出入机构的老年人由业务部门签订合同和通知单，交财务部门办理出入机构手续。老人出机构前一日，由医务室、生活区将结账单交由业务部门，再由业务部门报送至财务部门进行结算。老人或亲属结清账款后，将收据或账单交回业务部门办理出机构手续。

财务人员应及时清理债权、债务，防治拖欠，控制呆账；应定期到生活区结算费用，随时与家属联系，以免形成呆账；发现欠账应及时催收。

养老机构主管领导对本机构的财会工作和财会资料的真实性、完整性负责，实行统一领导、分级管理，同时加强对本机构的发票和支票的使用与管理。

6.1.6 养老机构财务管理的环节

养老机构的财务管理环节是指养老机构财务管理的工作步骤与一般工作程序。一般而言，财务管理主要包括以下几个环节。

1. 财务预算

养老机构财务预算是一系列专门反映机构未来一定期限内预计财务状况和经营成果，以及现金收支等价值指标的各种预算的总称，包括现金预算、预计利润表和预计资产负债表等内容。编制财务预算是养老机构财务管理的一项重要内容。财务预算必须服从养老机构决策目标的要求，使决策目标具体化、系统化和定量化。

2. 财务控制

养老机构财务控制是指在养老服务经营活动过程中，以计划和各项指标为依据，对资金的收入、支出、占用、耗费进行日常的计算和审核，使之按预定目标运行，提高经济效益的过程。

实行财务控制是落实计划任务，保证计划实现的有效措施。为了保证财务管理工作任务的完成和财务计划目标的实现，养老机构财务部门必须加强日常财务控制工作，以财务制度为依据，以财务计划为目标，以财务定额为标准，并与经济责任制相结合，明确各科室、各部门和有关人员的责权关系，使财务控制工作岗位化、具体化。

3. 财务分析

养老机构财务分析是以养老机构会计核算资料、账簿记录和其他有关资料为依据，对一定时期单位财务状况、收支情况和现金流量进行比较、分析和研究，或与同类养老机构相应指标进行比较，总结经验、做出正确评价的一种方法。财务分析可以帮助评价机构业务绩效，预测未来财务状况、业务活动结果以及现金流量等。

6.2 养老机构财务预算

财务预算是养老机构理财活动的重要环节，它提供了养老机构未来资金运动的信息，为养老机构管理层等信息需求者评估养老机构未来的现金流量和经营业绩提供了基础。财务预算指明了养老机构理财的具体目标，提供了对养老机构日常资金运行进行控制的依据，并可作为养老机构经营业绩的考评标准。

6.2.1 养老机构财务预算的含义

养老机构财务预算具有全员性、全程性和全方位等特征，其出发点是通过预算来强化内部管理，使预算成为一种管理上的制度安排。以战略为导向的财务预算管理，才能对养老机构发展起到全方位的支持作用。

6.2.2 养老机构财务预算的分类

1. 按预算期的长短

按预算期的长短，预算可分为长期预算和短期预算。长期预算是指预算超过一年的预算，如资本预算。短期预算是指预算期在一年以内的预算，如业务预算等。长期预算对短期预算有重要影响。

2. 按预算的内容

按预算的内容，预算可分为财务预算、业务预算和专门预算。财务预算是关于养老机构在一定时期内货币资金的收支及财务状况的预算。业务预算用于规划养老机构的基本经济业务。专门预算主要是对养老机构某专项投资编制的预算。三种预算在编制时各有侧重点，又密不可分，业务预算和专门预算是财务预算的基础。财务预算是业务预算和专门预算的汇总。

3. 按预算的编制方法

按预算的编制方法，预算可分为固定预算、弹性预算、零基预算、增量预算、定期预算和滚动预算等。在养老机构进行财务预算中，经常运用固定预算与弹性预算编制混合预算，以便能满足养老机构经营管理的客观需要。

6.2.3 养老机构财务预算的编制原则

财务预算是养老机构财务管理的重要内容。财务预算应按照上级主管部门交给的工作任务,结合养老机构的具体情况和有关规定进行编制。预算应明确体现或反映出养老机构整体经营目标,并使经营目标数量化、具体化。因此,在编制过程中,养老机构应遵循以下几条原则。

1. 加强编制预算前的调研,充分获取有关数据资料

财务预算的正确编制及其有效执行,在相当程度上要受到数据资料完备与否的制约。因此,要编制好财务预算,就应该在现有会计核算资料的基础上,开展广泛、深入的调查,尽其所能充分、全面地获取与本养老机构未来经营活动相关资料,作为编制财务预算的基础。

2. 预算的编制要全面、完整

在编制预算过程中,财务人员应结合上年度预算执行情况进行综合考虑、全面分析,并避免预算缺乏周密、详尽的考虑,有关预算指标之间要相互衔接,保证整个预算的综合平衡和可靠完整。

3. 得到领导重视、群众支持,坚持勤俭办院的方针

财务预算的编制和执行,需要各级领导的重视和员工的支持与合作,两者缺一不可。同时,在编制财务计划、预算过程中,防止"宽打窄用",原则上不搞赤字,预算强调开源节流、精打细算,提倡少花钱、多办事,充分发挥预算资金的使用效果。

4. 财务预算的编制要有科学性、合理性,留有余地

在充分考虑养老机构自身条件的基础上进行科学、合理的预算编制,过高或过低的预算指标都不利于预算管理方法的指导和控制。同时,经营活动过程中出现的不确定因素要求预算指标具有一定的灵活性和应变余地,以切实保证养老机构经营目标的实现。

6.2.4 养老机构财务预算的编制方法

预算编制方法多种多样,各种预算方法各有其优缺点,养老机构应根据自身业务特点和需要,针对不同预算项目选择适宜的方法编制财务预算。

1. 固定预算与弹性预算

按业务量基础的数量特征不同,编制预算的方法可分为固定预算和弹性预算。

(1) 固定预算。固定预算又称静态预算,是一种传统的预算编制方法。固定预算是根据预算期内正常的、可实现的某一业务量水平而编制的,一般适用于经营业务稳定、能准确预测成本的固定费用或者数额比较稳定的预算项目。由于固定预算是根据某一业务量水平为基础编制的,无论预算期内业务量水平是否发生变动,该方法均按事先确定的某一业务量水平作为编制预算的基础,缺乏一定的灵活性。但由于固定预算具有编制过程简单,易理解、易掌握、省时省力的优点,并能体现预算编制的基本理论,是目前被广泛采用的一种方法。

(2) 弹性预算。弹性预算又称变动预算,是在不能准确预测业务量的情况下,以业务量、成本和利润之间的有规律的依存关系为依据,按一系列业务量水平编制的具有伸缩性的预算。当实际业务量与计划业务量发生差异时,弹性预算在一定程度上弥补了固定预算中费用的实际数与预算数缺乏可比性的缺陷。弹性预算的主要用途是作为成本支出的工具。在计划期开始时,提供控制成本所需要的数据;在计划期结束后,可用于评价和考核实际成本。

2. 增量预算与零基预算

按预算编制的基础不同,编制预算的方法可分为增量预算和零基预算。

(1) 增量预算。增量预算是指以基期成本费用水平为基础,结合预算期业务量水平及有关降低成本的措施,通过调整有关原有费用项目而编制预算的方法。增量预算法是一种传统的预算编制方法。

(2) 零基预算。零基预算是指在编制预算时,对任何一种费用的开支数不是以现有费用开支水平为基础(即不考虑以往水平),而是一切以零为起点,根据其必要性来确定预算期内费用支出数额大小的预算编制方法。但是零基预算不是一切从零开始,其深层含义是一种建立在对预算期内意欲实施的事项进行严格审核、评估基础上编制预算的方法。

3. 定期预算与滚动预算

按选择预算期的时间特征不同,编制预算的方法可分为定期预算和滚动预算。

(1) 定期预算。定期预算是与会计年度相配合,定期编制预算的方法。定期预算的预算期间与会计期间相吻合,便于考核和评价预算的执行效果。养老机构的经营预算和财务预算通常也是定期(如一年)编制。定期预算存在着如下缺点:第一,远期指导性差。定期预算一般是在上一年末的最后一个季度或年初编制,因此它对预算年度的经营活动难以做出准确的预测,缺乏远期指导性。第二,灵活性差。预算中所规划的各种经营活动在预算期内往往发生变化,而定期预算却不能及时调整,从而使原有的预算缺乏灵活性。第三,连续性差。在预算执行过程中,由于受预算期的限制,管理人员的决策视野局限于剩余的预算期间的活动,从而不利于企业长期稳定的持续发展。

(2) 滚动预算。滚动预算又称永续预算或连续预算,是在预算有效期内随时间的推移和市场条件的变化而自行延伸并进行同步调整的预算。在编制滚动预算时,预算期与会计年度脱离,随着预算的执行,不断延伸补充预算,逐期向后滚动,使预算期永远保持为一个固定期间(一般为一年)。滚动预算能够与经营活动有机结合,保持预算本身的连续性和稳定性,使预算真正指导和控制养老机构的活动。

6.2.5 养老机构财务预算的执行与调整

养老机构财务预算一经批复下达,各级责任部门应以预算为目标,根据预算来组织、安排和控制全部经营活动,以形成全方位的财务预算执行责任体系。财务预算的执行是预算目标实现的关键,是财务预算管理过程的核心环节。养老机构一旦正式下达执行的财务预算,一般不予调整,但在执行过程中由于市场环境、经营条件、政策法规等发生重大变化,致使财务预算的编制基础不成立,或者将导致财务预算执行结果产生重大偏差的,为了保证预算的科学性、严肃性与可操作性,对预算进行适当的调整是必要的。

1. 财务预算的执行

在财务预算的执行过程中,为了充分发挥养老机构内部各级责任主体的主观能动性,应根据各责任主体的具体活动内容,明确规定其应承担的经济责任,形成一个从上到下人人有责的多层责任网络;同时应该根据各级预算责任主体的经营活动的范围和特点,给予相应明确的权和利,只有将权、责、利有机地结合,预算责任主体才能真正具有"生命力"。

养老机构应当建立财务预算报告制度,要求各预算执行单位定期报告财务预算的执行情况。财务管理部门应利用财务报表监控财务预算的执行情况,及时向预算执行单位提供财务预算的执行进度、执行差异及其对机构财务预算目标的影响等财务信息,促进机构完成财务预算目标。

2. 财务预算的调整

养老机构应当建立内部弹性预算机制,对于不影响财务预算目标的业务预算、资本预算、筹资预算之间的调整,机构可以按照内部授权批准制度执行,鼓励预算执行单位及时采取有效的经营管理对策,保证财务预算目标的实现。财务预算调整必须按照预算管理制度中规定的调整原则进行调整,一般应当遵循以下几条原则。

(1) 合理性原则。申请调整预算的部门必须有合理的调整理由,在书面调整申请中具体说明调整预算的目的以及预算方案调整的合理性。同时,预算调整事项不能偏离机构发展战略和年度财务预算目标,调整方案应当在经济上实现最优化。

(2) 审慎性原则。财务预算管理部门应该严格界定预算调整的范围,只有出现不可控的因素变化或因预算技术问题导致预算严重失准时才允许调整预算,如国家养老服务相关政策发生重大变化、市场养老服务需求或价格发生重大变化、医疗护理设备购置维修发生变化等问题出现时才允许调整预算。

(3) 重要性原则。在预算调整过程中,调整重点应当放在财务预算执行过程中出现的重要的、非正常的、不符合常规的关键性差异方面。

(4) 权限性原则。预算的调整同预算的编制一样，是预算管理的一个重要、严肃的环节。因此，对于确需调整的预算项目，应由相应的责任单位提出申请，依照预算调整程序，经具有相应权限的预算管理部门审批后，才能予以调整，且重大的调整必须经预算管理委员会集体讨论通过后才能进行。

6.3 养老机构财务控制

控制是指掌握对象不使其任意活动或超出范围，或使其按控制者的意愿活动。养老机构的财务控制是指按照一定的程序与方法，对养老机构资金的投入及收益过程和结果进行衡量与校正，确保机构和人员全面落实和实现财务预算的过程。

6.3.1 养老机构财务控制的作用

养老机构财务控制是内部控制的一个重要组成部分，是内部控制的核心，是内部控制在资金和价值方面的体现。养老机构财务控制的作用具体表现在以下几个方面。

1. 财务控制是实现和执行财务计划的基本手段

切实可行的财务计划为养老机构经营活动指明了方向、提供了依据，为了保证财务计划的有效实现，必须加以控制，财务控制就是对养老机构具体实施过程进行必要的约束和调节，实现预期目标。因此，可以说没有财务控制，任何预测和计划都没有实际意义。

2. 财务控制是实现财务管理目标的有效途径

财务控制是利用价值手段对养老机构经营活动实施控制，是一种连续的、系统的、综合的经营行为，在整个控制系统中处于举足轻重的地位，发挥着保证、促进、监督和协调等重要功能，是实现机构财务管理目标的有效途径。

6.3.2 养老机构财务控制的原则

财务控制是经济控制系统的重要组成部分，进行财务控制时必须遵循以下两个原则。

1. 目的明确

财务控制是养老机构财务管理工作不可缺少的环节，是有目的的财务管理活动，所以必须明确财务管理的目标，按照一定的财务管理标准，进行财务控制。在财务控制过程中，财务人员应注意具体问题具体分析，将原则性和灵活性结合起来，从实际出发，按照机构财务管理的目的进行财务控制。

2. 保证财务预算指标的实现

养老机构财务控制从增加营业收入或降低营业成本入手,主要采取的措施是加强资金支出的日常管理。当实际指标与预算指标不符时,财务人员应及时查明原因,纠正偏差。

6.3.3　养老机构财务控制的分类

养老机构财务控制主要按照控制的时间、对象、手段进行分类。

1. 按控制的时间分类

按照控制的时间,养老机构财务控制可分为事前财务控制、事中财务控制和事后财务控制。事前财务控制是指养老机构财务收支活动尚未发生之前所进行的控制,如财务收支活动发生之前的申报审批制度等;事中财务控制是指财务收支活动发生过程中所进行的控制,如财务预算要求监督预算的执行过程、对各项收入的去向和支出的用途进行监督等;事后财务控制是指对财务收支活动的结果进行考核及相应的奖惩,如按财务预算的要求对各项财务收支结果进行评价,并以此为标准实施奖惩。

2. 按控制的对象分类

按照控制的对象,养老机构财务控制可分为财务收支控制和现金控制。财务收支控制是依照财务收支计划对养老机构财务收入与支出活动所进行的控制,目的是实现财务收支的相对平衡;现金控制是依据现金预算对养老机构的现金流入与流出活动所进行的控制,目的是实现现金流入流出的基本平衡,既要防止因现金短缺而可能出现的财务危机,也要防止因现金闲置而可能出现的机会成本增加。

3. 按控制的手段分类

按照控制的手段,养老机构财务控制可分为定额控制和定率控制,也可称为绝对控制和相对控制。定额控制是指对机构的财务指标采用绝对额进行控制;定率控制是指对财务指标采用相对比率进行控制。定率控制具有投入与产出对比、开源与节流并重的特征,具有一定灵活性,而定额控制缺乏一定的弹性。

6.3.4　养老机构财务控制的主要方法

财务控制的方法多种多样,养老机构应根据客观环境的变化采用不同的方法。养老机构服务常用的财务控制方法主要包括以下 5 种。

1. 组织架构控制法

养老机构在控制目标过程中应设立控制的组织架构。合理的组织架构是保证经济业务按照机构既定方针执行,提高经营效率,保护资产,增强会计数据可靠性的重要条件。

根据财务控制的要求，养老机构在确定和完善财务组织架构的过程中，应明确不相容职务相分离的要求，即一个人不能兼任同一部门财务活动的不同职务。如有权批准采购的人员不能直接从事采购业务，从事采购业务的人员不得从事入库业务。

2. 授权批准控制法

养老机构授权批准控制是规定机构各级员工的职责范围和业务处理权限，各级人员必须获得批准或授权，才能实施决策或执行业务，严格禁止越权办理。授权管理的方法是通过授权通知书来明确授权事项和使用资金的限额。进行授权批准主要从以下几个方面加以控制：第一，要求养老机构内部有授权环节并明确各环节的授权者；第二，授权级别应与授权者地位相适应；第三，授权人应该是称职的人员，对于不能胜任的人不得授权；第四，各级人员应严格按所授权限办事，对在授权范围内的行为给予充分信任，对其超越权限外的行为不予认可；第五，无论采取什么样的授权方式，都应有文件记录。

3. 预算控制法

预算控制法是以预先编制的财务预算为标准来实施控制的方法。养老机构预算管理工作部门应加强与各预算执行单位的沟通，运用财务信息和其他相关资料监控预算执行情况，采用恰当方式及时向决策机构和各预算执行单位报告、反馈预算执行进度、执行差异及其对预算目标的影响，促进养老机构全面预算目标的实现。

4. 措施控制法

(1) 政策制度控制法。政策制度控制法主要是指养老机构以国家有关方针政策为依据，结合机构自身特点而进行的财务控制。养老机构财务管理人员应及时掌握相关制度，以制度为标准，严格进行控制。

(2) 文件记录控制法。文件记录控制法在养老机构财务控制中具有重要的地位，为了保证文件记录的有效性，应进行可靠性控制。会计档案是养老机构在经济活动中形成的、记录和反映经济业务的重要史料和证据，养老机构应加强对会计档案工作的管理。会计档案工作的日常管理应由财务部主管负责；对已形成的会计档案，由财务部门负责整理、立卷、登记。

5. 责任控制法

岗位责任制是养老机构实现财务控制的组织保证。只有贯彻岗位责任制，才能保证各部门对经济活动和资金运作进行相应控制。为了保证责任制的实施，首先，应实行分组、分部门核算，保证每个员工都有明确的核算目标；其次，应明确各部门甚至个人的责任权限，加强审核，责任到人，使各部门和员工明确自己的工作权限，便于核查。

6.3.5 养老机构财务控制的相关制度

养老机构财务控制制度可以规范机构的财务行为，强化机构的财务自我约束，提高经营效率，促使有关人员遵循既定的管理制度。

1. 原始记录管理

1) 原始记录的内容

凡与会计核算紧密相关的，均由会计部门负责办理或参与办理。有一定经济价值的凭证、账簿、报表、报告、批复、批件、合同、协议、发票或收据存根、内部转账单据等记录资料，均为原始记录的内容。

2) 原始记录的填制方法

(1) 原始记录要根据记录的不同种类和各种记录的规范要求分别填制。按规定填写的项目，内容必须齐全，必须使用钢笔、签字笔；字迹要工整，不得写自造简化字；不得乱涂乱改，内容必须更改时，要按规范进行，并在更改处加盖更改人印章；数字不得更改，有误时需重新更换发票；自制原始凭证必须有收款人、经办人员和部门负责人签名或盖章，采用计算机填制的凭单要按照计算机管理规范要求填制。

(2) 需用复写的原始记录(特别是发票、收据)必须用双面复写纸套写，留有套写痕迹。发票、收据作废时必须加盖"作废"戳记，连同存根一起保存，不得自行销毁。

(3) 原始记录有附件的，必须注明附件的自然张数，其有效金额必须相等，各种附件应附在原始凭证背面。如附件张数较多，应从原始凭证的右上角起按自右至左顺序重叠粘贴，不得遮盖报销金额；如单据过多，原始凭证背面不够粘贴时，另用白纸粘贴，附在原始凭证后面，各种附件大于原始凭证的应按记账凭证大小折叠，附在原始凭证后面。

(4) 原始凭证不得外借，其他单位如因特殊原因，需要使用原始凭证时，经本机构领导人批准，方可复制。向外单位提供的原始凭证复制件，应由提供人员和收取人员在有关登记簿上共同签名或盖章。

(5) 从外单位取得的原始凭证如有遗失，应当取得原开出单位的证明，证明经济业务的内容、原始凭证的号码、金额，该证明必须加盖原开出单位的公章，并由接收凭证单位经办人、部门负责人、部门主管领导签字，单位领导人审核批准，手续齐全后，才能代作原始凭证。如果确实无法取得证明的，如火车、轮船、飞机票等凭证，由当事人写出详细情况说明，然后由经办人、部门负责人、部门主管领导签字，单位领导人审核批准，手续齐全后，才能代作原始凭证。

3) 原始记录的审核

(1) 所有发生的原始记录都应由经办人、填制人、单位主管领导、会计主管人员、出纳人员等分别根据发生的业务内容和财务规定，层层审核、签字(或盖章)。

(2) 对原始记录的名称，所涉及的项目名称、内容、日期、数量、单价、金额、出证单位名称、填制人、发票专用章或财务印章、税务部门监制章、财政部门监制章等内容进行审核。

(3) 对原始记录的真实性、完整性、合法合规性进行认真审核，力求不留差错。经过严格审核，分别签字盖章的原始记录，方可生效。

4) 原始记录填制人的责任

原始记录填制人必须对所填制的原始记录涉及的业务内容、填制目的、填制规范全面了解；同时要对所填制的原始记录中的项目、内容、数量、金额、使用范围、适用期限及其真实性、合法性负责。

5) 原始记录的签署、传递、汇集的要求

(1) 发生的各种原始记录一经确定，应及时传递到各有关部门和人员，不得积压漏传。

(2) 原始记录的签署应根据不同的业务性质、原始记录的内容和技术要求，由机构的有关部门和个人分别进行签署。按规定审核签章、确认无误后的原始记录，一经转入财务部门，财务部门应及时地按照规定程序，由机构会计主管、出纳人员、会计制单人员、会计复核人员等有关人员进行相关的账务处理和报表填制。

(3) 将所发生的原始记录分门别类地装订成册，制定有关查阅索引，并按照会计档案管理要求，及时归档立卷，妥善保管。

2. 会计档案管理

1) 会计档案的归档范围

(1) 会计档案包括会计凭证、会计账簿、账务报告、其他会计核算资料。

(2) 实现会计电算化的养老机构，会计档案还包括软件数据资料、程序资料等。

2) 会计档案的归档保管

(1) 若没有成立单独的档案管理部门，会计档案要存放于单独房间，并配备专用档案柜。

(2) 会计电算档案的保存期限与手工方式完全一致。会计数据的备份应分别置于两个以上不同的建筑物内。

(3) 财务部要指定专人负责会计档案的归档保管工作。

(4) 保存会计档案资料，要有相应的防盗、防火、防潮、防虫、防磁等安全措施。

3) 会计档案的整理、立卷

(1) 会计档案的分类，统一使用名称分类法。

(2) 会计年度终了，将会计年度内装订整理后形成的会计档案，分为会计凭证、会计账簿、财务报表、专项合同书等分类管理，装入档案盒分年度、名称、项目等分别存放。

4) 会计档案的借阅、使用

(1) 要建立会计档案借阅登记清册和会计档案清册。

(2) 外单位借阅，需持单位介绍信，经主管财务的领导批准后，方可借阅。

(3) 本机构人员借阅，需经单位负责人批准。

(4) 借阅的会计档案不得随意复印、勾画、拆散；需要复制会计档案时，需经机构主管财务的领导批准。

5) 会计档案的保管期限

会计档案的保管期限分为永久、定期两类。原则上按照《会计档案管理办法》的规定执行。

(1) 原始凭证、记账凭证、汇总凭证保管期限为 15 年。
(2) 总账、明细账、备查账保管期限为 15 年。
(3) 现金、银行存款日记账保管期限为 25 年。
(4) 会计报表永久保存。

6.4 养老机构财务分析

财务分析是养老机构管理的重要手段之一，对于提高养老机构的经营效率及其成果、促进决策的科学化具有重要意义。通过财务分析，管理者可以及时发现养老机构经营管理中存在的问题与不足，并采取有效措施加以解决，以便充分利用有限的资源，不断提高机构管理水平。

6.4.1 养老机构财务分析的原则

养老机构为了找出差距、揭露矛盾、改进工作，寻找进一步增收节支、提高资金使用效益的途径，在财务分析过程中应遵循以下几个原则。

(1) 历史成本原则，即分析注意不同时点信息的影响。
(2) 客观性原则，即分析注意会计信息真实性问题。
(3) 重大性原则，即分析注意重大、遗漏或错误信息。
(4) 相关性原则，即分析注意财务信息与使用者的决策相关性。
(5) 可比性原则，即分析注意财务信息在机构之间的可比性，注意同一机构财务信息在年度间的可比性。
(6) 明晰性原则，即分析注意机构财务信息是否明晰、易于理解。
(7) 配比原则，即分析注意机构一定时期收入与费用的配比问题。
(8) 稳健性原则，即分析注意高估费用或低估资产、收入和利润的问题。
(9) 实质重于形式原则，即分析重经济实质、轻法律形式。

6.4.2 养老机构财务分析的内容

养老机构财务分析的内容主要包括偿债能力分析、营运能力分析、盈利能力分析和发展能力分析 4 个方面。

1. 养老机构偿债能力分析

养老机构的偿债能力是指养老机构能够如期偿付债务的能力。偿债能力分析是养老机构财务分析的重要组成部分，包括短期偿债能力分析和长期偿债能力分析。短期债务是养老机构日常经营活动中弥补营运资金不足的一个重要来源，对短期债务的偿债能力的分析有助于判断机构短期资金的营运能力及营运资金的周转状况；对长期偿债能力的分析不仅可以判断养老机构经营状况，还可以促使机构提高融通资金的能力。

2. 养老机构营运能力分析

养老机构营运能力主要指机构营运资产的效率与效益，即资产的周转率或周转速度。如果机构资产运用效率高、循环快，则机构可以用较少的投入获取较多的收益，减少资金的占用和积压。营运能力分析可以评价养老机构资产营运的效率，发现资产营运存在的问题。营运能力分析还是盈利能力分析和偿债能力分析的基础与补充。

3. 养老机构盈利能力分析

养老机构盈利能力是指机构获取利润的能力。盈利能力分析通常将资产、负债、所有者权益与经营成果结合起来判断机构的各项报酬率指标，从不同角度分析机构的获利能力。利润的大小直接关系养老机构所有相关利益人的利益，所以盈利能力分析是财务分析的重要部分。

4. 养老机构发展能力分析

养老机构的发展能力也称为养老机构的成长性，是养老机构通过自身的经营活动，不断扩大积累而形成的发展潜能。养老机构能否健康发展与多种因素有关，包括外部经营环境、制度环境、人力资源、分配制度等。

6.4.3 养老机构财务分析的方法

养老机构常用的财务分析方法主要包括比较分析法、比率分析法和因素分析法。

1. 比较分析法

比较分析法是将所要分析的报表数据与上一年或连续数年财务数据并列比较，或与其他机构的相关资料进行比较，或利用某报表的部分指标与总量指标比较，据以分析和衡量养老机构经营成果及财务状况的一种分析方法。比较分析法是财务分析中的基本方法，通过比较分析，我们可以发现所分析数据或指标的问题所在，揭示养老机构经营活动中的优势和劣势。在实践中，比较分析法通常采用以下两种形式。

(1) 横向比较分析，即将养老机构两期以上的财务报表进行比较分析，通过报表中各类目的金额与前一年度金额的增减变化，计算其增减百分比的一种方法。横向比较分析的优点在于可使管理者掌握某一财务报表逐年变动的情况，把握养老机构经营状况。

(2) 趋势比较分析，即选择某一年度作为基期，计算某一年度中各项目对基期同一项目的趋势百分数，以了解各项目在各年度中的变化情况，并可据以判断养老机构财务状况及经营成果的变化规律及趋势。

比较分析法只适用于同质指标的数量对比。因此，应用此法时应注意指标之间的可比性。如果是在不同养老机构之间进行对比的指标，还必须注意行业归类、财务规模的一致性。

2. 比率分析法

比率分析法是财务分析中普遍使用的分析方法，是利用养老机构同一时期会计报表中两个或两个以上指标之间的某种关联性，计算出一系列财务比率，据此考察、分析和评价养老机构财务状况和经营业绩的分析方法。通过比率的分析，基本上能揭示养老机构的财务状况。比率分析法大体上可分为构成比率分析和效率比率分析两类。

(1) 构成比率分析。构成比率分析又称结构比率分析，是分析某一经济现象在总体中所占的比重，并从比重构成的分析中掌握事物的特点，借以认识事物的本质和客观规律性的一种方法。结构分析法的特点就是把分析对象的总体作为 100%(如资产负债表中的资产总额)，借以分析构成总体的各个部分所占的比重来认识局部与总体的关系和影响。例如，养老机构人员的构成分析、经费收支变化的构成比例分析等。构成比率的计算公式为

$$构成比率 = 某个组成部分数值/总体数值 \times 100\%$$

(2) 效率比率分析。效率比率分析是养老机构某项财务活动中所费与所得之间的比率，反映投入与产出关系的一种方法。利用效率比率指标，我们可以进行得失比较，考查经营成果，评价经济效益。例如，将利润与成本费用加以对比，可以计算出成本利润率，其计算公式为

$$成本利润率 = 利润/成本费用 \times 100\%$$

这里的成本是指养老机构在经营过程中所消耗的各种资源的经济价值，既包括固定资产等有形资源的消耗，也包括劳务、资金等无形资产的消耗。前者体现为折旧费用等，后者体现为人工成本、管理费用、资金成本等。利润是指收入和费用的差额。

3. 因素分析法

因素分析法是将养老机构综合指标分解为具体因素，从数量上确定各因素对分析指标影响方向和影响程度的一种方法。通过因素分析法，管理者可以了解本期实际与计划或基期相比财务指标的变动或差异。

因素分析法的一般步骤：①确定分析指标由几个因素组成；②确定各个因素与某项综合指标之间的关系；③分解某项综合指标的各项构成因素；④确定各因素对指标变动的影响方向与影响程度。

因素分析法既可以全面分析各因素对某一经济指标的影响，又可以单独分析某个因素对某一经济指标的影响，在养老机构财务分析中广泛使用。在应用因素分析法过程中须注意以下几个问题。

(1) 因素分解的关联性。确定构成经济指标的各个因素必须在客观上存在因果关系，能够反映形成该项指标差异的内在构成原因。

(2) 因素替代的顺序性。确定替代因素时，必须按照各因素的依存关系依次排列，不可随意颠倒顺序，否则会改变各个因素的影响值而导致计算错误。

(3) 顺序替代的连环性。每个因素变动影响数值的计算是在前一次计算的基础上进行的，并采用连环比较的方法确定各因素变化的影响结果。只有保持这种连环性，才能使各因素影响之和等于分析指标变动的差异，才可以全面说明分析指标变动的原因。

(4) 计算结果的假定性。计算各个因素变动的影响值会因替代顺序的不同面有所差别，对计算结果具有一定顺序上的假定性和近似性。因此，在进行财务分析时，应力求这种假定性和近似性合乎逻辑，以不影响分析的有效性。

6.4.4 养老机构财务分析的基本程序

养老机构的财务分析一般要遵循一定的程序，从而保证财务分析的科学性、严谨性，以便获得所需的结果。

1. 明确财务分析目标

养老机构在财务分析时，要确定分析目标，以保证整个分析过程有计划、按步骤进行，减少分析的盲目性。在分析计划过程中要明确分析的目的和要求、内容、范围、主要问题、组织分工、时间进度和分析资料来源等。

2. 收集有关信息资料

养老机构应先收集和储存财务分析的基本资料(如会计报表)，其次收集相关信息资料。

3. 核实整理信息资料

养老机构在财务分析之前要对分析所需的资料进行认真检查，详细核实，对失实和虚假的资料应予以剔除，对不可比的资料进行适宜的调整。

4. 选择合适的分析方法

建立分析模型，进行定性定量分析，明确不同因素对财务指标的影响。

5. 发现问题，得出结论

在定性定量分析的基础上，对养老机构的经营成果和财务状况做出全面综合的分析和评价，提出工作措施和方案。

第 7 章 　养老机构后勤管理

养老机构的良好运转离不开后勤部门提供的各种支持。后勤为整个养老机构提供了重要的后援保障，是养老机构管理中不可忽视的重要部分，因此，加强养老机构后勤的科学化、规范化管理十分必要。

7.1 　后勤管理概述

7.1.1 　后勤管理的概念

后勤管理是管理者动用一定的原理和方法、手段，通过一系列特定的管理行为和领导活动，使全体成员努力工作，以达到后勤工作目标的过程。

在养老机构中，后勤工作部门是为养老机构正常发挥其养老保障服务职能而提供物资保障的部门，它的任务是保障养老服务的顺利进行。因此，在养老机构管理上，后勤管理尤为重要。在后勤管理中需要动用各种管理手段，通过组织、指挥和协调后勤职工的活动，高效率和高质量地完成后勤工作任务，进而保证养老服务各项工作的顺利开展。

7.1.2 　后勤管理的作用

后勤管理的作用是由后勤管理的基本职能所决定的，具体来说主要体现在以下几个方面。

1. 为职能活动提供可靠的物质保障

一个单位的职能活动要想正常进行，后勤部门就必须事先安排好工作必需的条件设施，提供后勤服务，这是职能活动正常进行的物质基础。只有加强养老机构的后勤管理，才能保证这些基本的物质需求得到满足。

2. 促进职工工作效率的提高

搞好养老机构后勤管理，可以做到"人尽其才""财尽其力""物尽其用"，使人、财、物以最佳方式结合，得到充分有效的利用。所有这些正是职能工作高效进行的必要条件。一切管理的作用都在于提高效益，否则就没有管理的必要。从这个意义上说，促进职工工作效率的提高是养老机构后勤管理的主要作用。

3. 稳定职工队伍和生活秩序

搞好养老机构后勤管理工作是稳定职工队伍和生活秩序、提高团队凝聚力的重要条件。搞好衣、食、住、行、老、病、死等工作，是养老机构后勤管理的重要职责。

7.1.3 后勤管理的要求

养老机构后勤管理是服务性工作，既烦琐又复杂。这要求后勤工作者在工作中必须合理地利用人、财、物等资源，使有限的资源能够发挥最大的效益。因此，后勤人员要具备"五心"，即爱心、责任心、耐心、恒心和细心。综合来说，为了使后勤工作能够发挥最大功效，养老机构后勤管理应当做到如下几点。

1. 树立为老年人生活服务的思想

养老机构的设立目的就是让老人健康、愉悦地生活。老人养老质量的好坏是养老机构能否持续生存的关键。由于老人身心特点，养老机构在为老人提供后勤服务时，应当提供有针对性的服务，树立为老人服务的思想，这不仅要求后勤人员应当掌握相应的专业知识，还需要他们真心地关爱老人，全心全意地为老人的生活与身心发展服务。

2. 树立为员工服务的思想

员工是养老机构的工作人员，是养老机构运行好坏的决定因素之一，是养老机构的人力资源。员工是养老机构服务的主要提供者，也是进行养老服务的主要工作者。他们对生活和工作环境、工作条件的满意程度直接影响其在养老服务工作中的积极性、主动性。因此，在后勤工作中，对待工作人员必须像对待家人一般，使他们在养老机构中感受到家的温馨。养老机构应该最大限度地满足员工在生活、工作中的基本要求，为他们提供轻松、温馨的工作环境，使他们能够专心致志地投入养老护理服务工作中来。

3. 建立后勤管理制度

"没有规矩，不成方圆"，只有有章可循、有法可依，工作才能不偏离目标，并有效地开展下去。因此，制度是任何一个组织顺利运行的保证。同理，如果没有一套良好的组织制度作为指引，养老机构的后勤工作必将杂乱无章，工作势必无法稳定、有序地开展。因此，制定并不断地完善和健全后勤管理制度是做好后勤工作的基础。后勤管理制度可以使养老机构的各项后勤工作的基本程序系统化，使养老机构的后勤管理朝着更完善、更科学、更人性化的目标前进。

此外，后勤管理制度的建立必须考虑到目的性、可行性、简明性与严肃性等基本原则。

4. 加强后勤工作队伍建设

养老机构的后勤工作是通过对人、财、物等的综合运用与管理来进行的，但后勤工作目标的真正实现必须通过人来实现，因此，加强后勤工作的队伍建设是后勤管理的一项重要内容。在后勤工作队伍建设中，我们不能只注重人员的数量，更要注重工作队伍的质量，即队伍人员要精而优，建立一支素质优良且精干的队伍。后勤队伍良好的素质不仅取决于后勤工作人员的体力状况，更重要的是思想上的觉悟。首先，后勤工作人员必须热爱自己的本职工作，不断提高自身的素质。其次，后勤工作人员必须具备吃苦耐劳的品质，因为养老机构的后勤工作非常烦琐，这就要求后勤工作人员必须细心、耐心，能够吃苦。总之，一支高素质的后勤工作队伍是高效工作的关键。

5. 坚持勤俭的工作方针

自古以来，勤俭节约就是中华民族的优良传统，管理好一所养老机构同样也需要勤俭节约的美德。勤俭并不是一切从简，而是要把钱花在刀刃上，要抓住重点，使所花的每一笔钱都能取得最大的收益。当前，有的养老机构，特别是公立养老机构浪费现象十分严重，这种浪费不仅包括没有遵循成本效益原则所造成的浪费，还包括管理者不懂老年人身体情况，花费很多金钱买了或建设了老年人无法利用的设施、设备。

7.2 食堂管理

7.2.1 菜谱制定

(1) 根据老年人的饮食喜好、营养健康标准、季节变化以及老年人主治医生嘱咐等综合考虑制定早中晚餐营养菜谱。

(2) 根据季节要求和生鲜食品上市时间及时调整菜谱，保证食材用料的新鲜，确保菜品的营养价值。

(3) 菜谱的制定需要召开伙食委员会会议，广泛征求意见，不断完善菜谱。

(4) 尊重来自不同地域老年人的饮食习惯差异，尽量做到菜谱制作覆盖各地域老年人的口味需求。

7.2.2 食品用料管理

(1) 食材的采购应严格按照相关标准执行，保证购入食材新鲜、质量合格、价格合理。

(2) 严格规定食材的使用，做到物有所用，节约食堂成本，避免浪费。

(3) 库存食材应严格按照库存保管的要求,确保冷藏室的温度适宜,保证库房储存温度与环境有利于食材的储藏,防止食品过期、变质、受污染等。

(4) 对于变质、损坏的食材应禁止使用,并及时丢弃。

7.2.3 食品卫生管理

(1) 食材的存放应按种类、生熟、储藏条件等要求,合理放置,一般存放在固定区域,避免混放。

(2) 对于已经受损、变质的食材,要尽快与完好的食材分离出来,确保质量完好的食材不受损坏。

(3) 按照食品卫生要求,使用规定的器皿加工、盛放食品,保证食品卫生质量。

(4) 半成品、生鲜食材和成品食材应分开盛放和储存,确保食物不受污染。

7.2.4 餐具卫生管理

(1) 餐具、用具、餐车应按照卫生标准严格进行清洗、消毒。

(2) 食品器具、炊具要保持清洁卫生,无油渍、无灰尘、无异味;在使用前后用清洁液、消毒液进行清洁,并用清水清洗,避免二次污染。

(3) 做好食品存放区域卫生的管理工作,确保食品加工、使用和摆放区域的整洁卫生。

(4) 加工不同食物时,要及时对砧板进行清洗,保持砧板清洁、无异味、无血渍,并在加工工作完成后,对砧板清洗消毒,竖直放置于餐具区域。

(5) 保证刀具干净、无异味。

7.2.5 食堂卫生管理

(1) 做到食堂室内、室外环境卫生干净、清洁,无垃圾、无扬尘、无杂物堆放。

(2) 保持食堂、厨房、餐厅地面无积水、无油垢、无垃圾,做好食堂死角的清洁卫生工作。

(3) 食堂内的垃圾要做到日产日清,垃圾箱要及时清理,并盖紧垃圾盖,防止难闻气味产生。

(4) 对食堂内外部要每日进行清扫、拖洗,保持餐前餐后食堂干净卫生。

(5) 做好防蚊、防蝇、防鼠、防蟑的工作,并做好"灭四害"工作。

(6) 食堂工作人员要穿工作服,着装干净整洁,讲究个人卫生,常换衣服、常洗澡,勤剪指甲、便后洗手、绾发戴帽、定期检查身体、提交健康证。

(7) 食堂管理人员随时抽查、定时检查食堂卫生，食堂厨师长、领班每天至少检查一次食堂清洁卫生。

7.2.6　厨房仓库管理

(1) 厨房仓库管理员应加强食品安全管理意识，须保持库房通风良好，清洁整齐。
(2) 做好防火、防盗、防潮、防毒、防蝇、防尘、防鼠、防虫、防蛙等工作。
(3) 食品应坚持分类、分架、离地存放。
(4) 厨房仓库管理员每天定时对库存食品进行检查、整理。
(5) 禁止存放有害、易燃、易爆物品。
(6) 厨房仓库管理员应注意个人卫生，持健康证上岗。

7.2.7　伙委会管理

(1) 根据实际情况，确定伙委会的组织成员和制定工作制度。伙委会成员应包括食堂分管主管、膳食营养师、卫生监督员、厨师长、食堂领班、老年人代表。伙委会会议遵从少数服从多数、多数听取少数意见的原则，根据现实要求，不断完善工作制度。
(2) 伙委会主要责任是为机构内的老年人服务，及时收集老年人对食堂的意见，并汇报和反馈。
(3) 实施例会制度，每月月初召开伙委会会议，并对上月工作进行总结汇报。
(4) 做好会议记录，并对会议资料进行整理、分析，及时反馈会议结果。

7.2.8　送餐服务管理

(1) 送餐前须认真核对食物的种类、数量，避免出现差错，并按照规定时间及时完成送餐。
(2) 送餐员统一穿着工作服，要保持衣着干净、整洁；送餐时戴口罩、手套，做到用语文明，微笑服务，热情周到，礼貌对待老年人。
(3) 送餐途中应注意安全，避免途中发生碰撞、损坏，保证食物不翻倒、汤汁不洒出。
(4) 规范、安全使用餐车，保持餐车的清洁卫生，做到送餐、端餐过程中餐车不受污染。
(5) 送餐途中要避让行人，尤其是老年人，以免发生意外状况。
(6) 可以使用保温设备，确保食物运送、发放中温度保持良好，保证食物的口感。

7.2.9 食堂人员管理

(1) 制定值班制度,确保餐厅各岗位在任何情况下都人手充足,做好餐厅的正常运行工作。

(2) 做好食堂人才管理与人员调配工作。

(3) 制定食堂员工手册,确保食堂员工言行举止符合工作岗位要求,尽职尽责。

(4) 加强对厨师长、食堂领班的管理培训,使其能够胜任团队管理工作,做到高效工作。

(5) 严格要求食堂员工,做到严于律己、宽以待人,细心、耐心、真心、有爱心地服务机构内的老年人和其他部门工作人员。

(6) 定期加强对食堂厨师、服务员、送餐员的技能培训,使其服务更加专业化、标准化、高效化,让老年人满意。

(7) 完善绩效考核工作制度,实行奖、惩、责、罚,进行激励管理。明确岗位职责,实现奖赏惩治具体到个人,对工作尽职尽责、表现优异的个人或团队,及时进行褒奖。

(8) 定期对食堂员工的仪容仪表、卫生状况进行检查,了解每位员工的身体健康状况。

(9) 组织有关健康知识、老年人膳食健康等方面的讲座,提升每位员工的健康知识和健康意识,为老年人提供优质服务。

7.3 物业管理

7.3.1 保洁服务管理

(1) 做好公共区域、室内区域、外围环境的卫生保洁工作,保障机构环境整洁卫生、干净舒适、环境优美。

(2) 保洁组组长要加强对保洁员的管理,使保洁员明确自己的工作范围和工作内容,严格按标准要求执行工作。

(3) 制订日常保洁工作计划,合理安排保洁时间和人员作业,确保保洁工作有序开展,落实到位。

(4) 特别加强对卫生死角的保洁工作,安排专人检查卫生死角。记录不符合卫生要求的区域,并找到保洁负责人,要求保洁员重新清洁。

(5) 入室保洁要严格按照"保洁工作流程",做到有计划、有标准、有检查、有记录。

(6) 每天定时清理公共区域的垃圾,防止垃圾久放产生异味,保持室内外、公共区域空气清新、环境卫生。

(7) 每天定时对楼内公共区域的设施进行清扫、擦拭,如桌、椅、楼道楼层扶手、装饰物、玻璃窗等，清理掉附着的灰尘、污渍。

(8) 使用消毒液清洁地面，避免病毒传播、细菌滋长。

(9) 机构内所有厕所清洁必须使用消毒液，每天至少做到两次卫生打扫，保持厕所干净卫生。

(10) 加强对保洁员作业时的安全教育，避免不当作业行为造成人身伤害。

(11) 如遇刮风、雨雪等特殊天气，保洁员需要及时清理道路上的障碍物，防止老年人在行走中出现跌倒、滑倒等意外伤害。

7.3.2 洗衣服务管理

(1) 严格按照洗衣标准和要求进行洗衣服务，定期收取老年人的衣物，并分类洗涤。

(2) 按照布料材质、颜色深浅、种类、洗涤说明等分别洗涤衣物，在洗涤过程中规范使用消毒液。

(3) 定时清理洗衣机，确保洗衣机的正常使用，保持机内清洁卫生。

(4) 分部门、分房间登记衣物，避免衣物混淆、遗漏，做好洗衣前后数量的清点工作。

(5) 对洗涤好的衣物进行例行检查，防止出现破损、染色、未洗净等情况。未洗干净的衣物要重新洗涤。

(6) 衣物洗涤干净、晾干后，叠放整齐，分类存贮。

(7) 定时将洗净的衣物送还，并当面清点，保证交接工作准确无误。

(8) 保洁组组长要加强对洗衣工的技术培训，要求其洗涤方式专业，避免工作失误。

(9) 保持洗衣房干净卫生、通风良好、无异味，并定期对洗衣房进行消毒。

7.3.3 设施设备维修管理

(1) 严格规范设施设备维修岗位的上岗要求，加强对维修专业技术人员的技术要求。

(2) 制定维修专业技术人员的技术和服务考核标准。

(3) 要求维修专业技术人员定期参加相关专业技能培训和再学习，不断提高业务水平。

(4) 物业管理部门应对设施设备的保修、维修工作进行不定时抽查，确保维修工作服务到位。

(5) 物业管理部门要明确规定设施设备维修服务的时限、质量和要求，保障各类设施设备正常运行。

(6) 定期组织专业技术人员对机构内的设施设备进行全面检查或抽查工作，做好检查记录，并及时发现故障，进行修复工作。

(7) 设施设备维修服务管理要严格坚持"预防为主，安全第一"的原则，遇到故障问题，及时派遣专业技术人员维修。

(8) 维修人员在接到报修通知后，必须在最短的时间内到达现场。

7.3.4　供水、供电、供暖、供气服务管理

(1) 由较强的专业技术人员从事供水、供电、供暖、供气设施设备服务，物业工程部门须严把技术关，做到强专业、强技术、强服务。

(2) 物业工程部门定期对供水、供电、供暖、供气设施设备进行检查和维修保养，并做好检查保养、维修工作记录。

(3) 遇到设备损坏、设备故障等情况，及时向上级主管部门报告，对领导决定的维修方案认真执行，确保维修质量。

(4) 在供水、供电、供暖、供气设施设备出现故障后，及时启动应急预案，缓解机构人员焦虑和恐慌，并第一时间派遣维修人员抢修。

7.3.5　环境绿化养护管理

(1) 按照绿化标准，做好机构内绿化工作，为老年人提供绿色、自然、空气清新的居住环境。

(2) 加强对环境绿化养护人员的技能指导，提高其养护专业水准。

(3) 定期组织养护人员对机构内绿植、草坪进行修剪、清理，加强病虫害的防治工作。

(4) 做好绿植内污水处理工作。

7.3.6　车辆服务管理

(1) 后勤部要严格制定本机构的《车辆使用和管理办法》，做到车辆使用、管理规范化。

(2) 机构车辆管理由物业管理部门主管，具体管理责任可交由司机班长管理，实施司机班长责任制。

(3) 使用车辆时，需提出申请，并写明用车时间、事由、到达地点、用车人员，由主管领导签字，做好登记工作。

(4) 定时对车辆进行清洗、保养、维修，确保每辆车能够正常出行。

(5) 确保每天每辆车定时定点进入车库，加强车库安全管理。

(6) 严禁公车私用。

(7) 遇特殊危急情况，如抢救患病老年人，可上报主管领导，经口头批准后用车，后补办相关手续。

第8章 养老机构信息化管理

建立一套符合现代化养老机构需要的信息系统是养老机构规模化的重要工作,该系统能有效推进以供养、养护和医护为一体的养老机构建设,实现服务的现代化、信息化、标准化、专业化,使老年人在养老院内获得安全、方便、舒适、周到的各项专业服务。

8.1 养老机构信息化管理概述

8.1.1 信息化管理

1. 信息化概念

信息化的概念起源于 20 世纪 60 年代的日本。关于信息化的表述,在中国学术界和政府内部做过较长时间的研讨,如有人认为,信息化就是计算机、通信和网络技术的现代化;有人认为,信息化就是从物质生产占主导地位的社会向信息产业占主导地位的社会转变的发展过程;有人认为,信息化就是从工业社会向信息社会演进的过程。1997 年召开的首届全国信息化工作会议对信息化定义为:"信息化是指培育、发展以智能化工具为代表的新的生产力,并使之造福于社会的历史过程。"信息化一般具备信息获取、信息传递、信息处理、信息再生、信息利用的功能。信息化管理是计算机技术、通信技术和管理科学在机构管理中的应用,是现代科技对机构管理的影响、渗透以及相互结合的产物。

2. 信息管理概念

从狭义上说,信息管理就是对信息的管理,即对信息进行组织、控制、加工、规划等,并引向预定目标。显然,这主要是从实用的角度来说的,强调的是信息的收集、整理、存储和服务等信息工作环节,与以往科技信息工作的含义相同。

从广义上说,信息管理不只是对信息进行管理,还涉及对信息活动的各种要素(如信息、设备、信息机构和人等)进行合理组织与控制,以实现信息资源的合理配置,从而有效地满足社会需求的过程。信息活动中的各种要素又被视为信息资源的内涵,因此,信息管理也就是信息资源的管理。

综上，信息管理就是个人、组织和社会为了有效地开发和利用信息资源，以现代信息技术为手段，对信息资源实施计划、组织、指挥、控制和协调的社会活动。这一定义概括了信息管理的三个要素(人员、技术、信息)，体现了信息管理的两个方面(信息资源和信息活动)，反映了管理活动的基本特征(计划、控制、协调等)。

3. 信息化管理概念

养老机构信息化管理是指养老机构利用网络、计算机、通信等现代信息技术，通过对信息资源的深度开发和广泛利用，不断提高经营、管理、服务、决策效率和水平，从而提高养老机构管理水平和服务能力的活动。养老机构管理信息化是一个很宽泛的概念，总的来说，就是广泛利用信息技术，使机构在服务、管理、运营等方面实现网络化、信息化。

8.1.2 养老机构信息化管理的重要性

加强信息化管理和利用现代信息化技术是养老机构解决繁杂的管理问题、提高服务水平、降低管理成本的重要手段。养老机构信息化管理的重要性突出表现为以下几个方面。

1. 有利于养老机构节约成本，提高效率

一般来说，一个健全的养老机构的职能科室设置有办公室、人力资源管理科、服务管理科、餐饮科、医护科、总务科、社工科、财务科、培训科等，而养老服务的流程可以看作一个循环的过程，其基本步骤有咨询登记、体检评估、试住登记、办理入住、健康服务评估等环节。传统的管理方式难以适应现代化养老服务的需要，而采用信息化集成管理可以使养老机构的管理和服务工作更加简便和高效。

(1) 采用信息化管理，可以节约人力资源。通过信息化管理，养老机构将无序繁杂的海量数据转化成条理清楚、针对性强的信息平台，并对这些信息进行合理的分析和主动的发掘，通过渠道化的信息共享为本机构的工作提供决策支持，这样可以节约人力资源，提高工作效率，使工作科学化、程序化、系统化。

(2) 采用信息化管理，可以加快处理烦琐数据的速度，提高工作效率。养老机构的业务报表、老人的费用统计、仓库物品的流转及报表、药房药物的流转及报表、食堂食品流转及报表等都可通过信息化系统来完成。例如，以前老人办理出院手续至少得等上两个小时，现在 10 分钟就可完成。

(3) 老人可随时通过系统查询费用，增加养老机构工作透明度。老人在院内发生的各项费用都准确地记录在案，老人可随时通过系统查询和打印在院发生的每一笔费用，增加了养老机构工作的透明度，使养老机构的服务诚信度显著增强。

(4) 采用信息化管理，可使工作无纸化，节省办公耗材。信息化管理可以使很多工

作实现无纸化,节省办公耗材,减少流通环节的差错,使养老机构不仅降低了服务成本,还有效地保证了工作质量。

2. 有利于养老机构提供个性化服务,掌握床位变动情况,提高机构竞争力

(1) 采用信息化管理,可以为老人提供个性化服务。养老服务管理系统除应具有一般办公系统处理公共事务的功能外,其业务管理子系统包括街道管理、床位管理、医护康复管理、餐饮管理、后勤管理、财务管理、应急管理等项内容。入住时,工作人员要尽可能多地记录服务对象及其家庭成员的信息,这都会为今后有针对性地提供个性化服务奠定良好基础。老人的生活习惯与经历有助于养老机构合理安排房间;既往病史会为医护人员提供护理参考依据;饮食喜好是餐饮部门提供餐饮服务的重要依据。收集和记录这些信息将使养老机构服务更加人性化,具有针对性,能有效提高服务水准,增进老人满意度。

(2) 采用信息化管理,可以随时掌握床位变化情况。床位变化是管理层关心的重点,床位管理是养老机构服务工作的核心。通过信息化管理,养老机构可以随时掌握床位变化情况,哪些床位容易闲置,哪些床位变动频繁,并通过数据收集与加工分析原因,为决策提供第一手资料,为机构后续发展和规划提供依据。

(3) 采用信息化管理,可以提升机构竞争力。养老机构的信息化是增强养老机构竞争力的重要途径。信息化管理使得服务与经营方式发生变化,增强机构快速适应市场需求的能力,降低机构的流通成本,提高流通效率,也可以促进机构实现流通方式的转变,提高机构的整体素质,从而提高机构竞争力。

3. 信息化管理为政府监管提供依据,有利于提高社会效益

养老机构信息化管理体系的建立为政府监管、行业管理和质量监督提供基础依据,有利于促进养老服务行业标准化管理的提升,也有利于加深人们对行业的认知,推动行业发展。推进养老机构信息管理,不仅可以改善、整合机构内部的信息及资源,还可以实现资源共享,提升办事效率,提高社会效益。

8.1.3 养老机构信息化管理流程

养老机构信息化管理遵循信息采集、汇总、分析、处理和反馈几个环节,从而使养老机构做出科学判断或决策,为养老机构的管理和服务提供指导和依据,为老人及其家属和机构在尽可能短的时间内提供最优的服务或帮助。

对于老人入住、护理、诊疗、出院、费用结算等工作流程及内部行政管理等诸多环节,信息化管理能够按照工作流程和具体操作规范进行系统构思和设计,满足机构的日常管理需要。老人入住后,由入院处为其安排房间、床位并确定护理等级,护理人员为老人订餐,医生对老人进行体检、建立健康档案、下达医嘱,护士核对医嘱、执行医嘱,这些工作都可以通过系统按程序完成,避免人为差错。本节简要介绍老人入住管理流程和员工管理流程，以说明养老机构信息化操作的一般流程。

老人入住管理流程如图 8-1 所示。老人初次入住养老机构时，首先由接待部门负责将老人的相关信息录入系统，然后核对录入信息正确与否。信息确认无误后，由负责人审查老人是否具有入住资格。如老人情况符合机构要求，需要进一步为老人安排房间，然后办理缴费和入住手续。最后确认手续无误后进行信息汇总，并将老人情况反馈给相关部门。

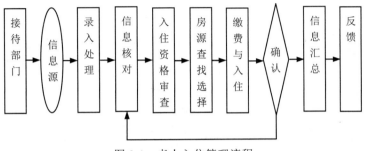

图 8-1　老人入住管理流程

员工管理流程如图 8-2 所示。首先录入员工信息，包括基础信息、部门信息和工资待遇等。录入、调动、辞退员工时，需要对相关信息进行修改并保存。

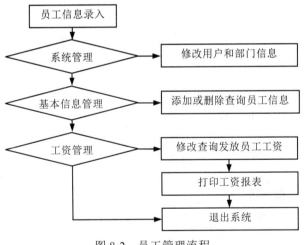

图 8-2　员工管理流程

总之，养老机构以信息化带动机构管理的现代化和规范化，通过信息系统，整合、优化养老机构资源，降低管理成本，提高养老机构服务质量和工作效率。

8.2　养老机构信息化的基本元素

养老机构信息化管理以终端采集数据为基础，利用互联网、移动互联网、物联网、云计算、大数据等技术手段建立系统服务与互动平台，通过平台有效地整合社会资源、信息资源，按照养老服务规范和服务标准向老人及其家属提供涉及安全看护、健康管理、生活照料、休闲娱乐、亲情关爱等全方位的服务，达到"多位一体，齐心和谐"的服务效果，让老人、亲友获得"触手可及"的信息服务保障。

养老机构信息化包含养老系统软件、智能硬件、大数据服务、增值服务等四大主要元素(见图8-3)。

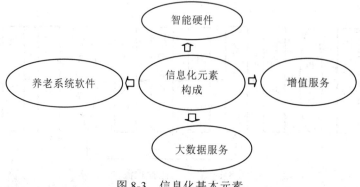

图8-3 信息化基本元素

8.2.1 养老系统软件

养老系统软件包括养老服务信息化管理系统、养老服务基础数据库、公众养老服务系统、基础支撑平台，主要负责养老院内部的管理，如人事管理、档案管理、办公管理、财务管理等。

1. 养老服务信息化管理系统

养老服务信息化管理系统包括养老服务机构等级评估系统、老年人能力评估系统、服务质量监控管理系统、机构年检审核查询系统、专业队伍培训系统。

2. 养老服务基础数据库

养老服务基础数据库包括养老机构数据、机构入住老人和社区服务数据、养老服务专业队伍数据。

3. 公众养老服务系统

公众养老服务系统包括养老服务投诉管理系统、养老服务信息公开系统、网上预订系统、老年人服务产品推介系统。

4. 基础支撑平台

基础支撑平台包括统一身份管理系统、公共数据交换平台、统一分析和决策支持系统。

在这样一套相对完善的软件平台下，基本实现了国家、养老机构、老人以及公众对信息化的所有需求。在此条件下，信息化平台将迅速提升养老机构的运行效率与服务质量。

8.2.2 智能硬件

养老机构实现信息化必须配置相应的硬件设备，从硬件方面来搭建信息化平台，为软件的顺利运行提供底层支持。实现信息化的硬件首先是具备计算机，其次是具备相关的外接设备，包括服务器、交换机、打印机等。养老机构内部的数字化设备均可连接到计算机上，实现数据有效传输。养老机构内部在关键位置安装摄像头，实现老人的实时照看。在网络布线中，应根据养老机构的需要构建安全可靠的计算机网络。通过网络实现数据共享，完成与其他养老机构、医院及上级领导部门的有效连接。

除了普通的硬件设施，一些可以提高服务质量的智能硬件产品也是必不可少的，主要包括以下几种硬件。

(1) 离床感应器。若老人离开床超过一定时间，则自动发出报警，通知护理人员。

(2) 多功能生命体征看护床垫。多功能生命体征看护床垫带有智能传感器，可以检测呼吸数、心跳数，还能够记录在床、离床及离床次数、离床时间。对于老人去厕所没有回来的异常状态，备有呼叫提示功能。床垫本身具有防菌、防压疮等功能。

(3) 全自动翻身拍背床。全自动翻身拍背床每隔一定时间为老人翻身、拍背一次。

(4) 健康监测设备。健康监测设备包括蓝牙血压计、蓝牙血糖仪等。护理人员通过应用软件操作健康监测设备，并实时记录在后台管理软件中，第一时间储存健康信息资料。

(5) 尿湿感应器。尿湿感应器能在失能老人尿湿的情况下，及时通知护工更换老人衣服或者纸尿裤等。

(6) 智能马桶。智能马桶具有坐便盖加热、温水洗净、暖风干燥、杀菌等多种功能。

(7) 二维码标签。每位老人的床头都贴有一个二维码，实现对护理人员的工作监管。护理人员每次给老人服务都需要用手机刷一下二维码，养老管理软件将自动保存此次服务记录。

智能硬件远远不止上面说的这些，随着科技的发展，将有越来越完善的智能设备来给老人提供更多的服务。随着物联网技术的发展，会有更多的智能设备进入养老机构。

8.2.3 大数据服务

养老机构信息化的作用不仅体现在数据的有效管理与业务的流畅运行上，还体现在为管理部门做出决策提供数据支撑。有效合理的数据挖掘技术与软件能够给养老机构信息化建设带来预期的收益。

大数据服务也就是所谓的数据挖掘服务。养老机构应用信息化系统，收集每一位老人在入院时相关的个人信息，并将其分类管理。通过对信息的有效挖掘，养老机构可以掌握老人的身体情况、性格爱好等，以便后续服务更为贴合老人的个性化需求。同时，医护人员还可以通过无线网络，利用终端设备将入住老人的基本信息、检查结果、病历信息、医嘱、病程医嘱、医嘱执行时间、病情观察时间、记录结果等，在房间的床头集中汇总展示，实现移动医护保健。

8.2.4 增值服务

传统的点对点养老服务模式已经不适应、也无法服务到如此庞大的养老人群，而依靠互联网+的智能养老云平台就可以很好地解决资源、需求不对称的问题。云平台通过连接线下养老机构、健康管理机构的数据，可以充分发挥互联网在社会资源配置中的优化和集成作用。

1. 智能健康监测系统

通过个人档案绑定健康设备(血压、血糖、血氧、心电等)，养老机构可采集老人数据，生成健康趋势图，同时将异常情况通过短信通知、站内提醒等方式反馈给工作人员。这样工作人员可以个性化设置老人健康数据，子女可以根据父母实际情况，为老人定制差异化监测方案。

2. 主动关怀系统

主动关怀系统为老人提供生活关怀，提供生日提醒、用药提醒、保健养生、活动通知等全方位关怀服务；通过有声短信发送，方便老人收听天气预报、保健知识、政府政策、集体活动等，更好地体现政府、社会及子女对老人的关怀和爱护。

3. 信息预警系统

如果老人测量脉搏偏高或偏低，危险数据就以短信的形式自动发送给家人、医生，让他们第一时间得到数据，做出判断，采取相应措施。

4. 电子围栏系统

通过电子围栏系统，管理人员可随时掌握老人的活动信息，及时避免各种安全隐患，提高管理人员的工作效率，保证老人的安全。电子围栏系统是针对人员的实时定位、历史轨迹回放、信息查询等方面工作而开发的管理软件，可根据不同的要求，实现地图监控、人员分布查看、人员实时定位、离开报警、历史轨迹回放及信息查询等功能。

5. 跌倒报警系统

(1) 跌倒自动报警功能。此功能主要用于实时监测老人的身体情况，当检测到老人跌倒时，系统会及时向监控中心发送报警短信，监控中心服务人员通过位置的查询或语音询问得知老人周围的情况，并及时通知120救护车或相关区域的服务人员对老人进行救助。

(2) 紧急情况报警功能。当老人感觉身体不适或有紧急需要时，可通过免提电话与服务人员进行通话，以便得到及时帮助。

6. 远程查看系统

系统的用户访问终端除本地监控终端外，还基于互联网以及智能化终端设备，为老人亲属提供了亲属门户系统。所有访问终端均支持信息查询统计、电子地图实时跟踪、视频监控以及老人健康资料。

养老信息化将在很大程度上解决养老机构依靠传统管理(人管人、人管物、人管账)的弊端，很好地解决高成本低效率、资源浪费以及管理无序等问题。养老信息化将科学管理理念带入养老机构，全方位地实现各职能部门、服务单元以及外部市场的有机结合，为养老院机构的管理和服务提供适时、准确、可靠的决策依据，全面提升养老机构的服务质量。

8.3 养老机构信息化平台的构建

8.3.1 养老机构信息化平台的硬件

互联网、物联网技术的发展促进了养老信息化的发展，机构养老信息化除了基本的硬件如服务器、路由器、交换机等，还包含诸多智能设备，主要有对外承担展示和信息查询等功能，如触控查询的一体式触控机、智能健康检测设备(如血压计、血糖仪)、穿戴式设备(如能监测睡眠质量、心率等的智能手环)、具有 RFID 功能的 IC 卡、智能护理设备等。养老机构信息化硬件系统如图 8-4 所示。

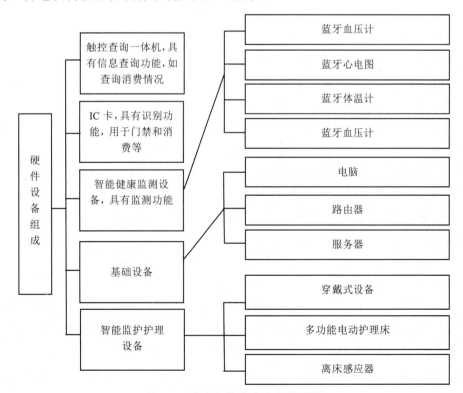

图 8-4　养老机构信息化硬件系统

8.3.2 养老机构信息化平台的软件

养老机构通常将信息系统建设重点放在人事管理系统、财务管理系统、前台接待系统、护理管理系统等数个子系统，各个子系统又由若干模块组成。

1. 人事管理系统

人事管理主要涉及机构内部的科室管理、人员管理、合同管理、培训和考试管理、考勤管理、工资管理、老人档案管理等，如图8-5所示。

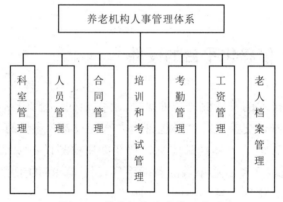

图8-5 养老机构人事管理体系

(1) 科室管理。科室管理主要包括科室的构建、合并、撤销；编制日常管理(含总体编制、具体岗位设置管理)及其查询、统计。

(2) 人员管理。人员管理主要包括实现机构内部所有人员的分类管理，可以自由设置人员分类，如在编在职人员管理、离退人员管理、聘用人员管理、离院人员管理，以及各种类别人员调配进出管理、所有人员各类证书办理管理、人员年度考核聘期考核管理。

人员信息主要包括人事档案中所有基本信息、最高学历学位证书照片、本人登记照片、个人简历(工作年限担任过的职务及其证书等)、职称、联系电话、电子邮件、地址等。

(3) 合同管理。合同管理主要包括合同签订登记、合同类别、合同期限等。

(4) 培训和考试管理。培训和考试管理主要包括各类人员(专业技术人员、管理人员和员工)的各类培训、各种考试数据的日常管理和经费管理，例如对教师、课程、资料、设施、设备等培训资源进行统一管理和协调。

(5) 考勤管理。考勤管理与考勤机相连接，养老机构可以根据院方的情况排班，能够网上进行加班和请假处理，完成各类考勤统计报表。考勤系统能进行多种考勤统计，实时统计员工的上下班、加班、迟到、早退、请假、缺勤等相关出勤信息(上面记录着员工不正常出勤的次数等)，并形成一张综合性汇总报表，也可按条件(日期、工号、部门等)进行统计工作。

(6) 工资管理。工资管理系统可对机构内各种人员进行日常工资管理,如在职人员工资、离退人员工资等。平台系统可根据各种工资标准,设置工资标准表及工资计算公式,对工资项目进行自动计算,并对计算出的工资进行审核归档,最终确定人员工资。

(7) 老人档案管理。老人档案管理是指老人个人信息、家属信息、健康信息等录入、修改、删除、变更等。

在收集老人信息时,尽可能收集老人年轻时从事过的职业信息,以及专长、兴趣、性格等信息。

2. 财务管理系统

财务管理系统主要包括入院缴费管理、日常缴费管理、现金记账管理、缴费明细查询管理、出院结算管理等,如图 8-6 所示。手工处理养老机构的收费比较烦琐,容易出错,而财务管理系统根据养老机构的特点提供了从费用配置、费用标准设置到收费计算和打单一体化的系统性方案,只要依据本院情况配置好收费标准和参数,每月费用就会自动计算,自动出账,还可以自动打出发票和收据。财务系统费用管理流程如图 8-7 所示。

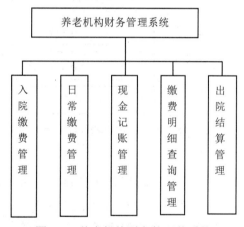

图 8-6 养老机构财务管理体系

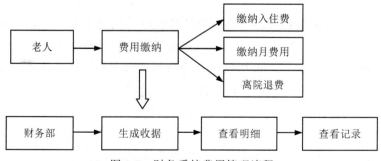

图 8-7 财务系统费用管理流程

3. 前台接待系统

前台接待系统主要包括咨询接待登记、咨询转入住、网站管理等功能。

(1) 咨询接待登记。前台接待系统主要运用的背景是老人在家属的协同下，来到养老机构向护理人员咨询是否有床位空余，或是否有特定的床位。

(2) 咨询转入住。该系统主要运用的背景是老人在家属的陪同下，了解入住及其床位等信息后，决定入住，由本人或家属直接办理入住相关手续时。

(3) 网站管理。网站是养老机构在互联网上进行网站建设和形象宣传的平台，相当于一个养老机构的网络名片。养老机构应建立自己的独立网站，并定期更新网站动态信息。

4. 护理管理系统

护理管理系统主要提供入住前的老人评估和入住后院内的护理、服务及生活等方面的管理功能，包含生日提醒、老人评估、老人入住、老人护理、老人换床、老人消费、老人请假、老人就医、老人退住等查询，系统能全面记录跟踪每一位老人的情况，从护理计划的制订到护理的具体执行、护理的工作安排及护理人员的班次交接都包含在系统的管理功能内。养老机构护理管理系统如图 8-8 所示。

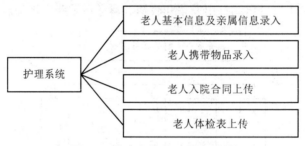

图 8-8　养老机构护理管理系统

5. 其他管理系统

大型养老机构内部科室健全，系统功能复杂，除了人事管理、财务管理、前台接待管理、护理管理外，还有绩效管理、预算管理、膳食管理、医疗服务管理、康复医疗服务管理、仓库管理、打印管理、系统管理等。下面具体介绍以下几个管理系统的主要功能。

(1) 绩效管理。该模块实现养老机构的绩效管理，构建全方位绩效考评体系，同时建立完备的养老行业绩效方案库，为日常管理服务。绩效管理的考核指标全面覆盖院方经济、质量、效率等各个领域，能提供不同类型科室以及个人的考核模板库。

(2) 预算管理。该模块实现养老院的预算管理功能，包含完整的预算管理体系，包括业务预算、收入预算、成本预算、物资采购预算、固定资产及其他投资预算、资金预算。

(3) 膳食管理。该模块实现老人在院的膳食服务情况的记录和管理功能，为膳食科提供老人日常膳食管理、膳食调养等信息的管理，主要包括营养管理、病历管理和会诊管理等。

(4) 医疗服务管理。该模块实现老人在院享受医疗服务情况的全面管理功能，为医疗科室提供老人日常医疗护理情况的登记管理功能，主要包括会诊信息管理、住院信息管理、免疫接种与预防疾病管理、长期临时用药管理等功能。其中住院信息管理、免疫接种与预防疾病管理、长期临时用药管理等模块均实现与养老院所辖医院的 HIS 系统对接。

8.4 "养老机构+互联网"的发展趋势

8.4.1 养老机构服务智能化

"智能化养老"显然对老人日常照护具有十分重要的作用。对于养老机构来说，护理人员数量不足和素质较低，不仅导致专业性服务难以开展、服务质量难以保证，也会制约养老机构业务的拓展，最终陷入发展困境，而运用智能化养老技术不仅能更好地保护老人的安全，也能全方位监测老人的健康状况，真正实现全流程可视化管理。例如，智能化系统前端设备不仅能随时随地监测老人的身体状况，还能知晓他们的活动轨迹，并且会将监测到的数据直接传送到老人电子健康档案。一旦出现数据异常，智能系统会自动提醒工作人员，这样护理人员能更及时、更主动地响应服务，不至于导致有人"呼天喊地"时，护理人员才急匆匆去"临时救驾"。可见，智能化技术的全面运用，使对老人的照护从临时性和被动式转变为预见性和主动式，这样不仅大大降低了老人日常活动风险，还增强了老人的存在感，激发了老人活力。另外，通过智能化系统基于对老人各项健康指标及活动数据的统计分析，养老机构可以为老人制订科学合理的锻炼计划。

8.4.2 养老机构信息在线化

随着计算机的普及，互联网和移动互联网的发展，"秀才不出门，便知天下事"已变成了现实。然而，目前大多数的养老机构都还没有自己的官方网站，更不用说维护和推广了。现在人们都习惯在网上事先了解养老机构的信息，包括内部环境、服务质量以及是否带有医疗等。养老机构可以利用互联网，如微信公众平台、百度搜索等工具，做好宣传、推广工作。

8.4.3 养老机构服务可视化

当老人入住到养老机构后，护理人员是否尽责地照顾老人？老人是否会发生异常情况？子女如何随时得知老人的情况或一举一动？这些忧虑或要求，通过服务可视化就能解决。在老人的房间里安装一个摄像头，开通远程网络接口，老人子女在智能手机上安装相应的 App 就能随时随地查看父母状况。另外，子女还可以和老人视频通话。

养老机构可视化服务，一方面提升了服务质量；另一方面在老人和子女之间架起了一座沟通的桥梁，为老人提供精神慰藉开辟了新途径，对重塑老人与亲属、老人与服务人员之间的情感模式起到了十分重要的作用。

第 9 章 养老机构的安全与事故管理

近几年来，入住养老机构的老年人数量逐年增加，有关老年人的各类意外事故和纠纷也不断发生，老年人安全问题已成为影响老年人健康和生活质量的重要因素之一，也严重影响养老机构的服务质量。因此，养老机构的安全与事故管理工作至关重要，管理人员应该了解机构的常见安全问题与事故，具备安全责任意识，知晓安全管理工作的内容和难点，掌握安全管理的原则和手段。养老机构应建立健全安全防范制度，配备安全防护设备，全面落实安全管理措施。

9.1 养老机构的安全管理

9.1.1 养老机构常见的事故类型

养老机构事故具有发生频率高、种类多样、事故责任难以认定等特点。目前，养老机构内经常发生的事故包括跌倒后骨折、呛噎与窒息、坠床、走失、误吸或误服、皮肤压疮、烫伤、自杀、突发疾病死亡(猝死)等。

1. 跌倒后骨折

养老机构中较为常见的意外伤害事件是跌倒后骨折。据统计，跌倒后骨折占养老机构常见意外伤害事件的 70%～80%。养老机构中老年人的意外伤害与环境设施关系密切，34%的老年人骨折发生在上下床过程中，20%发生在浴室，7%发生在坐下起立过程中，有 80%以上的跌倒后骨折发生在夜间。

2. 呛噎与窒息

老年人会厌反射功能降低，咽缩肌活动减弱，容易产生吞咽困难、进食饮水呛咳；老年人视力、智力出现不同程度的减退，常造成呛噎、误食、误吸的发生；脑卒中后遗症老年人，因为疾病影响吞咽功能，也易发生噎食。

3. 坠床

老年人发生坠床主要与平衡感觉的减退、环境的改变有关,如病床过高、过窄、床栏陈旧等。也有痴呆老年人因躁动而发生坠床的。

4. 走失

记忆减退或患老年痴呆症的老年人常有走失情况发生。

5. 误吸或误服

老年人嗅觉降低,短程记忆力欠佳,易误吸、误服各种药物,服用抗高血压药物、降血糖药、镇静安眠药时,产生的药物不良反应致害的风险性更大。

6. 皮肤压疮

皮肤压疮常见于由于疾病的原因长期卧床的老年人,这类老年人自主活动能力差,极容易引发压疮,其主要发生部位为尾骶部、足跟、臀部、肘部、耳郭等。

7. 烫伤

老年人感觉迟钝,反应能力下降,在使用频谱照射仪、热水袋、电热毯等时,容易发生烫伤;患有移动障碍的老年人在泡脚时,如果热水温度逐渐变高,也容易发生烫伤。

8. 自杀

引发个体消极情绪的负性事件是导致自杀发生的重要危险因素。自杀常见于有长期慢性疾病和心理问题的老年人。

9. 突发疾病死亡(猝死)

猝死常由夜间突发心脏疾病引发,如患有冠心病、高血压、心律失常等疾病的老年人往往因疾病发作突然,抢救无效而死亡。

9.1.2 影响入住老人安全的因素

影响入住老人安全的因素较复杂,包括入住老人自身的因素和养老机构的因素两个方面。

1. 老人自身因素

(1) 生理因素。据统计,入住养老机构的老人平均年龄在75岁以上,这些老人不可避免地存在着组织器官机能衰退,并且这种衰退还将随着年龄增长而不断加深,成为影响老人晚年生活安全的最大因素。

老人的视力、听力、嗅觉、皮肤感知能力降低,体力、耐力、平衡能力、反应能力减退,使得老人维持身体平衡、规避风险的能力显著降低,从而成为引发意外伤害事件的高危人群。许多老人跌倒、烫伤、骨折等意外伤害都与老年人肢体、脏器功能衰退有关。

(2) 疾病因素。入住养老机构的老人多半有各种类型的急慢性疾病。疾病加速了生理性衰老，使老人肢体和脏器功能每况愈下；更增加了老人晚年生活的不安全因素，使疾病发作、意外伤害事件发生的概率剧增。例如，患有糖尿病的老人因突发低血糖而昏厥、摔倒；患有高血压的老人因体位突然改变而引发体位性低血压，并引发骨折、中风等。

(3) 心理因素。入住养老机构的老人由于长期远离社会，心胸变得狭窄，心理十分脆弱，容易想不开，产生偏激行为，这些都会留下安全隐患，甚至引发恶性事件。例如，入住老人在日常交往、交谈、下棋或打牌过程中，容易为小事或输赢发生争执，轻则不欢而散，重则发生肢体冲突，大打出手，造成伤害。

认识到影响老年人安全的自身因素后，养老机构的工作人员应当对入住老人倍加呵护，多观察、多提醒、多搀扶、多开解，以防意外发生。

2. 养老机构的因素

(1) 硬件设施因素。养老机构硬件设施不完善、不规范、不配套，会给入住老人留下安全隐患。例如，地面没有经过防滑处理，房门设有门槛，走廊、厕所等处没有安装护栏，室内采光过暗，该有灯的地方没灯，该有铃的地方没铃，不安全的地方没有安全措施和警示标志等，这些都为老人居住生活留下安全隐患。

(2) 工作人员素质因素。目前，我国部分养老机构养老护理人员大多是没有经过专业培训的下岗失业人员，不具备上岗服务资格与条件，他们除了能从事洗衣、做饭等一些基本照料外，对老年人身体、心理变化以及疾病护理知识相对缺乏，更缺乏安全防范意识，这样必然增加意外伤害事件发生的概率。

(3) 管理因素。加强管理可以在一定程度上弥补硬件设施上的缺陷和员工素质上的不足，而疏于管理，即使硬件设施再好也会发生意外伤害事件。管理上的漏洞主要表现在制度不健全、管理不到位，不能保障老人的入住安全。养老机构缺乏安全隐患检查、识别机制，意外发生前，无防范；意外发生后，应急措施跟不上，无急救措施记录，这些都为入住老人意外引发的纠纷留下了祸根。

9.1.3 安全事故管理制度及内容

1. 设施设备安全管理

(1) 电器线路、电气设备的安装应由专业人员实施，安装完成后，依法进行检测，并定期或不定期对相关设备进行安全排查工作，发现问题及时维修。

(2) 使用燃气的设备及场所应设可燃气体报警装置。养老机构不应私自拆、移、改动燃气表、灶、管道等燃气设施，不应私自安装燃气热水器、取暖器和其他燃气器具。使用的燃气灶、热水器和壁挂炉等燃气器具应有检验合格证书，并根据产品使用说明书了解产品使用时可能出现的危险及需采取的预防措施。

(3) 检查和维护院内供水、排水设施设备，确保机构正常用水需求，避免溢水事故发生。

(4) 后勤管理中心要做好电梯、监控设备等的日常保养、检查、维修工作，并及时做好记录，发现问题及时处理。

2. 食品安全管理

(1) 遵守国家食品安全相关法律法规和食品安全标准的要求，建立健全食品安全管理制度，采取有效的管理措施，保证食品安全。

(2) 食堂卫生监督员应做好食品卫生安全工作，确保老年人饮食健康、卫生、安全。

(3) 针对食物中毒事件，养老机构应积极协助有关食品卫生部门、院内安全负责人等做好调查、取证工作。

3. 消防安全管理

(1) 任何人不应损坏、挪用或者擅自拆除、停用消防设施和消防器材。

(2) 严禁埋压、圈占、遮挡消火栓，或者占用防火间距。

(3) 严禁占用、堵塞和封闭院内的疏散通道、安全出口、消防车通道。

(4) 遵守国家消防安全相关法律法规要求，建立相应的消防安全管理制度，组建义务消防队。

(5) 对消防安全定期检查，自查自纠，对日常消防安全管理进行安全评价，并实施有效监控。

(6) 人员密集场所的门窗不应设置影响逃生和灭火救援的障碍物。

(7) 消防设施、器材应定期组织检验维修，并对消防设施每年至少进行一次全面检测，确保完好有效。

(8) 设置火灾自动报警系统、自动灭火系统或室内外消火栓系统及防排烟系统，并按照相关规定配置相应的灭火器材。

(9) 审核、确定重点防火安全部位，设置重点部位标志和消防安全疏散标志，建立健全消防档案。

4. 人身安全管理

(1) 养老机构应按照国家相关法律法规要求，建立相应的人身安全管理制度，尤其要确保老年人的人身安全。

(2) 养老机构对故意伤害、走失、交通安全等重点安全问题进行监控。

(3) 养老机构对后勤管理工作中可能出现的人身安全问题进行安全评价，并实施监控和防范。

5. 财产安全管理

(1) 相关负责人应按照国家相关法律法规，建立机构财产安全管理制度，保护老年人的财产安全，对偷窃等重点安全问题进行有效监控和防范。

(2) 对出现的可疑人员应加强询问，发现问题应及时联系公安部门。

(3) 安保人员值班时应 24 小时做好监控工作，做好安全巡逻工作。

6. 安全教育与培训

(1) 制订部门安全教育计划，确定安全教育内容、组织教育形式、教育培训时间，并严格贯彻落实。

(2) 每年至少组织 2 次机构内全体人员安全教育，进行安全教育知识的宣传工作。

(3) 定期组织消防专业人员来机构进行消防演习，让专业人员指导和培训安保人员、其他部门人员及老年人，学习应急逃生的正确方式。

(4) 严格规定新员工上岗前必须接受安全知识培训，包括防火、防盗、防破坏、防灾害、防事故等相关内容，并进行笔试考试和实战操作，考核合格方可上岗。

9.2 养老机构意外风险防范

在养老机构后勤安全管理工作中，做好安全防治工作，防止意外风险事件的发生，对于保障老年人的生命安全与身体健康尤为重要，这也是现代养老机构运营中的重要部分。意外风险防范应包括安全事故防范工作和突发事件、灾害事故的应急处理。

9.2.1 安全事故防范工作

1. 火灾安全事故防范

(1) 加强对危险品的管理，如易燃易爆物品和有毒物品分别由专人保管，并明确职责；危险品应单独放置在有安全措施的地方，严禁与其他物品混杂堆放，严禁携带烟火入内；在使用氧气瓶时应小心轻放，使用完毕立即放回原处；使用危险品部门应做好月统计报表与上报工作。

(2) 禁止老年人私自使用电热锅、电热毯等大功率电器，避免火灾事件发生。

(3) 组建义务消防队，定期组织和进行火灾消防演习，并安排组织老年人学习火灾应急措施。

2. 交通安全事故防范

(1) 加强对司机的交通安全知识的学习和考查，增强其安全交通意识。

(2) 定期对车辆进行保养、维修，确保车辆车况良好，无故障行驶情况。

(3) 加强对来往车辆的排查与管理，严禁不明车辆进入院内。

(4) 车辆需专人负责，未经批准，驾驶员不得私自更换车辆等。

3. 电器、机械设备安全事故防范

(1) 电器、机械设备要有专业人员负责，并定期进行保养、检查、维修，确保电器、机械设备能够安全运行。

(2) 使用电器、机械设备要严格按照安全操作说明，不得违规使用。

(3) 对于存在较大安全隐患的电器、机械设备，工作人员应在作业前做好安全防护工作，严禁因个人疏忽造成重大安全事故。

(4) 在使用电器、机械设备后，应随手切掉电源开关，不得将破损的电线外露等。

4. 老年人滑跌安全事故防范

(1) 老年人居住的楼层应设有护栏、扶手。

(2) 刚清洁完的地面需设置防滑标志，放在显眼位置，提醒老年人地面湿滑。

(3) 地板较光滑的地方需设置提示牌，并告知老年人要穿防滑的鞋子。

5. 老年人走失安全事故防范

(1) 时刻督促患有精神障碍的老年人携带身份证明、出门卡或门牌钥匙。

(2) 要做好外出老年人的登记工作。

(3) 工作人员应及时查看老年人房间，注意观察老年人的异常行为，并做好记录。

(4) 对于老年人在规定时间内未归的情况，工作人员应及时报告领导，并及时与家属联系，如有必要，联系公安部门。

9.2.2 突发事件、意外事故的应急处理

1. 遭遇泛水的应急处理

1) 处置措施

(1) 立即通知后勤部或行政总值班及院长。

(2) 发生泛水后，后勤部主管立即派人查找泛水原因，如能自行解决，应立即进行维修；如不能自行解决，应立即通知维修部门。

(3) 后勤部主管应及时派人清理泛水、污水。

(4) 后勤部门协助维修人员进行维修。

(5) 总结事故发生的原因，进行分析，并上报院长及上级领导。

2) 注意事项

(1) 泛水发生后，工作人员应立即在泛水区域外放置防滑警示牌。

(2) 告知老年人泛水情况，并告诫老年人不可涉足泛水区域或潮湿处，防止滑倒。

(3) 护理员应加强巡逻，及时了解老年人的情况。

3) 泛水时的应急处理流程如图 9-1 所示。

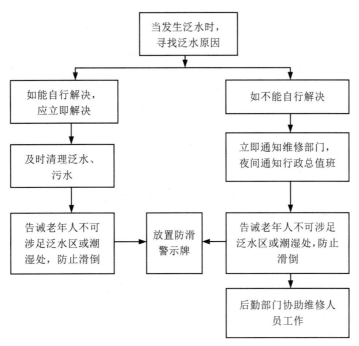

图 9-1　泛水时的应急处理流程

2. 遭遇台风、雷雨的应急处理

1) 处理措施

(1) 接到台风、雷雨天气预报后，机构后勤部主管或行政总值班应督促各部门员工做好台风来临前的准备工作。

(2) 后勤部主管或行政总值班认真检查各部门防风、防雨工作，以及做好各部门的安全保障工作，做到防患于未然。

(3) 当台风及雷雨发生时，如发生故障或事故，立即通知后勤主管或行政总值班进行处理，并上报院长。

(4) 根据台风、雷雨的影响程度，酌情启动停电、停水等突发事件应急预案。

(5) 台风过后，后勤主管要根据实际的受灾情况进行总结，并上报院长及上级领导。

2) 注意事项

(1) 及时了解台风、雷雨预警信息，了解政府的防台行动对策。

(2) 如有受伤老年人，及时通知医务人员，使其得到及时救治。

(3) 雷雨发生时，关紧门窗，并避免使用房间内的任何电器。

(4) 相关工作人员仔细检查门窗、空调是否漏水，下水道是否堵塞，以及水电供应状态。

(5) 当台风、雷雨来袭时，院内工作人员要安抚好院内老年人的情绪，避免出现混乱，以及劝阻老年人外出。

3) 遭遇台风、雷雨时的应急处理流程如图 9-2 所示。

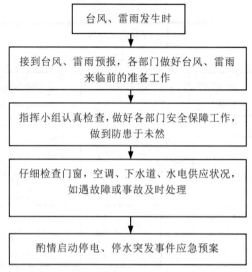

图 9-2 遭遇台风、雷雨时的应急处理流程

3. 遇停电和突然停电的应急处理

1）处理措施

(1) 接到上级领导的停电通知后,立即在院内发布停电通知,并告知老年人及员工具体的停电日期,准备应急手电筒,做好应变工作。

(2) 发生突然停电时,立即通知后勤部相关负责人、行政总值班。

(3) 后勤部应立即查找停电原因,如有需要马上请工作人员维修。

(4) 检查应急照明灯、手电筒是否准备充足,确保正常使用。

(5) 护理员必须照顾好老年人安全,及时检查老年人情况。

(6) 事后对事件进行分析、总结,必要情况下进行教育学习。

2）注意事项

(1) 加强巡逻,及时安抚老年人的情绪,并劝阻老年人在房间内点蜡烛,保障老年人安全。

(2) 停电后,应立即关闭正在使用的电器,严禁私自使用电器。

(3) 如遇夜间或特殊情况,老年人必须在护理员的陪同下活动。

3）停电和突然停电的应急处理流程如图 9-3 所示。

4. 遇停水和突然停水的应急处理

1）处理措施

(1) 接到上级部门的停水通知后,立即通知老年人及员工停水时间,做好停水前的准备工作。

(2) 如发生突然停水的情况,及时通知后勤部主管或行政总值班,查找停水原因。

(3) 做好调水的准备工作,并向老年人解释原因。

(4) 加强巡视,及时帮老年人解决饮用水或生活用水不足的问题。

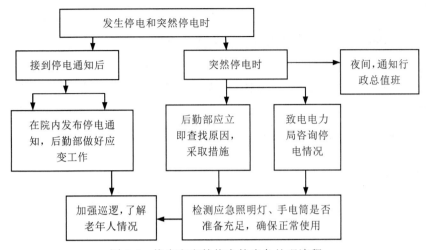

图 9-3　停电和突然停电的应急处理流程

2) 注意事项

(1) 发生突然停水时要及时向老年人解释，安抚他们的情绪。

(2) 停水时避免打开水龙头。

(3) 当供水恢复时，应先放一部分水，以排出残留杂质。

3) 停水和突然停水的应急处理流程如图 9-4 所示。

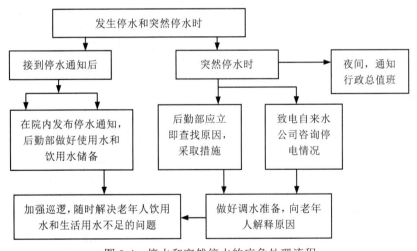

图 9-4　停水和突然停水的应急处理流程

5. 火灾的应急处理

在火灾发生时，养老机构应最大限度地保护老年人的安全，将损失降到最低，维护机构内秩序。

1) 处理措施

(1) 发现火灾后，迅速判断火情，报 119 火警中心、120 救护中心，向行政总值班汇报，并通知院长。

(2) 将老年人疏散到安全的地方，护理主管及办公室人员在广场安抚、照顾老年人。

(3) 院长担任总指挥，后勤主管带领后勤部进行现场灭火。

(4) 门卫接引消防队员到现场，并简单描述灾情。

(5) 劝阻无关人员进入现场，如有伤亡老年人，立即由救护中心送至附近医院就医。

(6) 行政人员负责保护现场，收集发生火灾时的证物，为事故调查提供依据。

(7) 根据院领导的要求，向上级主管报告，并对事故发生的原因进行分析、总结，对安全隐患进行重点排查。

2) 注意事项

(1) 工作人员要保持冷静，不要惊慌失措，以免引起老年人的混乱。

(2) 稳定老年人情绪，劝阻老年人回到火灾现场取遗留物品。

(3) 如有可能应尽力扑救，控制火势蔓延。

(4) 除报警外，不使用电话。

(5) 除不得已，不跳楼或随意开窗。

(6) 离开现场时，应随手把门关上。

3) 火灾事故的应急处理流程如图 9-5 所示。

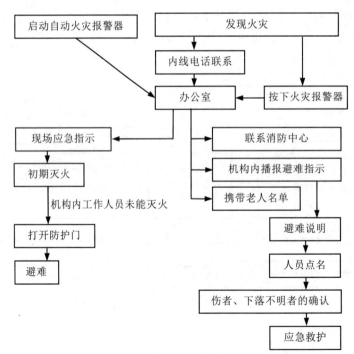

图 9-5　养老机构火灾事故的紧急处理流程

6. 滑跌事故的应急处理

老人发生滑跌事故的紧急处理流程如图 9-6 所示。当班职员在最短时间内赶到现场进行救护，避免老人受到二次伤害；立即通知医护人员等赶赴现场，视情况紧急处理；尽快通知老人家属；若情况危急，速打急救电话；及时对事故进行分析，总结事故原因，及时改进应对措施，避免类似事件的再次发生。

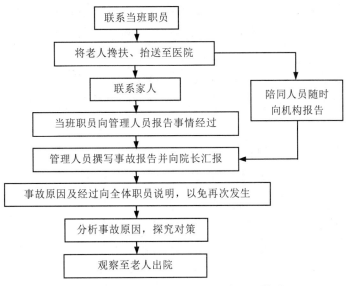

图 9-6　老人发生滑跌事故的紧急处理流程

7. 食物中毒的应急处理

(1) 发现老年人进食后有呕吐、腹痛、腹泻等症状，工作人员应及时带着老年人就医；情况严重时，拨打 120 急救电话，并通知老年人家属；机构内多人发生类似情况，应及时向机构领导汇报。

(2) 工作人员协助防疫部门进行膳食调查，采集呕吐物、排泄物、可疑的剩余食物样本送检。

(3) 对呕吐物、排泄物污染的物品、餐具和周边环境进行消毒。

(4) 机构内部认真总结事件教训，组织人员学习，严格把好食品卫生关，严防食物中毒事件发生。

8. 发生传染病的处理

(1) 发现老年人及工作人员患有传染病，应及时向医护人员及上级领导报告，并报告当地卫生防疫部门。传染病病人根据病情、病种，在医护人员指导下转到相应的医院或就地隔离治疗，做好消毒隔离工作，做好环境、居室及物品的消毒，并通知家属。

(2) 做好接触者的管理，观察接触者是否具有此类传染病的早期症状，一旦发现及时报告。

(3) 传染病流行期间，做好机构内部传染病监测工作，组织护理人员、老年人学习，让其了解有关传染病的早期表现及消毒、隔离措施等，对新入院、探视人员做好必要的监测，做到早发现、早隔离，避免相互传染，避免引发传染病流行。

(4) 对护理人员、老年人进行传染病预防与控制的健康教育，平时做好环境卫生，定期对机构内环境、物品进行消毒处理，避免接触传染源，做好日常消毒隔离工作，预防传染病发生。

9. 触电、机械伤害的应急处理

(1) 当发现老年人、工作人员出现触电情况时，应立即切掉电源，或用绝缘体将老年人与发电物分离开，及时检查老年人身体健康状况；对身体出现异常反应的受害人，需及时送往医院。

(2) 当发现老年人、工作人员发生机械事故时，应立即停止机械的运转，及时抢救受害人；需要当场采取应急措施的，要及时施以辅助抢救工作，并拨打急救电话，将受害人送往医院。

10. 老年人走失的应急处理

当发现老年人走失后，应立即采取以下措施(见图9-7)。

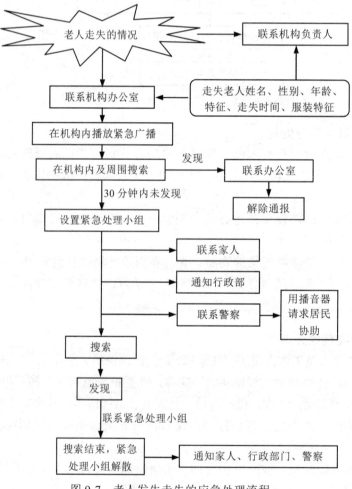

图 9-7 老人发生走失的应急处理流程

(1) 当班护理员立即报告领导。

(2) 院长立即组织知情人分析老年人出走的可能去向，制定寻找路线。

(3) 院长亲自与家属取得联系，通报情况，结合家属提供的信息，扩大寻找范围。

(4) 迅速组织员工分成若干个小组，按分析线索分头寻找，并与院长随时保持联络。
(5) 必要时寻求派出所、街道或媒体的帮助。

9.3　意外事故纠纷的处理及意外伤害保险

9.3.1　意外事故纠纷的处理

意外事故发生后，如果能及时发现，妥善处理，不一定引起纠纷；如果处理不善，即使轻微的意外也有可能激化矛盾，引起纠纷。

1. 保险裁定

近年来，政府以及养老机构的管理者已经意识到意外事故给养老机构带来的危害和对养老机构正常经营、服务的影响。一些省(市)已经制定了《政策性养老机构综合责任保险裁定标准和裁定办法》，养老机构为入住的老年人投保，保险公司与养老机构签订综合责任保险合同，规避养老机构意外伤害事件所带来的影响和损失。意外伤害事件发生后，在保险期内，由省、市、县(市、区)民政部门组织成立的专门对养老机构综合责任保险争议事件进行裁定，根据合同规定是否符合保险责任范围、保险责任减免、保险责任免除、保险人不负责赔偿等相关条件进行裁定。对裁定发生争议时，当事人按隶属关系，向被保险人上一级业务主管民政部门的养老机构责任保险裁定小组提出书面裁定申请。养老机构责任保险裁定小组受理后，一般依据当事人双方的诉辩意见及提交的文字、影像资料进行裁定，在 3 个工作日内完成裁定，如确实不能当场即时裁定的，在 7 个工作日内完成裁定，并向当事人双方送达裁定意见。养老机构责任保险裁定小组遇重大疑难争议，无法裁定时，送交上级养老机构责任保险裁定小组裁定。

2. 处置措施

养老机构发生意外事故后，要采取积极的处置措施。
(1) 立即启动应急预案，当事人应立即向班组、科室负责人、主管部门和院领导报告。有抢救机会的，应组织力量全力抢救。
(2) 及时通知老年人的亲属，情形严重的，应及时向民政及有关部门报告。对于重大伤亡事故，主管部门应当按照有关规定及时向同级人民政府和上一级民政部门报告。
(3) 妥善保管第一手资料。保管好病历资料、护理记录及原始资料，或移交指定部门封存保管，家属需要复印病例资料时，应按照正规程序办理复印手续。
(4) 对于自杀、他杀或自伤老年人，要积极救治；如果老年人已经没有生还的可能，应该做好现场维护，不要移动，可以由公安部门来勘查现场；对引起老年人受伤、残疾、死亡的物品，以及残留的血液、呕吐物、药液等物证，要留样备查。
(5) 成立意外事故调查处理领导小组。各养老机构应及时成立意外事故调查处理领导小组,以科学的态度,及时认真地做好事故调查与调解工作,力求定性正确,并写出调查报告。

(6) 家属工作。事故发生后,做好家属的来访接待工作,冷静、耐心、细致地与老年人家属进行沟通,避免受害人家属过激行为的发生,避免矛盾激化。

(7) 做好新闻媒体接待工作。事件的信息发布应当准确、客观、全面,在事故尚未得出定论前,原则上不接受采访,以免影响正常调查;新闻媒体要求调查,必须经过正规途径履行相关手续并经过院长同意,养老机构需派专人接待新闻记者,对其介入持积极肯定的态度,做到实事求是,出言谨慎,坦诚地与新闻媒介沟通,避免不实报道。

(8) 依法维权。依法进行责任认定,需要养老机构承担责任的事故,在赔偿问题上,养老机构要注意依法履行。在赔偿处理中,受害人可能会提出一些无法律依据或不合情理的要求,赔偿应充分考虑机构的性质及可能带来的社会影响。

(9) 召开老年人及相关人员会议,进行安全再教育,稳定老年人情绪,做好事故后稳定和秩序维护工作。

(10) 养老机构工作人员必须坚守各自岗位,未经允许,不得擅自发布误导信息,共同做好维护稳定工作。

(11) 认真分析事故发生的原因、责任以及所产生的后果,对照目前养老机构的基本情况,进行必要的整改,避免类似事件的发生。

另外,以下情况养老机构将不承担法律责任:地震、雷击、台风、洪水等不可抗力造成的;来自养老机构外部的突发性、偶发性侵害造成的;入住老年人有特异体质、特定疾病或者异常心理状态,养老机构不知道或者难以知道的;入住老年人入住时隐瞒特定疾病的;入住老年人的身体状况、行为、情绪等有异常情况,养老机构已经告知其亲属的;入住老年人的亲属在接送其途中发生意外伤害的;入住老年人自行外出发生意外伤害的;入住老年人之间发生的伤害等。

9.3.2 意外伤害保险

养老机构意外伤害保险属于商业保险范畴,是一种利用商业保险运行模式,分担养老机构意外伤害事件经济赔偿责任的险种。目前,我国养老机构相关法律法规制度尚待完善,因此,养老机构事故的赔偿要借助社会化机制来解决。

(1) 建立养老机构意外伤害事故赔付基金,用于养老机构事故的责任赔付可以通过财政、福利彩票公益金、社会募捐、养老机构出资等方式解决。

(2) 鼓励入住老年人参加养老机构意外伤害保险,解决老年人意外伤害事故处理的赔偿金问题。

(3) 民政部门或行业协会组织为其责任投保,组织辖区内养老机构参加保险。

第 10 章 养老机构培训管理

10.1 培训管理概述

养老机构应根据培训需求分析,对员工进行培训,使培训的内容能够充分体现老年人身心整体护理需求和特点,并针对在岗人员培训意愿,开展不同内容和方式的培训,满足从业人员的工作需求。

10.1.1 培训目的及原则

1. 目的

为了对员工进行有组织、有计划的培训,以达到机构与员工共同发展的目的,根据养老机构人事管理基本政策,特对机构人员开展培训。

2. 原则

(1) 养老机构培训按照"经济、实用、高效"的原则,采取人员分层化、方法多样化、内容丰富化的培训政策。

(2) 员工的专业化培训和脱产外出培训坚持"机会均等、公平竞争"的原则;员工通过突出业绩和工作表现获得激励性培训和发展机会。

10.1.2 培训内容

培训内容包括知识培训、技能培训和态度培训。

1. 知识培训

对养老机构内员工不断实施本专业和相关专业新知识的培训,能够使员工具备完成本职工作所需的基本知识和迎接挑战所需的新知识,也能够让员工了解养老机构经营管理的情况,如机构的规章制度、发展战略、机构文化、基本政策等,使员工掌握机构的共同语言和行为规范。

2. 技能培训

对养老机构内员工不断实施岗位职责、操作规程和专业技能培训,能够使其在充分掌握理论的基础上,自由应用、提高专业技能。

3. 态度培训

对养老机构内员工不断实施心理学、人际关系学、社会学、价值观及政治觉悟等方面的培训,能够建立机构与员工之间的相互信任关系,满足员工自我实现的需要。

10.1.3 培训类型

1. 入职员工岗前教育

(1) 对新分配和新调入的员工进行入职前教育,未参加培训者不得上岗。

(2) 入职前进行集中培训,时间一般不少于3天。

(3) 入职前培训主要内容:本院概况、院规、院纪教育;养老服务事业的方针、政策教育;行业文化理念、行业规范教育;院内工作制度、操作常规、岗位职责教育;安全教育。

(4) 入职前教育内容由人力资源部(科)进行考核,合格者方可上岗。

2. 在职员工专业技术知识和岗位操作技能培训

(1) 财务员工培训。对财务人员的培训大多按照地方财政局要求和规定来进行,培训内容为法律法规、行业规范。培训形式包括上级主管部门组织的继续教育和本科室组织的学习培训、讨论。

(2) 技工培训。技工培训的内容主要包括专业技能、操作规程和行业规范。培训形式大多为脱产或半脱产。

(3) 护理人员培训。对护理人员的培训主要有三方面:其一是规章制度、各班工作程序、人员职责;其二是基础护理操作技术,如生命体征测量、肌内注射、导尿、吸氧、吸痰、口腔护理、无菌技术等项目;其三是护理文书,如体温单、医嘱单、医务部交班报告书写方法和具体内容等。此类培训可采取集中和分散两种方式。

3. 转岗培训

转岗员工应进行相应的转岗培训。转岗培训由相关职能部门或用人部门组织,力求使转岗员工达到上岗的基本要求。

10.2 培训管理的实施

10.2.1 培训的组织

(1) 人事部门负责培训活动的计划、实施和控制。基本程序为培训需求分析、设立培训目标、计划培训项目、培训实施和评价。

(2) 其他各部门负责协助养老机构人事部门进行培训的实施、评价,同时也要组织部门内部人员的培训。

(3) 建立培训档案。一方面是建立养老机构的培训工作档案,包括培训范围、培训方式、培训教师、培训人数、培训时间、学习情况等;另一方面是建立员工培训档案,将员工接受培训的具体情况和培训结果详细记录备案,包括培训时间、培训地点、培训内容、培训目的、培训效果自我评价、培训者对被培训者的评语等。

10.2.2 培训计划的制订

(1) 人事部门根据规定时间发放"员工培训需求调查表",部门负责人结合本部门的实际情况将其汇总,并在规定时间内报给人事部门。人事部门结合员工自我申报、人事考核、人事档案等信息,制订本机构的年度培训计划。

(2) 人事部门根据年度培训计划制定实施方案。实施方案包括培训的具体负责人、培训对象、确定培训的目标和内容、选择适当的培训方法和选择学员与老师、编制培训计划表、培训经费的预算等。实施方案经院长批准后,以机构文件下发到各部门。

(3) 部门内部组织的、不在机构年度培训计划内的培训,应由所在部门填写"部门计划外培训申请表",经院长批准后,报给人事部门备案,在人事部门的指导下由部门组织实施。

(4) 对于临时提出参加各类外部培训或进修的员工,均要经过所在部门负责人同意,填报"员工外派培训申请表",经院长批准后,报给人事部门备案。

10.2.3 培训实施

(1) 培训实施过程要依据人事部门制订的年度培训计划进行,如果需要调整,应向人事部门提出申请,上报院长批准。

(2) 员工内部培训期间人事部门监督学员出勤情况,并以此为依据对学员进行考核。

(3) 人事部门负责对培训过程进行记录,保存过程资料,如电子文档、录音、录像、幻灯片等。培训结束后以此为依据建立养老机构培训档案。

10.2.4 培训评估

(1) 人事部门负责组织培训结束后的评估工作,以判断培训是否达到预期效果。

(2) 培训结束后的评估要结合培训人员的表现,做出总的鉴定;也可要求被培训者写出培训小结,总结在思想、知识、技能方面的进步,与培训成绩一起放进人事档案。

(3) 培训评估包括测验式评估、演练式评估等多种定量和定性评估形式。

第 11 章 　养老机构考核管理

11.1　考核管理概述

随着养老机构的发展，养老机构员工的绩效考核越来越受到重视，养老机构员工的绩效考核是人力资源管理的重要组成部分，对养老机构选拔人才、实现战略目标、提高养老服务质量和养老机构的竞争力有着举足轻重的作用。

11.1.1　考核目标

绩效考核目标又称绩效期望，是管理者或员工期望通过绩效考核得到的收益。制定绩效考核目标，一方面要与组织战略及经营管理目标对应，另一方面要以员工职务说明书及具体工作任务为依据，还应该通过协商、说明、指导和核实，让每一个员工都明确工作目标、绩效考核办法及本人的责任、权利和义务。

养老机构绩效考核是一种周期性检讨与评估员工工作表现的管理系统，是全面质量管理的一种工具。

养老机构要开展绩效考核工作，核心问题是使养老机构的战略目标得以顺利实现。要实现战略目标，人是关键的因素。如何使人力资源发挥最大效能，调动人的积极性，使养老机构各级工作人员都有使命感，进而发挥创造力和积极性，使机构运行具有活力，使优者得其位，劣者有压力并形成向上的动力，使养老机构服务水平在优化的人力资源作用下得以顺利提升等问题，正是绩效考核所要解决的本质问题。

11.1.2　考核主体

绩效考核实施主体是绩效考核小组。合格的绩效考核者应了解被考核者的性质、工作内容、要求以及绩效考核标准，熟悉被考核者的工作表现，同时要公正客观做出评价，避免出现晕轮效应、逻辑不当、宽大化倾向等误差。

考核管理制度是以组织架构为基础的、层级式的考核制度。根据养老机构的组织架构形态，可以设计三级考核方式，即院部对分管部门领导进行考核，院部及分管部门领导对部门内小组组长进行考核，分管部门领导及小组组长对部门内小组成员进行考核。

1. 考核小组的组成

考核小组的成员由院部、办公室(人事科)、财务科员工以及其他部门所选定的代表组成。

考核前应选定考核小组负责人，由考核小组负责人与院部进行沟通，向其他部门下达考核具体措施。

2. 组内部门考核负责人员

考核小组在考核实施过程中负责宣传和开展考核工作，是各部门考核工作落实的主体，其主要工作内容包括以下几项。

(1) 每周 2 次到各部门检查绩效考核开展工作。

(2) 每月收集绩效考核汇总审核认定，对存在问题部门的填写"部门绩效考核统计分析表"。

(3) 考核小组的任务是明确评估项目，设计考核标准，制定考核方案，编制考核表格，确定部门考核成员任务，评估数据的收集、核对与归档。

11.1.3　考核对象

按绩效考核对象人数的多少，绩效考核可分为对群体或部门的绩效考核和对个体的绩效考核。其中，群体绩效考核根据其工作性质的不同，可分为管理性群体绩效考核和服务性群体绩效考核。群体绩效考核主要考核其工作效率、出勤率、工作方式等指标。对个人绩效考核来说，对象不同其绩效考核要素有所不同。一般情况下，可根据被考核者工作的性质来确定考核要素。

养老机构考核对象主要是养老机构的一般员工和中低层次的管理人员，养老机构高层管理者也可纳入考核对象，进而提升养老机构的管理水平和员工满意度。一般职员和中低层管理者主要是指机构内的各级护理人员、护理长、后勤人员、普通行政人员、社会工作者、护士、医生、心理咨询师、康复训练师及各部门的初级主管等。这些人员直接为在院老年人提供服务，对他们进行绩效评估能够反映机构整体服务水平、绩效水平及机构的发展前景。除下岗、离退职人员外，其他员工都要进行年终考核。

11.1.4　考核周期

考核周期视养老机构的具体情况而定，按照考核周期的不同，一般制定年度、季度、月度 3 种考核。月度考核和季度考核只对短期指标进行估算，年终再细算；年终考核需确保准确性，对长期指标如能力、工作态度等进行考核。为提高年终考核效率，对月度、季度已经考核过的指标，年终不再考核，且年终考核可使用月度和季度考核结果的平均数作为年终考核数。

11.1.5 考核指标

绩效考核指标是进行绩效考核的基本要素。养老机构内考核指标是否科学、合理，直接关系到绩效考核的客观性和公正性。绩效考核容易受到人的主观因素(如个人偏见、感情效应、暗示效应、理解偏差等)的影响，因此，设定一个客观、科学的考核指标，是完成目标责任成功的关键因素。通过对这些因素的监督、控制、考核，养老机构可以推进服务质量目标的实现。

1. 考核指标的确定

确定绩效考核指标，应进行以下几项工作。

(1) 工作分析(岗位分析)。根据考核目的，对被考核者的岗位的工作内容、性质以及完成这些工作所具备的条件等进行研究和分析，从而了解被考核者在该工作岗位所应达到的目标、采取的工作方式等。

(2) 工作流程分析。绩效考核指标必须从流程中去把握。根据被考核者在流程中扮演的角色、责任以及同上游、下游之间的关系，来确定其衡量工作的绩效指标。此外，如果流程存在问题，还应对流程进行优化或重组。

(3) 绩效特征分析。考核主体可以先使用图标标出各指标要素的绩效特征，按需要考核的程度分档，例如按照非考核不可、非常需要考核、需要考核、需要考核程度低、几乎不需要考核五档分类，对各指标要素进行评估；然后根据少而精的原则按照不同的权重进行选取。

(4) 理论验证。依据绩效考核的基本原理与原则，对所设计的绩效考核要素指标进行验证，保证其能有效可靠地反映被考核者的绩效特征和考核目的要求。

(5) 要素调查。根据上述步骤所确定的要素，运用多种灵活方法进行要素调查，最后确定绩效考核指标体系。在进行要素调查和指标体系的确定时，往往将多种方法结合起来运用，使指标体系更加准确、完善、可靠。

(6) 修订。为了使确定好的指标更趋合理，还应对其进行修订。修订分为两种：一种是考核前修订，即通过专家调查法，将所确定的考核指标提交领导、专家会议及咨询顾问，征求意见、修改、补充，完善绩效考核指标体系；另一种是考核后修订，即根据考核及考核结果应用之后的效果等情况进行修订，使指标体系更加理想和完善。

2. 绩效考核指标内容

绩效考核指标通常包括个人素质、工作态度、专业知识、工作能力和工作结果等几部分。

(1) 个人素质。个人素质主要包括思想品德修养、道德水准、仪表仪容、性格等。养老机构是一个需要爱心和奉献精神的工作场所。工作人员的个人素质对其所提供的服务会产生巨大影响，因此养老机构要重视个人素质的考核。

(2) 工作态度。工作态度主要包括工作热情度、责任感、信用度、纪律性、团队精神等。

(3) 专业知识。专业知识主要包括专业业务知识、相关专业知识、外语知识、计算机应用知识、可发展新知识等。其中，需要特别注意对员工可持续学习新知识能力的考核，养老机构也应提供机会促使员工学习新知识，充实完善自己。

(4) 工作能力。工作能力主要包括语言表达能力、逻辑思维能力、随机应变能力、辅导指导能力、人际交往能力、管理协调能力等。

(5) 工作成果。工作成果主要包括目标达成度、工作效率、工作质量、工作创新效能、工作成本控制等。养老机构可以在适当保证老年人服务质量不受损的情况下，进行适当的成本控制，为养老机构的长远发展做好节流工作。

确定具体绩效考核指标时，应针对具体职位要求，按照原则进行取舍和侧重，一般每类指标不超过5个考核维度。

11.2 考核方法

绩效考核方法经历了由单纯基于员工行为或工作结果的考核方法向360°考核、平衡计分卡法等全面衡量企业、团队及员工绩效的综合型考核方法转变的过程。在实际应用过程中，基于员工行为的考核方法种类繁多；基于工作结果的考核方法主要是目标管理评价法。相比较而言，更加全面和系统的考核方法则是360°考核绩效和平衡计分法。

11.2.1 行为评价法

在绩效考核方法中，基于员工行为的绩效考核方法的内容最为丰富，包括主观行为评价法和客观行为评价法。

1. 主观行为评价法

(1) 排序法。排序法是根据某些工作绩效评价要素，通过比较排出全体考核员工相对绩效的优劣顺序的方法。排序比较的绩效可以是某个单一的特定绩效维度，也可以是员工整体的工作状况。

排序法的优点在于时间成本小，简单易行，适合于员工数量比较少的评价需求；其缺点在于员工数量较多时，评价容易出现"趋中趋势"。

(2) 配对比较法。配对比较法是在某一绩效标准的基础上把每一个员工都与其他员工——配对比较，判断谁"更好"，并按照"胜出"次数的多少对员工进行排序的方法。该方法适用于工作绩效能够进行量化的岗位。

配对比较法的优点在于判断范围小，准确度高；其缺点在于当被考核者过多或工作量过大时，可能产生自相矛盾的结果。

(3) 强制分布法。强制分布法是根据正态分布规律，先确定各等级在总体中所占的比例，然后按员工的绩效优劣程度，强制将其分配到某一等级的方法。使用这种方法时，要事先确定被评估者等级与各等级的分布比例。大企业的年终考评广泛应用这种方法。

强制分布法能够避免因评估者过分严厉或宽容导致的评估偏差的发生，克服了平均主义；其缺点在于不适用于小范围内使用，若强行排列，会造成不公平现象。

(4) 民意测验法。民意测验法是由与被考核者不存在监督关系的人对考核者进行评价，从而得出考核结果的方法。

民意测验法具有民主性，有利于员工积极参与，但容易受到考核者主观因素的干扰。

2. 客观行为评价法

(1) 关键事件法。关键事件法是考核者将被考核者在完成工作任务时所表现出来的能够代表其工作绩效的行为(特别好的行为和特别不好的行为)记录下来，并通过与其下属人员的面谈来讨论被考核者工作业绩的方法。该评估方法通常可作为其他绩效评估方法的补充。

关键事件法有助于主管向下属解释绩效评估结果，方便主管人员了解员工的不良行为，但使用成本高，需要评价者付出大量的时间和精力，并容易出现评价偏差。

(2) 等级评估法。等级评估法是将被考核者的工作内容划分为相互独立的考核项目，对不同的项目制定明确的评价标准，并将标准分为几个等级选项(如"好、中、差"等)，考核者根据被考核者的实际表现，对各考核项目做出等级评价。

等级评估法开发成本低，容易操作，考核内容相对全面，但受主观因素影响较大，对等级的理解存在偏差，没有考虑各考核项目的权重，对被考核者改进绩效缺乏指导。

(3) 行为观察量表法。行为观察量表法是根据考核要求设计行为对照表，要求将被考核者的行为与表中的描述进行对照，找出准确描述被考核者行为陈述的方法。行为对照表对于每一个反映被考核者工作行为的陈述都会给出一系列相关的程度判断，对每一判断赋予不同分数，考核者根据被考核者行为表现进行选择后，将各项的得分加总就是这一被考核者的总分。

行为观察量表法的计量标准较为准确，各评价要素间有较强的相对独立性，能有效地指导和监控被考核者行为，并能用具体的行为条件给出反馈等。但是，若量表信度和效度不高，将影响考核结果，而且标准化量表的设计、开发需要耗费较多的时间和费用。

(4) 行为锚定评分法。行为锚定评分法是将关键事件法和等级评估法结合形成规范化的评价表格，以等级分值量表为工具，配以关键行为描述或事例，然后分级逐一对员工绩效进行评价的方法。行为锚定评分法通常包括5个步骤：获取关键事件、建立绩效评价等级、确定关键事件在等级中的位置、对关键事件进行等级评定和建立最终的工作绩效评价体系。

行为锚定评分法为考核者提供明确而客观的考核标准,能够提供明确的反馈,各评估要素之间具有较强的相互独立性,但其设计和实施的成本较高,耗费的时间和费用较多。

(5) 强制选择法。强制选择法要求考核者从许多陈述中选择与被考核者的特征最相近的陈述,这些陈述是成对出现的,分别代表被考核者能否成功完成工作,考核者事先并不清楚陈述所代表的绩效水平。

强制选择法依据的是被考核者的具体行为,能够有效避免评价误差,但其设计成本高、对考核者要求较高,不利于在实际工作中应用。

11.2.2 目标管理法

目标管理评价法以彼得·德鲁克的目标管理理论为基础,是一种适用于工作成果评价的考核方法。它通过对实现企业目标的关键性指标的选择,将考核过程与管理过程相统一,在对关键环节实施管理和控制的基础上,利用绩效管理机制充分调动人员的积极性和创造力,从而实现企业的管理目标。

目标管理评价法主要包括以下两个方面的重要内容:一是企业必须与每一位员工共同制定一套便于衡量的工作目标;二是考核者定期与被考核者讨论其目标完成情况,从而确定被考核者的绩效水平。目标管理评价法的关键环节就是以目标管理的计划阶段为基础的目标设置和分解的过程。

1. 目标管理法优点

目标管理评价法将考核过程与管理过程相统一,突破了行为评价法相对单纯的评价特征,从绩效考核上升到绩效管理。目标管理评价法包括计划、指导、考核和改进4个紧密联系的阶段,分别与目标管理的计划、执行、检查和反馈4个阶段相结合,不断地激励员工在实现企业目标的方向上努力,促进个人能力的成长,并使考核过程中的管理成为促进目标实现的手段,而不仅仅是控制手段。

2. 目标管理法缺点

(1) 不同部门和不同员工之间难以对工作绩效进行横向比较,也不便于为薪酬调整和职务升降提供依据。

(2) 设计目标管理评价体系需要花费的物质成本和时间成本很高。

(3) 目标设定的本身就是一个非常困难的过程,而设定中的博弈行为往往造成目标设定时缺乏现实的依据。

(4) 当外界环境在目标设定后出现意外变化,影响目标实现时,如果环境的变化促进了目标的达成,则考核结果将有利于员工;如果环境的变化阻碍了目标的达成,则考核结果可能会伤害员工的积极性。

11.2.3　360°绩效考核法

360°绩效考核法又称"360°反馈"或"全方位考核法",最早由被誉为"美国力量象征"的典范企业英特尔首先提出并加以实施。360°绩效考核法是指员工的绩效由自己、主管领导、直接下属、同事以及客户等,分别从不同角度全方位的加以评估,例如沟通技巧、人际关系、领导能力、行政能力等。360°绩效考核框架如图 11-1 所示。它是现代欧美国家最流行的人才素质测评方法。

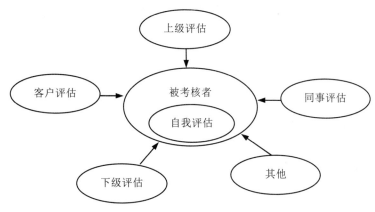

图 11-1　360°绩效考核框架

1. 360°绩效考核实施的一般程序

1) 准备阶段

准备阶段的主要目的是使所有相关人员,包括所有考核者与被考核者,以及所有可能接触或利用考核结果的管理人员,正确理解企业实施360°绩效考核的目的和作用,进而建立起对该考核方法的信任。

2) 考核问卷编制

确定实施 360°绩效考核方法后,企业应编制基于职位胜任特征模型的考核问卷(或称自定义问卷)。

3) 组建并培训考核队伍

考评要征得被考核者的同意,然后对选拔出来的考核者进行训练与指导。

4) 实施 360°绩效考核

考核分别由上级、同级、下级、相关客户和本人按各个维度标准来进行。考评过程中,最好是采取匿名的方式,严格维护填表人的匿名权以及对考评结果报告的保密性。具体而言,360°绩效考核实施阶段主要包括以下几个环节。

(1) 对具体实施过程加强监控和质量管理,比如,从问卷的开封、发放、宣读指导语到疑问解答,再到收卷和加封保密的过程,实施标准化管理。

(2) 统计考核信息并报告结果。在这个环节可采用专门的 360°绩效考核软件处理统计评分和报告结果，包括多种统计图表的绘制。

(3) 对被考核者进行如何接受他人考核信息的培训。培训可采用讲座和个别辅导的方法，使考核者建立对考核目的和方法的可靠性的认同。

(4) 管理部门针对反馈的问题制订行动计划。这一环节也可以由咨询企业协助实施，由咨询企业独立进行信息处理和结果报告，但本机构的人力资源管理部门应当尽可能地在考核实施过程中起主导作用。

5) 绩效反馈和辅导

通过来自各方面的反馈(包括上级、同事、下级、自己以及客户等)，考核者能够更加全面地了解自己的长处和短处，更清楚地认识到公司和上级对自己的期望及目前自身存在的不足。

6) 效果考核

效果考核主要指现场考核和反馈工作完成后所需要进行的工作，一是确认执行过程的安全性。由于360°考核反馈中包括下级、同事及其他人员的考核，要检查信息收集过程是否符合考核要求。此外，在信息处理时，还应当考虑不同信息来源的考核准确性的差异。二是考核应用效果。总结考核中的经验和不足，找出存在的问题，为下一次考核积累经验，从而不断完善整个考核系统。

2. 360°绩效考核的优缺点

360°绩效考核是不同的考核者从各自的工作角度来考察被考核者，因而能够较全面地反馈信息，有助于被考核者多方面能力的提升；评估方法较简单，可操作性强；多方考核者的参与，有助于提高考核的全面性和公正性；从被考核者周围的人获得反馈信息，可以增强员工的自我发展意识，增加员工的自主性和对工作的控制。

但是360°绩效考核的参与面较大，组织较困难，考核成本高；不同的考核者也从一定程度上反映其利益取向和性格特征，受主观因素影响较大；有时会出现小团体主义倾向，使考核有失公允。

11.2.4　平衡计分卡方法

1. 平衡计分卡方法的提出背景及管理理念

平衡计分卡是由哈佛商学院的著名教授罗伯特·卡普兰与大卫·诺顿于1992年共同开发的，是一种以企业战略为核心、将各种衡量方法整合为有机整体的管理思想，表现为一套能使企业管理者快速、全面地考察企业业绩的指标体系。它的出现打破了仅仅注重财务指标的传统绩效管理方法。

该方法指出，企业必须通过客户、供应商、员工、组织流程、技术和革新等方面的投资，获得持续发展的动力。基于这样的认识，它既包含财务指标，又通过客户满意、内部流程学习和成长等驱动财务业绩的业务指标来补充说明财务指标。目前，国内的许多企业已将平衡计分卡作为绩效考核的主要方法。

平衡计分卡从财务、客户、内部业务流程、学习与成长4个维度来考察企业的业绩。这4个维度彼此联系、相互依托、相互促进，形成一个有机的完整体系。通过这4个方面的平衡设计，平衡计分卡不仅能够追踪财务结果，更能够密切关注促进企业提高能力并获得未来增长潜力的无形资产等方面的进展，这样就使企业既关注最后的财务结果，又关注促成财务结果的业绩驱动因素。

平衡计分卡的核心管理理念在于"战略中心"与"平衡"。"战略中心"表明，企业业绩评价指标的选择来源于对战略目标的理解和分解，平衡计分卡的使用则成为企业战略管理的一个重要工具。"平衡"思想体现在通过战略目标的分解构成系统的指标体系，实现了长期与短期、内部与外部、财务指标与非财务等指标的有机结合。

2. 平衡计分卡方法的优缺点

平衡计分卡实现了财务指标与非财务指标之间的平衡，能够全面评价企业绩效；使员工在工作中的行为统一于企业组织的整体战略下，避免公司战略在实际执行中可能存在偏差；目标声明进一步解决了战略目标分解时长期目标与短期目标相互协调的问题；员工和组织更关注企业组织和个人的长远发展，督促员工不断学习；从本质上揭示企业价值创造的动因，有助于企业战略管理的实施，并增强管理的透明度。

但是，平衡计分卡方法有几点不足：一是虽然它的评价指标涵盖较为全面，但并没有给出这些评价指标在整个评价体系中的权重及确定依据，因而在实际操作中无法给出具体指标的权重，影响了评价结果的客观性。二是平衡计分卡中指标的设立，需要基于行业知识和工作经验进行大量的细节设计工作，若指标未得到充分分解，则很难使企业的战略得到落实。三是缺乏足够的数据支持平衡计分卡的运行，尤其在除财务之外的其他三个层面表现得更为突出。

在上述4种考核方法中，养老机构常用的绩效考核方法是行为评价法。因为养老机构的绩效考核容易受到养老机构的规模、发展阶段、战略目标等因素的影响，而行为评价法的操作比较简单、方便，且种类较多，适用范围较广。养老机构的管理者可根据当前的发展现状从行为评价法选择合适的绩效考核方式。然而，行为评价法得到的结果比较片面，不利于养老机构的长远发展。随着养老机构的社会化，养老机构标准化体系的建设，养老机构的管理者越来越重视养老机构的长远发展，更加全面、标准化的绩效考核方法，如360°绩效考核法、目标管理法、平衡计分卡法将越来越受到养老机构管理者的重视。

11.3　考核流程及结果

11.3.1　考核流程

绩效考核过程即考核的具体实施步骤，由于养老机构员工绩效的多因性、多维性和动态性，因此绩效考核的过程非常复杂。一般来说，一个完整的绩效考核大致包括以下几个步骤(见表11-1)。

表 11-1　考核流程

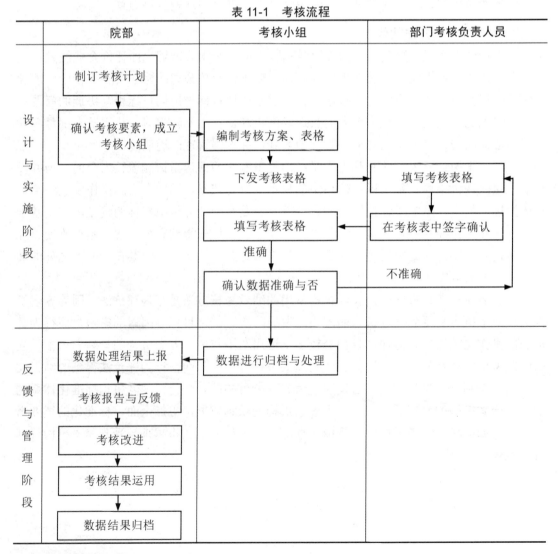

第一，在院领导的指导下，依据养老机构发展计划和发展目标制订养老机构绩效考核计划、确定绩效考核时间。

第二，在院领导的指导下，确定木次绩效考核的目标，实施绩效考核的小组成员、本次绩效考核的对象、本次绩效考核采用的考核方法、本次绩效考核的指标等，成立绩效考核评估小组。

第三，考核小组成员依据绩效考核计划，编制绩效考核方案、绩效考核所用的表格。

第四，负责人将编制好的绩效考核表格派发给考核小组成员。

第五，在相关负责人的协调下，根据考核方法的规定，考核小组成员针对本次绩效考核中需要询问的对象开展考核工作，由考核小组成员填写绩效考核表。

第六，绩效考核表填写完成后，双方签字确认。

第七，考核小组成员将收集到的数据和信息，进行汇总整理。

第八，对汇总后的绩效考核信息进行分析，确认数据的有效性。若有矛盾的地方，则重新与询问对象确认。

第九，考核小组成员将最终的考核数据存档，并进一步分析数据。

第十，院部负责人在收到考核小组递交的数据分析结果后，将结果上报至院领导。

第十一，院部负责人将本次考核结果编制成报告，逐一与被考核者面谈，将考核结果反馈给被考核者。

第十二，总结经验，改进考核计划，并根据考核结果对被考核者的工作给予具体的忠告和指导，帮助被考核者找出不足，加以改进。

第十三，依据绩效考核结果，确定对被考核者的奖励、惩罚。

11.3.2 考核结果

1. 考核报告与反馈

(1) 绩效考核报告。数据收集完成后，养老机构应根据汇总数据做出考核报告，报告包括数据汇总情况、考核标准、合格情况，措施、建议与考核改进意见。报告不仅是向被考核者公布结果，更重要的是帮助被考核者了解其工作成效、工作能力和存在的不足之处，并分析原因，以便制定绩效改进方案，从而促进员工绩效的提高。

(2) 绩效考核反馈。绩效考核的结果必须反馈给被考核者，才能达到考核的目的，提高员工的绩效，为员工的发展提供更好的建议，最终促进员工和养老机构的共同进步。绩效反馈在绩效考核结束后一星期内进行，由被考核者的直接上级安排一对一的面谈，面谈的内容包括讨论员工的业绩、帮助员工确定目标、提出实现这些目标所采取措施的建议等。面谈时，管理者要注意沟通技巧，且被考核者的个人考核资料应对其本人公开。

2. 考核结果应用

考核结果是员工绩效奖金发放、培训发展、工作调配、薪酬调整的主要依据。

在奖金发放方面，对于绩效优秀员工，发放金额为奖金基数的 120%～130%；对于绩效良好员工,发放金额为奖金基数的 100%~110%;对于绩效合格员工,发放金额为奖金基数的 100%;绩效不合格员工在该考核期内无绩效奖金。

在培训发展方面,考核成绩突出者可享有机构重点培训学习机会。在工作调配方面,考核成绩突出者可享有公司提供的岗位发展机会。

在晋升方面,考核成绩作为员工晋升的参考依据。

在薪酬调整方面,一个考核年度内,绩效考核成绩连续三次为"优秀"等级的,岗位工资提高一个等级;有两次绩效考核成绩为"不合格"等级的,下岗培训或调岗;有三次考核成绩为"不合格"等级的,公司将予以辞退。

3. 考核结果质疑处理

被考核者对绩效考核结果有异议时,可在面谈结束后的一周内向人事部门提出申请,逾期不予受理。人事部门接到被考核者的申请后,在 5 个工作日内组织绩效考核重审会进行重审。

重审会是临时机构,由 5 名委员组成,包括人事部主任、被考核者所在部门负责人、被考核者本部门工作协作人员、其他部门与被考核者有工作关系的协作人员、被考核者直接同级别的或下级员工。

绩效考核重审委员会在听取双方当事人的陈述、查阅有关记录资料后做出裁决。裁决应在全体委员和当事人在场的情况下宣布。该裁决具有最终效力。

下 篇
养老机构服务

第12章 养老机构服务体系

12.1 养老机构服务概述

12.1.1 养老机构服务理念

养老服务以老年人为中心,如何看待老年人可集中反映在服务理念当中。随着社会思潮和意识形态的变化,社会对老年人的看法也在发生变化。现代养老服务理念具有以积极老龄化为框架、以老年人为主体、以老年人需求和权利为本的特点,其服务理念表现为以下几个方面。

1. 整体养老服务理念

养老机构要树立以老年人为中心的整体服务理念,以保障老年人能够享受高质量的养老服务为目标,满足老年人身心健康需求已成为养老机构服务工作发展的方向。整体养老服务的要求主要分为三个方面。

(1) 个体。在服务过程中,密切关注服务对象的生理、心理、精神、文化等状况。

(2) 群体。了解服务对象的群体特征,关注服务对象所处家庭和社区等群体,从人与环境的联结角度考虑问题。

(3) 个体生命过程。服务人员应从纵向的角度,关注服务对象的整体生命发展历程,结合横向的角度了解观察,制定契合服务对象需求、合理科学的服务方案,提高养老机构服务质量。

2. 循证服务理念

循证服务是以科学为依据,以服务实践中的问题为基础,将服务人员的个人技能和服务实践经验、服务对象的价值和愿望三者结合起来,制定出完整的养老服务方案。在养老服务工作中运用循证服务理念,对养老机构服务质量的提高有着深远的意义。

循证服务要求服务人员具备较高的综合素质,循证服务实践也会提高服务人员的业务技能和评价能力及一定的统计学、文献检索、计算机等技能,在一定程度上保证了养老服务质量。

3. 人文关怀理念

人文关怀是对人的生存状况、人的尊严、人性的肯定及人类解放与自由的追求。简而言之，人文关怀就是"以人为本"，即关心人、爱护人，尊重人。人文服务就是人文精神在服务工作中的体现。这也是人文关怀在养老机构服务工作的核心和精髓。

在养老服务工作中，人文关怀集中体现在对老年人的生命与健康、老年人的权利与需求、老年人人格和尊严的维护。人文关怀理念是整体服务向纵深发展的内在动力，随着社会的发展，人们的健康需求不断扩展，人文关怀也越来越显示出其独特价值。

人文关怀理念的具体要求如下所述。

(1) 深化"人文意识"。秉持"以服务对象为中心、以服务对象健康为中心"的服务理念，充分认识到人文关怀的必要性和重要性，深刻把握人文关怀的内涵，努力形成"关心服务对象、尊重服务对象、以服务对象为中心、以服务对象健康为中心"的人文环境和氛围。

(2) 深化"人文关怀"精神实质。做到关心服务对象，爱护服务对象，尊重服务对象。

(3) 树立"以人为本"的观念。树立"以人为本、和谐护患关系"的观念，尊重服务对象的人格尊严和健康权。

(4) 营造良好的人文环境。对养老机构服务人员的服务用语和行为应结合机构自身特点进行规范和训练，要树立良好的职业形象，上班时要有整洁的仪表。

(5) 重视专业知识的培训，并与人文精神相结合。

(6) 重视养老服务人员的综合素质。组织开展相关培训活动引导养老机构服务人员不断学习，提升自我技能。

4. 优质服务理念

优质服务既是服务专业自身发展的客观要求，也是市场经济规律的必然体现。在实践中，优质服务的内涵是良好的服务态度、优美的服务语言、规范的服务行为，充分展示微笑服务、舒适服务、超前服务和细微服务。

12.1.2　养老机构服务需求评估

评估即评价、估量，养老服务需求评估是为科学确定老年人服务需求类型、照料护理等级等，由专业人员依据相关标准对老年人生理、心理、精神、经济条件和生活状况等进行综合分析的评价工作，是养老机构服务的出发点和归宿。

1. 评估对象

需求评估的主要对象是将要入住养老机构的老年人。针对已经入住养老机构的老年人，机构也会根据老年人的具体情况，适时进行状态评估，以评估老年人的健康和自立能力改善情况，重新确定老年人的需求。

2. 评估要求

(1) 评估资格。根据民政部发布的《老年人能力评估标准》，进行需求评估的评估方应满足以下条件：评估机构应获得民政部门的资格认证或委托，评估机构至少有5名评估员；评估员应具有医学或护理学学历背景，或获得社会工作者资格证书，或获得高级养老护理员资格证书，并经过专门培训获得评估员资格认证。

(2) 评估内容。一方面，由于养老服务是以老年人需求为本的整体照护，需要考虑到老年人生理、心理、社会和精神层面的现状和需求；另一方面，为了保证评估结果的公正性和有效性，需要进行多角度评估。因此，以老年人为中心的整体评估需要纳入医生、护士、高级护理员、社工、心理咨询师、康复师等专业人员，这些专业人员成立评估专家委员会，针对老年人个人进行综合评定。

12.1.3 养老机构服务设计

养老机构服务设计主要是针对老年人需求评估结果制订的服务计划和措施，是养老机构为老年人提供服务的行动指南。

1. 服务设计的原则

(1) 政策性原则。政策是国家或特定权力机关在一定时期内为实现一定的目标而制定的行动依据和准则。因此，养老机构的服务设计要符合相关的政策要求，在政策指导下开展工作。

(2) 可操作性原则。养老机构帮老年人制订个性化的服务计划是为了控制服务流程，提高工作效率，从而提供让老年人满意的服务。计划只是理论上的知识，必须落实到服务过程中去，才能发挥其作用。因此，制订的服务计划必须具有较强的可操作性。

(3) 重要性原则。一般情况下，老年人同时存在许多需求，因此需要对这些需求进行排序，确定解决问题的顺序。排序时可遵循重要性和紧急性的原则，首先解决老年人认为最重要的问题，或者把对老年人生命和健康威胁最大的问题放在首位，然后依次解决。

2. 服务设计的内容——个案照护计划

作为一种服务型机构，养老机构所有工作的开展都是围绕着老年人进行的。每位老年人都是独立的个体，其身体状况、自理能力和服务需求也各不相同。因此，为提高服务质量，养老机构应帮助老年人制订个案照护计划。

个案照护计划是以一套系统的方法，通过充分地评估，识别老年人在身体、心理、精神和社会等不同方面的需要，从而制定相关的服务目标及程序，然后落实执行计划，以满足老年人的需要，并定期总结计划的成效。制订老年人个案照护计划是为了帮助老年人尽快适应养老机构内的生活，使老年人能更好地享受机构养老服务。

个案照护计划流程如下所述。

(1) 入住导向。入住第一天，帮助老年人及其家属熟悉养老机构规章制度、院内外环境设施、院内服务、房间设备、工作人员、同房间老年人等。入住向导任务由老年人的护理服务主管负责。

(2) 多元化综合评估。根据养老机构实际情况，可采用面谈或问卷的方法进行评估。参与评估的人员包括护理员、社工、医生、康复师、营养师等。评估时，环境应安静，善于运用视、听及触觉工具协助老年人理解评估问题。评估员应用友善、简单的语言表达，避免使用术语或专有名词；多看老年人的需要，少看老年人的问题，并要了解老年人与家人的关系及相互影响的结果。

(3) 制订初步照顾计划。根据老年人服务需求的分析结果，结合老年人入住后的实际情况，各部门负责人制订老年人的初步照顾计划。

(4) 确认照护计划。组织各部门负责人召开会议，协调各部门工作，共同商讨所制订的初步照护计划，并确定最终的照护计划。

老年人及其家属对照护计划享有知情权，养老机构相关负责人应向老年人及其家属解释和商定针对老年人的个案照护计划内容，最后由老年人或其家属签字确认。

(5) 执行个案照护计划。个案照护计划经部门负责人、老年人及其家属确认后，各部门服务负责人开始执行个案照护计划。

(6) 服务监督与评估。养老机构领导各部门的负责人不定期地组织检查活动，对服务质量进行监督，监督照护计划的落实情况，并对服务效果和满意度进行评估。

(7) 调整个案照护计划。在服务评估时如发现以下情形，则需要对老年人的个案照护计划进行调整：机构内老年人的服务质量评估未达标时应及时进行重新评估，修改个案照护计划；机构内老年人的照护风险发生变化时应及时进行重新评估，修订个案照护计划；机构内老年人的照护计划目标发生改变时应及时进行重新评估，修订个案照护计划。

个案照护计划调整后，个案照护服务按照新的计划来进行，重新开始新一轮的服务流程。

12.2　养老机构服务内容及服务流程

12.2.1　养老机构服务内容

在老年人个案照护计划的基础上，养老机构照护服务人员为老年人提供养老服务。虽然个案照护计划的服务内容具有个性化和差异性，但是由于都是在养老服务机构的服务范围之内，因此老年人所接受的服务内容主要在养老机构所包含的服务内容框架内。

目前，养老机构服务内容主要包括以下内容。

1. 个人生活照护服务

个人生活照护服务为入住的老年人提供持续性照顾，以确保老年人享有舒适、清洁的日常生活为目的，服务范围包括老年人个人清洁卫生、穿衣、修饰、饮食起居、口腔清洁、皮肤清洁护理、褥疮预防、便溺护理等。

2. 老年护理服务

老年护理服务以满足入住的老年人健康和医疗照护需求为目的，其服务范围包括老年社区护理、基础护理、老年专科疾病护理、老年心理护理、老年康复指导、老年期健康教育、健康咨询、护理技术操作、院内感染控制、临终护理等。

3. 心理/精神支持服务

心理/精神支持服务以满足老年期特殊心理需求为目的，其服务范围包括访视、访谈、危机处理、咨询活动等。心理/精神支持服务充分注意保护老年人的隐私权，并提供相应的心理咨询室作为服务场所。心理/精神支持服务工作应由社会工作者、医护人员或高级护理员负责。

4. 安全保护服务

安全保护服务以预防为主，采取适当的安全措施，避免或减少对老年人的伤害，服务范围包括提供安全设施、使用约束物品、改善老年人生活环境、采取预防措施等。

5. 环境卫生服务

环境卫生服务为老年人提供舒适、清洁、安全的养老环境，其服务范围包括老年人居室、室外的环境清洁等。

6. 休闲娱乐服务

休闲娱乐服务以满足老年人休闲娱乐需求为目的，其服务范围包括开展各种休闲娱乐活动，如棋、牌、器械、体育运动、书法、绘画、唱歌、戏曲、趣味活动、参观游览等。提供的休闲娱乐服务设施设备应按照《老年人社会福利机构基本规范》《养老机构设立基本办法》和《养老机构管理办法》等规定建造，提供休闲娱乐服务的人员应由社会工作者、职业治疗师、康复师、养老护理员、相关专业人士担任，并保留提供服务文件或记录。

7. 协助医疗护理服务

协助医疗护理服务的目的是照护服务人员在医生和护士的指导下完成简单的医疗护理照顾服务。协助医疗护理服务包括观察老年人日常生活情况变化；协助老年人服药、协助生活不能自理的老年人进行肢体活动；协助老年人使用助行器具；完成标本的收集送检；协助老年人并发症的预防；完成物品的清洁消毒，协助做好院内感染的预防工作。

养老机构具备一切协助医疗护理服务必要的服务设备(如助行器、轮椅、平车、大小便器、标本收集器皿、其他辅助器具)。

8. 医疗保健服务

医疗保健服务以满足入住老年基本医疗需求为目的，其服务范围包括为入住老年人提供健康管理、社区保健、健康咨询、康复指导、预防保健等。保健服务包括建立健康档案，提供老年专科医疗保健，维持或改善老年人状态，减轻老年人常见病，做好老年人常见病、多发病、慢性非传染性疾病的诊断治疗，做好院前急救工作和转院工作，为临终老年人提供医疗服务。提供医疗保健服务的人员应具有中华人民共和国执业医师资格。

9. 家居生活照料服务

家居生活照料服务以使老年人能在居住的环境中得到健康照料，帮助老年人和家庭提高自我照顾的能力为目的。家居生活照料服务包括指导家务管理、协助维持家庭生活、帮助老年人进行日常生活等。家居生活照料服务应由取得养老护理员职业资格证书的人员担任。

10. 膳食服务

养老机构根据营养学、卫生学要求、老年人生活、地域特点、民族、宗教习惯制定菜谱，为老年人提供营养丰富、全面合理的均衡饮食。膳食服务的范围包括食物的采购、处理、储存、烹饪、供应过程，以及提供适宜的就餐环境和提供一日三餐及食品的卫生监控管理。提供膳食服务的厨师应具有厨师职业资格证书。

11. 洗衣服务

洗衣服务以满足老年人清洁衣物的需求为目的。洗衣服务的范围包括送洗以及送回服务的整个服务过程。洗衣服务配备的设施设备应该按《老年人社会福利机构基本规范》《养老机构设立基本办法》和《养老机构管理办法》执行；衣物的分类、清洁、消毒、洗涤，整理等工作按《消毒技术规范》执行。工作人员提供洗衣服务时，应把老年人的衣物标识清楚，做到准确无误，清洁、折叠后送还给老年人。洗衣服务人员应由经过培训的洗衣员或养老护理员担任。

12. 物业管理维修服务

物业管理维修服务以满足入住的老年人日常生活基本需求、为老年人提供适合老年人生活特点、安全、合适、方便的生活环境为目的。服务范围包括提供水、电、取暖、降温、排污、消防、通信项目的维修与保养，保障生活设施完好。提供物业管理维修服务人员应由具有各科(电工、水暖工、电梯工、锅炉工)专业资格证书。

13. 陪同就医服务

陪同就医服务以协助监护人满足老年人基本医疗需求为目的，即协助监护人陪同老年人到指定的医疗机构就医。陪同就医服务工作应由受过培训的社会工作者、义工或养老护理员负责。

14. 咨询服务

咨询服务以帮助老年人解决各种疑难问题为目的，包括法律、心理、医疗、护理、康复、教育、服务等信息方面咨询。养老机构要建设专门的咨询室为老人提供咨询服务，提供咨询服务的人员应由社会工作者中的各类专业人员担任。

15. 通信服务

通信服务以满足老年人与家人和社会保持紧密的联系需求为目的，其服务范围包括为老年人和监护人提供通信便利、利用不同的通信手段协助联系亲友或监护人。

16. 送餐服务

送餐服务以满足将饮食送到老年人房间的服务需求为目的，其服务范围包括为无法独立购物或准备膳食的老年人提供一日三餐。送餐服务人员应由取得养老护理员或家政服务员职业资格证书的人员担任。

17. 教育服务

教育服务以满足老年人学习新知识、掌握新技能与社会交往的需求为目的。教育服务包括开展各类知识讲座(健康知识、时事教育、绘画技巧、音乐常识、照相技术、运动知识、电脑知识)，举办各种老年学校。养老机构提供教育服务应具备必要的设施设备(场地、教材、教学设备)，并通过评估老年人服务需求，有计划、有目的地开展教育服务。教育服务应由义工或社会各类专业人员担任。

18. 购物服务

为了帮助老年人解决购物不便问题，满足老年人的社会交往需求，为老年人提供代购物品或陪同购物的服务，称为购物服务。整个购物服务过程要做到准确记录购买的品种，按照约定要求购物，做到当面清点核实钱物并签字。陪同购物以保证老年人安全、防止意外发生为前提。提供购物服务的人员应由养老护理员或指定人员担任。

19. 代办服务

代办服务以帮助老年人解决信笺、文书书写，领取物品，交纳费用的困难，满足老年人与社会交往的需求为目的。代办服务包括代读、代写书信，帮助代领老年人的各种文件，代缴各种物品和费用。整个代办服务过程要做到保护老年人的隐私，不向他人谈论老年人的家庭情况。代领、代缴各种物品和费用时，工作人员要准确记录物品的门类，按照约定要求完成服务，做到当面清点核实钱物并签字。提供代办服务的人员应由社会工作者、义工、养老护理员或指定人员担任。

20. 交通服务

交通服务以方便老年人及监护人交通往来为目的，包括定时接送老年人及监护人。

提供交通服务的人员应由取得国家正式驾驶执照的人员担任。

12.2.2 养老机构服务流程

养老机构服务流程是指在老年人入住养老机构时，组织专业人员充分了解老年人各方面的服务需求，并在此基础上编制出针对老年人自身健康状况的个性化服务计划和服务方案后，对这些计划和方案的实施过程。它是保证养老机构服务方案落实，服务工作有序开展，检验养老机构服务质量的重要措施。养老机构服务流程一般如图 12-1 所示。

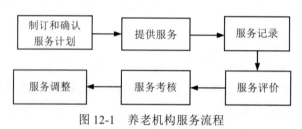

图 12-1　养老机构服务流程

1. 制订和确认服务计划

依据老年人需求评估的结果，根据实际情况，组织各部门专业人员制订老年人个性化服务计划和服务方案，并组织会议进行讨论，调整和确认老年人个案照护计划。

2. 提供服务

根据已确认的老年人个案照护计划方案，组织护理员、护士、医生、康复师、营养师、社会工作者等工作人员相互配合，为老年人提供专业化的服务。

3. 服务记录

每次在老年人接受服务后，服务人员要如实填写服务记录，由服务对象签字确认服务内容、服务时间等相关信息。各个部门按月将其汇总形成"服务确认报告"，于次月 1 日至 5 日提交至养老机构院部，并录入机构内部服务管理系统。

4. 服务评价

养老机构定期安排工作经验丰富的护理服务人员询问服务对象，检查和监督服务人员的服务态度、服务质量等，客观记录访护评价，填写"服务访护评价报告"，并录入系统。

5. 服务考核

组织服务质量检查小组，根据相关标准和规范，服务计划的执行情况以及服务评价结果，对服务人员进行考核。

6. 服务调整

定期评估老年人的需求情况，并根据服务评价结果，调整老年人的个性化服务计划和方案。

12.3 养老机构服务质量监督与评估

养老机构服务质量的监督与评估是养老机构进行质量管理、提升服务质量、保障老年人服务对象享受优质服务的重要措施。养老服务质量内涵一般应包括服务的安全性、适用性、有效性和经济性。在质量监督与评估过程中，养老机构需要明确服务质量的考核标准，并在此基础上进行质量管理。

12.3.1 服务质量监督

服务质量监督是养老机构在日常服务过程中进行的质量管理措施。对养老机构的服务质量进行监督有利于增强养老机构的竞争力，提高其市场占有率；提高养老机构自身的服务水平，提高老年人对养老机构的满意度；树立养老机构良好的形象，提高品牌的忠诚度；加强养老机构员工的服务意识，提高员工的素质和水平。

1. 服务质量监督主体

养老服务质量的监督主体可分为来自养老机构内部的监督者和来自养老机构外部的监督者。这里着重介绍养老机构内部的监督者。内部监督是养老机构服务质量监督的一个重要方式，参与到服务质量监督的内部监督者主要有养老机构管理层、各部门主管和员工个人。

2. 服务质量监督内容

养老机构质量管理是向老年人服务对象提供高质量服务的基础，监督服务过程就是保障服务质量的过程，具体内容包括生活照护、心理支援、医疗护理、康复护理、社交照顾、休闲娱乐、经济安排、安全保护等相关服务的质量监督。

(1) 生活照护服务质量监督。生活照护服务质量监督内容包括考察生活照料在内的各项护理服务，并依据护理规范、流程、服务质量与考核评价标准进行检查。生活照护服务质量监督主要检查以下三个方面。

① 居住场所的清洁卫生：检查机构内部的硬件设施和居住环境的卫生情况，例如老年人居室、楼层地面、门窗墙壁、家具电器和卫生间等是否符合卫生条件。

② 老年人生活护理：主要检查老年人的衣着护理、饮食护理、排泄护理、清洁照料护理、体位变换与移动护理、休息与睡眠护理等是否符合相关质量标准。

③ 护理交接班及护理记录：主要检查是否针对重点看护老年人实行了床旁交接班管理，检查护理文书记录与保管是否规范等。

(2) 心理支援服务质量监督。养老机构应当根据需要为老年人提供情绪疏导、心理咨询、危机干预等心理和精神慰藉服务。在进行服务质量检查时，主要考察养老机构是否针对老年人常见的心理问题实施过心理指导，是否有心理护理记录以及效果评价等。

(3) 医疗护理服务质量监督。医疗服务质量监督的内容是监督医务人员的医疗服务工作、检查医务人员的执业情况，其重点是检查具体的医疗工作环节，注重工作流程中的质量监督。整个监督过程应依据医疗机构管理办法、临床诊疗规范制定的服务与考核标准进行，主要检查以下两个方面。

① 监督和教育医护人员认真履行工作职责，严格执行各项医疗卫生管理法律、行政法规、部门规章和诊疗护理规范，严格遵守职业道德。例如，检查病历、医嘱、处方书写和临床诊疗操作是否符合规范，护士用药是否严格执行了"三查七对"，护理操作是否娴熟、规范等。

② 监督检查医护人员在老年人患病期间的各项护理操作(如基础护理、专科护理、临终护理等)是否规范准确。

(4) 康复护理服务质量监督。检查和监督高龄、长期卧床、脑卒中等偏瘫老年人的康复护理，如康复体位护理、主动或被动运动和压疮护理，组织老年人进行团体康复训练等。

(5) 社交照顾服务质量监督。社交照顾服务质量监督的内容包括是否定期组织老年人参与社交活动，参加的社会活动能否满足老年人参与社会交往的需求，老年人参与社会活动的安全保护措施是否到位等。

(6) 休闲娱乐服务质量监督。休闲娱乐服务质量监督的内容包括老年人休闲娱乐的场所和设施是否安全，休闲娱乐活动是否符合老年人的身体状况、满足老年人的精神文化需求，活动过程中是否有专人在旁边照顾以确保老年人在活动中的安全等。

(7) 经济安排服务质量监督。经济安排服务质量监督的内容包括养老机构能否保障老年人私人财产安全，对老年人的经济状况核实是否精确客观，对经济困难的老年人有没有采取适当的措施给予帮助。

(8) 安全保护服务质量监督。安全保护服务质量监督的目的是防范意外的发生，针对老年人常见的意外事件进行监督考核，如防盗、防噎食、防烫伤、防跌倒、防坠床和防走失等措施是否落实，是否存在安全隐患，以及针对养老机构消防安全进行监督等。

3. 服务质量监督方式

相对于其他监督方式，内部质量监督更加便捷，对养老机构服务质量监督所起的作用更大。养老机构内领导和管理部门的监督检查及考核以及老年人服务对象的反馈，能够显著加强养老机构及机构内员工的自律水平和服务质量。

(1) 部门的自查与纠错。各部门把服务质量检查变为常态工作，定期自查与纠错，不断改进服务质量。

(2) 院领导和职能部门的监督。院长和职能部门负责人应经常深入基层进行定期和不定期检查监督，向入住老年人及亲属发放服务质量满意度调查表，及时发现存在的服务质量问题，进而督促整改。

(3) 部门考核和员工考核。加强部门考核和员工的考核，通过月度、季度和年度服务质量评价及考核，督促部门和员工重视服务质量。评价考核的结果应与部门和员工的奖惩挂钩。

(4) 老年人反馈与投诉。老年人可通过电话或直接面谈等方式表达自己的意见。养老机构员工应自觉接受老年人的监督，对老年人的建议和投诉予以高度重视，并及时向老年人反馈。

12.3.2 服务质量评估

服务质量是衡量养老机构整体质量的重要标准。除了对养老机构服务质量进行过程性的监督之外，还需要对养老机构服务质量进行评估。

养老机构进行服务质量评估是为了规范养老机构服务体系，提升服务对象满意度和生活质量，提升机构运营效益。服务质量评估活动能够检验服务对象对于机构服务质量满意度的评价；发现养老机构服务过程中的不足，进而采取措施加以改进，提高养老机构的竞争力；提高机构的服务质量和员工素质，树立良好的市场形象，提高品牌忠诚度。

1. 服务质量评估主体

从事养老机构服务质量评估的人或机构是养老服务质量评估的主体。养老服务质量评估主体可分为两类：外部评估者和内部评估者。这里主要介绍的是养老机构的内部评估者。养老机构服务质量评估的内部评估者由与养老机构运营有直接利益关系的养老机构投资者或直接管理者组建的评估小组组成。

2. 服务质量评估内容

养老机构服务质量评估工作主要是针对养老机构本身、养老机构服务两个方面开展的。其中，养老机构是养老机构服务的承担者，其服务内容是最主要的评估对象。

(1) 对养老机构的评估。对养老机构的评估主要是指对养老机构的经营管理能力的评估。经营管理能力的评估主要包括养老机构的组织架构和管理制度是否完善，养老机构的运营管理过程是否正常、有序等。

在养老机构服务质量评估中，机构经营能力评估是服务质量的有效保障和条件。只有养老机构本身具有良好的经营能力，才能够保障养老机构服务的有效提供和质量。

(2) 对养老机构服务内容的评估。服务内容评估主要包括服务对象的需求评估、服务方案评估、服务过程评估、服务效果评估。服务需求评估主要是为了了解老年人的需求，从而为老年人制定符合老年人自身的服务方案，包括老年人日常生活活动、精神状态、感知觉与沟通以及社会参与等方面的评估。服务方案评估主要是评估针对老年人制定的个性化服务方案是否合理，是否符合老年人的实际情况，并找出不足之处，加以调整。服务过程评估主要检查服务方案的落实情况。服务效果评估则是检验养老机构服务质量，老年人及其家属对养老机构的服务是否满意。

3. 服务质量评估方式

(1) 定期组织专业人员对老年人进行需求评估和身体健康状况评估，以便对服务方案进行调整。

(2) 定期召集入住的老年人评选"最佳工作人员"。

(3) 定期召开老年人座谈会、老年人家属座谈会，认真听取他们的意见。对不满意之处，采取适当的措施进行改进；对满意的地方，继续发扬光大，争取做到更好。

(4) 组织由入住老年人或其家属组成的"老年人管理委员会"，使其参与到养老机构的管理服务人员工作的监督。

(5) 定期进行"入住老年人满意度调查"。

(6) 设置"院长意见箱"，并及时取阅和整理，形成对相关服务质量或者服务人员的考核依据。

第13章 养老机构入住老年人的能力评估

能力是指个体顺利完成某一活动所必需的主观条件。老年人能力是老年人日常生活活动能力、精神状态、感知觉与沟通能力、社会参与程度等多种因素综合作用的结果。评估是指由专业机构、人员，依据标准、相关规定和技术手段，按照一定的程序，进行分析研究，判断其结果和价值的一种活动。老年人能力评估是指依据标准、相关规定和技术手段，对老年人生理、心理和社会状态进行评价的过程，其评估报告是在此基础上形成的书面报告。老年人能力评估结果是养老服务机构或服务组织确定服务对象护理等级、制定服务方案，提供适合其能力等级所需的照护服务的重要依据。

根据《中华人民共和国老年人权益保障法》关于建立健全养老服务评估制度的要求，2013年民政部先后发布《关于推进养老服务评估工作的指导意见》(民发〔2013〕127号)、《老年人能力评估》(MZ/T 039—2013)。此后，全国各地结合当地实际，制定了开展老年人能力评估的具体实施意见。本章着重从老年人能力评估组织、原则、方法、流程、评估实施标准等方面做具体介绍。

13.1 能力评估组织

13.1.1 评估组织资质

根据民政部《关于推进养老服务评估工作的指导意见》和《老年人能力评估》相关规定要求，评估组织须具备以下条件，方可开展相关业务。

(1) 经过民政、工商或编办注册登记，具备独立法人资格，主要负责人须具备医学、社会工作、老年服务等相关专业背景，且从事养老服务管理工作年限不少于5年；或其他专业毕业，从事养老服务管理工作不少于8年。

(2) 有独立的银行账号。

(3) 有3人及以上专职工作人员，专职人员从事养老服务工作年限均不少于3年。

(4) 有稳定的评估员队伍，人数不少于5人。

13.1.2 评估员资质

具备以下条件之一者,可从事老年人能力评估工作。
(1) 医学护理、社会工作、老年服务与管理等相关专业毕业,从事养老服务工作不少于 3 年。
(2) 大专及以上学历,从事养老服务工作 5 年以上,取得高级养老护理员、社会工作者资质。
(3) 取得地方民政部门组织的养老服务评估员证书。

13.1.3 评估要求

养老机构老年人能力评估组织应满足以下几点要求。
(1) 评估组织应遵守法律法规,执行行业规范要求,遵循客观、科学、公平、公正的原则。
(2) 评估员实施评估工作应佩戴工作证,向评估对象表明身份,取得评估对象的配合。
(3) 为保证评估行为的规范性和公正性,确保评估结果的准确性,评估实施应由 2 名评估员共同协作完成。
(4) 设置评估室,评估环境应整洁、明亮、安静、舒适。

13.2 能力评估原则、方法与流程

养老机构以为入住老年人提供所需的服务为目的,而养老机构为老年人提供满意的服务的基础是对入住老年人身心状况的正确评估。

13.2.1 评估原则

1. 依规评估原则

老年人能力评估活动要符合国家相关评估规范,符合程序要求和规定标准,不得出现违规行为。

2. 公平公正原则

对每一个入住老年人都应该进行能力评估。评估结果要真实、准确、完整地反映老年人的基本情况,不能因为评估对象的年龄、身份或其他外部因素而改变评估条件。

3. 信息保密原则

评估机构和评估人员在评估工作中应有责任保护评估对象的个人信息安全。涉及评估对象的信息,未经评估对象许可不得公开和泄露。对按规定需要公示的评估对象信息应在一定范围内适度公开。

4. 动态评估原则

养老机构对老年人能力的评估包括老年人入住机构后即开展的初始评估、接受机构养老服务后的定期评估(一般每半年或一年评估一次)、身心状况变化后的即时评估及对结果有疑问的复评等。

13.2.2 评估方法

根据评估内容、信息来源、评估媒介的不同,老年人能力评估通常有以下几种方法。

1. 引述法

引述法是评估员通过与老年人交流或提问,引导其表述自己的基本情况及评价自己在日常生活活动、社会参与等方面的能力或水平的方法。此评估方法实施简便,节省时间,评估员可在较短时间里完成评估项目,多适用于能够准确表述自己的行为、正常反映自己的情绪态度的自理类老年人。

2. 代述法

代述法是指通过照护人、配偶或其他亲属对老年人的自理能力进行评价的方法。此类方法多用于意识或表达受限的失能、半失能或失智老年人。

3. 测验法

在评估老年人的精神状态项目时多采用测验法,即以客观操作为基础的评估方法。一般要求老年人完成一些日常生活中常见的任务,如算账、辨别时间、方位、填写单据、绘画等,根据任务的完成情况来评估其能力水平。此类方法是老年人能力评估中认知能力评估项目常用的方法之一,例如,虚拟买菜的加减法计算、方位判断、物品记忆、画钟实验等。

4. 情景模拟法

情景模拟法是指将老年人置于设定的现实生活环境中,使其在环境中完成日常生活行为,通过行为表现评价老年人自理能力的方法。此类方法的情景包括老年人穿衣、吃饭、如厕、上下楼、打电话、购物等。

在评估实施过程中,一般多采用两种或两种以上评估方法,以确保评估结果的准确性和客观性。

13.2.3 评估流程

评估流程是告知老年人如何获得评估服务,指导评估工作人员如何开展评估工作的具体方法,是保证评估工作统一、有序进行的必要条件。这里在参考上海市老年照护统一需求评估的相关工作流程的基础上,制定了图 13-1 服务需求评估流程。各地养老机构可根据实际的评估责任方,制定符合本地实际的评估流程。

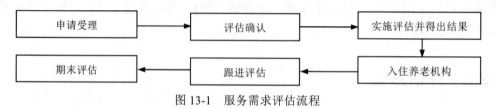

图 13-1 服务需求评估流程

1. 申请受理

老年人可以通过电话网络或手机 App 等线上方式,也可以通过社区事务受理服务中心、社区综合为老服务中心等线下方式申请老年人照护统一需求评估。管理平台对老年人的申请进行资格审核后,委托第三方评估机构安排评估团队上门开展评估。

2. 评估确认

确认评估人员,并与老年人或者其家属预约评估的时间,准备评估时所用的工具和材料。评估工作由 2 名评估员完成,评估环境要安静整洁,光线明亮,空气清新,温度适宜。

3. 实施评估并得出结果

评估人员上门评估,并签字确认,形成评估报告和服务建议,反馈至管理平台,由管理平台通知申请人。若对评估结果有异议,可在收到评估结果之日起 30 个工作日内申请复核评估。

根据老年人照护需求或者日常生活自理能力评估表相关信息,计算出老年人的综合评估得分以及所属的评估等级,出示评估结果报告,并告知老年人。将需求评估的结果录入信息系统,以便随时调用和参考。

4. 入住养老机构

管理平台依据需求等级评估结果,结合老年人的自主选择,进行养老服务机构的分派。

5. 跟进评估

老年人入住养老机构后,在评估有效期内,其身体状况和生活自理能力可能会发生明显变化,机构需要对老年人现阶段情况进行状态评估,出具准确的评估结果报告。

6. 期末评估

在评估有效期满前,对老年人进行身体状况和自理能力的评估,以确定老年人的照护服务效果情况。

13.3 能力评估实施标准

2013年，中华人民共和国民政行业标准《老年人能力评估》(MZ/T 039—2013)正式颁布实施，为老年人能力评估提供了规范统一的实施工具。下面，以民政部《老年人能力评估》(MZ/T 039—2013)为例进行介绍老年人能力评估指标和量表。

13.3.1 评估指标

《老年人能力评估》中，一级指标共4个，包括日常生活活动、精神状态、感知觉与沟通、社会参与。二级指标共22个，其中日常生活活动包括10个二级指标；精神状态包括3个二级指标；感知觉与沟通包括4个二级指标；社会参与包括5个二级指标(见表13-1)。该老年人能力评估指标分别从生理、心理、精神，社会等方面对老年人能力进行评估，并给予综合评价，判定老年人的4个能力等级。

表13-1 老年人能力评估指标

一级指标	二级指标
日常生活活动	进食、洗澡、修饰、穿衣、大便控制、小便控制、如厕、床椅转移、平地行走、上下楼梯
精神状态	认知功能、行为问题、抑郁症状
感知觉与沟通	意识水平、视力、听力、沟通交流
社会参与	生活能力、工作能力、时间/空间定向、人物定向、社会交往能力

1. 日常生活活动

日常生活活动是老年人为独立生活而每天必须反复进行的、基本的、具有共同性的身体动作群，包括进食、洗澡、修饰、穿衣、大小便控制、如厕等。日常生活活动是反映老年人健康状况及生活自理能力的重要指标之一，一旦老年人丧失生活自理能力，不仅限制其生活自由，影响生活质量，还给家庭和社会带来沉重的负担。因此，日常生活活动成为老年人能力评估的基本内容。

2. 精神状态

精神状态包括认知功能、行为问题、抑郁症状等方面的表现。

(1) 认知功能。认知功能包括记忆力、定向力注意力、判断力、解决问题的能力等。认知功能对老年人是否能够独立生活有重要的影响。因此，用简易方法判断老年人是否存在认知功能障碍是精神状态评估的一个重要内容。

(2) 行为问题。部分老年人由于疾病、性格改变等原因，可能出现一些异常行为。其中，攻击行为(包括身体和语言攻击行为)是异常行为的主要表现，不仅给老年人自身的安全带来危险，还会危及周围老年人和照护人员的安全，对老年护理服务的提供及管理带来挑战。因此，评估老年人是否有攻击行为是行为问题评估的关键内容。

(3) 抑郁症状。随着年龄的增长，老年人不仅经历了身体功能的老化和各种慢性疾病的侵袭，还会面临离退休、丧偶、子女离家等生活事件，容易出现抑郁情绪。被抑郁情绪困扰的老年人表现为情绪低落、思维迟缓、丧失兴趣、缺乏活力、食欲减退、失眠等，不但影响老年人的日常活动，而且易导致自杀行为发生，严重危及老年人的生命安全。

3. 感知觉与沟通

感知觉与沟通包括意识水平、视力、听力、沟通交流等方面。

(1) 意识水平。意识水平分为神志清醒、嗜睡、昏迷等不同水平，直接影响老年人的活动能力和日常照护需求。

(2) 视力。由于视神经的老化以及老年性白内障的影响，老年人大多视力低下，从而影响其日常生活的独立性。

(3) 听力。听力的下降以及老年性耳聋等疾病使老年人对周围环境的适应能力下降，从而在一定程度上影响老年人日常生活的独立性。

(4) 沟通交流。老年人能否准确表达自己的需求和感受，以及能否正确理解他人的语言，对其生活有着直接影响，因此感知觉与沟通是老年人能力评估的重要内容之一。

4. 社会参与

社会参与是指老年人与周围人群和环境的联系与交流的能力，包括生活能力、工作能力、时间/空间定向、人物定向和社会交往能力。社会参与能力对老年人生活的独立性及其生活质量有很大影响，因此对老年人进行能力评估时，除了设计生理、心理方面的能力外，还应涉及社会能力的评估。

此外，近年来，各地相继出台地方性评估标准，如《南京市老年人能力评估标准(试行)》(宁民规〔2013〕7号)，该标准一级指标共4个，包括日常生活活动、认知能力、情绪行为、视听觉。二级指标共15个，其中日常生活活动包括6个二级指标，认知能力包括4个二级指标，情绪行为包括3个二级指标，视听觉包括2个二级指标。南京市老年人能力评估指标如表13-2所示。

表13-2 老年人能力评估指标

一级指标	二级指标
日常生活活动	吃饭、穿衣、如厕、室内走动、洗澡、控制大小便
认知能力	近期记忆、程序记忆、定向记忆、判断能力
情绪行为	情绪、行为、沟通
视听觉	视觉、听觉

13.3.2 评估量表

1. 日常生活活动评估表(见表 13-3)

表 13-3 日常生活活动评估表

项目	得分	评分细则
1.1 进食，指用餐具将食物由容器送到口中、咀嚼、吞咽等过程	□分	10 分，可独立进食(在合理的时间内独立进食准备好的食物)
		5 分，需部分帮助(进食过程中需要一定帮助，如协助把持餐具)
		0 分，需极大帮助或完全依赖他人，或有留置胃管
1.2 洗澡	□分	5 分，准备好洗澡水后，可自己独立完成洗澡过程
		0 分，在洗澡过程中需他人帮助
1.3 修饰，包括洗脸、刷牙、梳头、刮脸等	□分	5 分，可自己独立完成
		0 分，需他人帮助
1.4 穿衣，包括穿或脱衣服、系扣、拉拉链、穿或脱鞋袜、系鞋带	□分	10 分，可独立完成
		5 分，需部分帮助(能自己穿或脱衣服，但需他人帮助整理衣物、系扣鞋带、拉拉链)
		0 分，需极大帮助或完全依赖他人
1.5 大便控制	□分	10 分，可控制大便
		5 分，偶尔失控(每周<1 次)，或需要他人提示
		0 分，完全失控
1.6 小便控制	□分	10 分，可控制小便
		5 分，偶尔失控(每天<1 次，但每周>1 次)，或需要他人提示
		0 分，完全失控，或留置导尿管
1.7 如厕，包括解开衣裤、擦净、整理衣裤、冲水	□分	10 分，可独立完成
		5 分，需部分帮助(需他人搀扶、需他人帮忙冲水或整理衣裤等)
		0 分，需极大帮助或完全依赖他人
1.8 床椅转移	□分	15 分，可独立完成
		10 分，需部分帮助(需他人搀扶或使用拐杖)
		5 分，需极大帮助(较大程度上依赖他人搀扶和帮助)
		0 分，完全依赖他人
1.9 平地行走	□分	15 分，可独立在平地上行走 45m 左右
		10 分，需部分帮助(因肢体残疾、平衡能力差、过度虚弱、视力等问题，在一定程度上需他人搀扶或使用拐杖、助行器等辅助用具)
		5 分，需极大帮助(行走时较大程度上依赖他人搀扶，或坐在轮椅上自行在平地上移动)
		0 分，完全依赖他人

(续表)

项目	得分	评分细则
1.10 上下楼梯	□分	10分，可独立上下楼梯(连续上下10~15个台阶) 5分，需部分帮助(需扶着楼梯，或需他人搀扶，或使用拐杖等) 0分，需极大帮助或完全依赖他人
日常生活活动总分及分级	□分 □级	以上10项得分之和 0级：能力完好，总分100分； 1级：轻度受损，总分61~99分； 2级：中度受损，总分41~60分； 3级：重度受损，总分≤40分

2. 精神状态评估表(见表13-4)

表13-4 精神状态评估表

项目	得分	评分细则	
2.1 认知功能	□分	测试前陈述：我说三样东西，请重复一遍，并记住，一会儿会问您：手表、钢笔、水杯	
		测验	(1) 画钟测验：请在这儿画一个圆形时钟，在时钟上标出9点15分
			(2) 回忆词语：现在请您告诉我，刚才我要您记住的三样东西是什么？ 答：(　)、(　)、(　)。(不必按顺序回答)
		0分，画钟正确(画出一个闭锁圆，指针位置准确)，且能回忆出两三个词语	
		1分，画钟错误(画的圆不闭锁，或指针位置不准确)，或只回忆出1个词语	
		2分，已确诊认知障碍，如老年痴呆	
2.2 攻击问题	□分	0分，无身体攻击行为(如打、踢、推、咬、摔东西)和语言攻击行为(如骂人、语言威胁、尖叫)	
		1分，每月有几次身体攻击行为，或每周有几次语言攻击行为	
		2分，每周有几次身体攻击行为，或每日都有语言攻击行为	
2.3 抑郁症状	□分	0分，无	
		1分，情绪低落、不爱说话、不爱梳洗、不爱活动	
		2分，每周有几次身体攻击行为，或每日都有语言攻击行为	
精神状态总分	□分	以上三项得分之和	
精神状态分级	□级	0级：能力完好，总分0分； 1级：轻度受损，总分1分； 2级：中度受损，总分2~3分； 3级：重度受损，总分4~6分	

3. 感知与沟通能力评估(见表 13-5)

表 13-5 感知觉与沟通能力评估表

项目	得分	评分细则
3.1 意识水平	□分	0分，神志清醒，对周围环境警觉
		1分，嗜睡，表现为睡眠状态过度延长，当呼唤或推动患者的肢体时可唤醒，并能进行正确的交谈或执行指令，停止刺激后又继续入睡
		2分，昏睡，一般的外界刺激不能使其觉醒，给予较强烈的刺激方有短时的意识清醒，醒后可简短回答提问，当刺激减弱后又很快进入睡眠状态
		3分，昏迷，处于浅昏迷时对疼痛刺激有回避和痛苦表情；处于深昏迷时对刺激无反应(若评定为昏迷，直接评定为重度失能，可不进行以下项目的评估)
3.2 视力，若平日戴老花镜或近视镜，应在佩戴眼镜的情况下评估	□分	0分，能看清书报上的标准字体
		1分，能看清楚大字体，但看不清书报上的标准字体
		2分，视力有限，看不清报纸大标题，但能辨认物体
		3分，辨认物体有困难，但眼睛能跟随物体移动，只能看到光、颜色和形状
		4分，没有视力，眼睛不能跟随物体移动
3.3 听力，若平时佩戴助听器，应在佩戴助听器的情况下评估	□分	0分，可正常交谈，能听到电视、电话、门铃的声音
		1分，在轻声说话或说话距离超过 2m 时，听不清
		2分，正常交流有些困难，需在安静的环境或大声说话才能听到
		3分，讲话者大声说话或缓慢说话时，老年人才能听见部分内容
		4分，完全听不见
3.4 沟通交流，包括非语言沟通	□分	0分，无困难，能与他人正常沟通和交流
		1分，能够表达自己的需要及理解别人的话，但需要增加时间或给予帮助
		2分，表达需要或理解有困难，需频繁重复或简化口头表达
		3分，不能表达需要或理解他人的话
感知觉与沟通分级	□级	0级：能力完好，意识清醒，且视力和听力评为 0 分或 1 分，沟通交流评为 0 分；
		1级：轻度受损，意识清醒但视力或听力中至少一项评为 2 分，或沟通评为 1 分；
		2级：中度受损，意识清醒，但视力或听力中至少一项评为 3 分，或沟交流通评为 2 分；或意识为嗜睡，视力或听力评为 3 分及以下，沟通交流评为 2 分及以下；
		3级：重度受损，意识清醒或嗜睡，视力或听力中至少一项评为 4 分，但沟通交流评为 3 分；或意识为昏睡或昏迷

4. 社会参与能力评估(见表 13-6)

表 13-6 社会参与能力评估表

项目	得分	评分细则
4.1 生活能力	□分	0分,除个人生活自理外(如饮食、洗漱、穿戴、二便),能料理家务(如做饭、洗衣)或当家管理事务
		1分,除个人生活自理外,能做家务,但欠好,家庭事务安排欠条理
		2分,个人生活能自理;只有在他人帮助下才能做些家务,但质量不好
		3分,个人基本生活事务能自理(如饮食、二便),在督促下可洗漱
		4分,个人基本生活事务(如饮食、二便)需要部分帮助或完全依赖他人
4.2 工作能力	□分	0分,原来熟练的脑力工作或体力技巧性工作可照常进行
		1分,原来熟练的脑力工作或体力技巧性工作能力有所下降
		2分,原来熟练的脑力工作或体力技巧性工作能力明显不如以往,部分遗忘
		3分,对熟练工作只有一些片段保留,对技能类操作全部遗忘
		4分,对以往的知识或技能全部遗忘
4.3 时间/空间定向	□分	0分,时间观念(年、月、日、时)清楚,可单独出远门,能很快掌握新环境的方位
		1分,时间观念有些下降,年、月、日清楚,但有时相差几天;可单独来往于近街,知道现住地的名称和方位,但不知回家路线
		2分,时间观念较差,年、月、日不清楚,可知上半年或下半年;只能单独在家附近行动,对现住地只知名称,不知道方位
		3分,时间观念很差,年、月、日不清楚,可知上午或下午;只能在邻右舍间串门,不知现住地名称和方位
		4分,无时间观念,不能单独外出
4.4 人物定向	□分	0分,知道周围人们的关系,知道祖孙、叔伯、姑姨、侄子、侄女等称谓的意义;可分辨陌生人的大致年龄和身份,可用适当称呼
		1分,只知家中亲密近亲的关系,不会分辨陌生人的大致年龄,不能称呼陌生人
		2分,只能称呼家中人,或只能照样称呼,不知其关系,不辨辈分
		3分,只认识常同住的亲人,可称呼子女或孙子、孙女,可辨熟人和生人
		4分,只认识保护人,不辨熟人和生人
4.5 社会交往能力	□分	0分,参与社会,在社会环境有一定的适应能力,待人接物恰当
		1分,能适应单纯环境,主动接触人,初见面时难让人发现智力问题,不能理解隐喻语
		2分,脱离社会,可被动接触,不会主动待人,谈话中很多不适词句,容易上当受骗
		3分,勉强可与人交往,谈吐内容不清楚,表情不恰当
		4分,难以与人接触

(续表)

项目	得分	评分细则
社会参与总分	□分	上述 5 个项目得分之和
社会参与分级	□级	0 级：能力完好，总分 0~2 分； 1 级：轻度受损，总分 3~7 分； 2 级：中度受损，总分 8~13 分； 3 级：重度受损：总分 14~20 分

综上，编制"老年人能力评估报告"(见表 13-7)。

表 13-7 老年人能力评估报告

一级指标分级	1. 日常生活活动：□级	2. 精神状态：□级
	3. 感知觉与沟通：□级	4. 社会参与：□级
老年人能力初步等级	□0 能力完好　□1 轻度失能　□2 中度失能　□3 重度失能	
等级变更条款	1. 有认知障碍或痴呆、精神疾病者，在原有能力级别上提高一个等级； 2. 近 30 天内发生过 2 次及以上跌倒、噎食、自杀、走失者，在原有能力级别上提高一个等级； 3. 处于昏迷状态者，直接评定为重度失能； 4. 若初步等级确定为"3 重度失能"则不考虑上述各情况对最终等级的影响，等级不再提高	
老年人能力最终等级	□0 能力完好　□1 轻度失能　□2 中度失能　□3 重度失能	

评估员签字：(　　　)、(　　　)　　　日期：
信息提供者签名：(　　　)、(　　　)　　　日期：

第 14 章 养老机构照护服务

照护服务是养老机构的中心工作和养老服务的核心内容,照护服务的质量和水平直接关系到入住老年人的生活质量与生命安危,也关系到养老机构的生存与发展。

14.1 养老机构照护服务需求及内容

14.1.1 老年人照护服务需求

1. 生理方面

在老年人中,非传染性疾病和慢性病增多。非传染性疾病和慢性病是指病程持续时间长、发展缓慢的疾病,主要包括心血管疾病、癌症、慢性呼吸道疾病、糖尿病等。不同年龄人口的慢性疾病患病率不同,患病率随着年龄的增长而上升,65 岁及以上人口的慢性病患病率已达到 64.54%。老年人身体器官、组织、功能也随之衰退,逐渐出现一系列问题,需要他人协助和服务的内容越来越多。

2. 心理和社会方面

从心理和社会的角度分析,老年人对周围环境变化的适应性减退,自我控制能力降低;逐渐从工作和家务劳动的一线退出,需要不断调整心态,主要体现在需要更多的安全感、归属感、亲情感、便利感、舒适感,受到尊重和关爱的愿望更加强烈。

14.1.2 照护服务主要内容

养老机构在照护老年人过程中,要针对老年人照护服务的需求,以能力等级划分为基础,设计相应的护理服务内容及服务实施,确定实施的方法及提供服务的人员,包括护士、养老护理员、助理护士及其他相关辅助人员,以达到护理人力资源的合理利用。同时,根据护理服务的内容制定相应护理标准和流程,包括个人生活照护、安全防护、心理支持、护理评估、康复护理、健康指导、安宁护理、社会功能训练、特别护理。

1. 个人生活照护

为老年人提供持续性生活照顾，以确保其享有舒适、清洁的日常生活。老年人个人生活照护包括个人清洁卫生、穿衣、修饰、饮食起居、口腔清洁、皮肤清洁、压疮预防、排泄、活动等。

(1) 个人清洁卫生，包括洗脸、洗手、洗头(包括床上洗头)、洗脚、整理老年人物品、清洁平整床铺、更换床单。

(2) 穿衣，包括穿衣、扣扣子、更换衣物、系鞋带。

(3) 修饰，包括梳头、化妆、剪指甲、修面。

(4) 饮食起居，包括喂食、饮水。

(5) 口腔清洁，包括刷牙、漱口、特殊口腔护理。

(6) 皮肤清洁，包括清洗会阴，擦洗胸背部、腿部，沐浴。

(7) 压疮预防，除保持床单的干燥、清洁平整床铺、更换床单、清洁皮肤外，应定时更换老年人卧位，减轻其皮肤的受压状况。

(8) 排泄，包括定时提醒如厕，使用便盆、尿壶协助排便、排尿，协助大小便失禁、尿潴留或便秘、腹泻的老年人排便、排尿，实施人工排便，清洗、更换尿布。

(9) 活动，包括协助老年人上下楼梯、平地行走、床和椅的转移，协助扶起及安顿入座椅或轮椅。

2. 安全防护

安全防护以预防为主，采取适当的安全措施，达到避免或减少对老年人伤害的目的。安全防护包括提供安全设施、使用保护性约束用具、采取安全预防措施、控制机构内部感染和成立感染控制小组。

(1) 提供安全设施，包括防滑地面、床挡、安全扶手、安全标志、紧急通道标志、紧急呼救系统照明设施，防护垫。

(2) 使用保护性约束用具，包括约束带、约束衣、约束手套等。在防止老年人可能伤害自己或伤害他人，或防止老年人跌倒、坠床，防止老年人自行除去尿袋、鼻饲管、尿布、衣服和其他危险因素，并与家属签署知情同意书的情况下，养老机构才能使用保护性约束用具。

(3) 采取安全预防措施，包括评估老年人不安全因素，制定意外伤害的预防方案，定期检查安全程序的落实情况。

(4) 控制机构内部感染。控制机构内部感染是指为预防和控制机构内感染和传染病，保证老年人的安全而采取的措施。

(5) 成立感染控制小组。感染控制小组包括医生、护士、机构管理者。感染控制小组制定相关条例和技术规范，以防止监测、控制和报告机构内部感染；为老年人提供一个卫生的环境，避免感染传染病。

3. 心理支持

心理支持包括提供探视机会、心理咨询服务，护理人员经常与老年人交谈。提供服务时应注意保护老年人的隐私权，提供必要的服务场所，制定心理社会支持评估体系，以便及时发现老年人的心理问题。

4. 护理评估

护理评估包括入住评估、机构内评估、护理和治疗效果的评估、各种危险因素的评估以及病情评估，以便及时发现问题。

5. 康复护理

(1) 失禁功能训练。为大小便失禁的老年人提供功能训练的机会和指导。

(2) 日常生活能力训练。对日常生活活动中重度依赖的老年人提供日常生活能力训练的机会和指导。

(3) 协助专业康复。针对进行专业康复治疗的老年人，医护人员遵照医嘱协助、指导其进行康复，并在老年人专业康复的间歇期督促老年人持续自我训练。

(4) 肌肉关节活动范围训练。指导老年人进行肌肉关节活动，为长期卧床老年人提供被动的关节活动范围训练。

6. 健康指导

为老年人提供医疗、护理、康复方面的咨询，定期对老年人进行疾病相关知识的指导与教育。

7. 安宁料理

安宁料理包括减轻临终期老年人的疼痛，提高临终期老年人的生活质量；做好临终期老年人的心理护理、死亡教育和家属的心理支持。

8. 社会功能训练

社会功能训练是指组织各种文娱活动、体育活动和各种社会活动，以丰富老年人精神文化生活，帮助其建立新的社会关系，努力营造大家庭色彩，满足其社会交往和社会情感的需要。

9. 特别护理

特别护理服务是根据老年人入住评估中存在的相关健康问题以及有关病情情况，有针对性地提供下列服务内容。

(1) 与疾病相关的病情观察。根据老年人病情的需要，遵照医嘱，及时、准确地观察老年人的意识状态、生命体征、心理状态、特殊检查和治疗的情况，以便为老年人进一步的治疗和护理服务提供依据。

(2) 与疾病相关的给药护理。根据医嘱对老年人进行正确给药，包括静脉输液、注射药、口服药、外用药栓剂等。

(3) 与健康问题相关的护理服务。针对老年人具体的健康问题，提供相应的护理服务，例如，针对入住老年人压疮的危险和针对已存在压疮的老年人提供压疮的护理服务；针对带有鼻饲管、胃肠造瘘管、留置导管、伤口引流管的老年人进行管道维护，记录管道及引流情况，预防感染和并发症；指导与协助老年人结肠造口的护理，直至老年人能独立更换造口袋，并维护造口部位的卫生等。

(4) 其他。遵照医嘱执行其他的治疗性护理服务，例如，针对慢性阻塞性肺疾病或其他疾病导致的缺氧给予给氧、雾化吸入等治疗。

14.2 养老机构照护服务的操作规范

14.2.1 清洁护理

1. 洗发

1) 操作前评估

(1) 评估老年人病情。若为心肌梗死急性期、需要绝对卧床、颈椎骨折、病情危重或身体极为虚弱的老年人则避免洗发。

(2) 评估老年人的生活自理能力和四肢活动能力，能否坐起配合等。

(3) 评估老年人头发的长短、清洁度，头皮有无伤口和感染。

2) 注意事项

(1) 洗发过程中，应为老年人保暖，注意观察老年人的面色、脉搏、呼吸，如有异常，应停止操作。

(2) 操作中保持老年人体位舒适，保护伤口及各种管路，防止水流入耳、眼。

(3) 将洗发液(膏)均匀涂抹在老年人的头发上，双手指腹由发际向头顶部揉搓头皮及头发，力量适中，避免抓伤头皮。

(4) 洗净后吹干头发，防止受凉。

2. 温水擦浴

1) 操作前评估

(1) 评估老年人病情、生活自理能力、伤口情况、各种导管的留置及心理状态等：对石膏固定、牵引、长期卧床、病重虚弱、四肢无活动能力、不能自理的老年人，给予床上温水擦浴；对带有导管的老年人，应注意导管的固定和通畅情况。

(2) 评估老年人皮肤情况：皮肤的完整性(有无破损、出血、皮疹、水疱、硬结等)、颜色(有无皮肤红肿等)和清洁度(出汗情况、体表散发的气味和皮肤皱褶处的清洁情况)。

2) 注意事项

(1) 室温控制在22℃~26℃，尽量减少暴露，注意保暖和保护隐私。

(2) 水温在 40℃~45℃为宜，并根据老年人耐受性及季节进行调整，擦浴的方法和顺序要正确。

(3) 擦浴过程中，适时换水，毛巾、脸盆等用具应分开专用，并及时清洗。

(4) 擦浴时，注意保护伤口和各种管路。

(5) 擦浴后，检查和妥善固定各种管路。

3. 沐浴

1) 操作前评估

(1) 评估老年人病情(有无心脏疾病、有无骨折、是否患有需要绝对卧床休息的疾病)、生活自理能力(四肢活动能力，是否能自行走到浴室)、有无导管(人工肛门、造口、气管切开导管、氧气管等)及心理状态等。

(2) 评估老年人皮肤的完整性(有无破损、出血、皮疹、水疱、硬结等)、颜色(有无苍白、发紫、黄疸和色素沉着等)、温度(是否正常，有无发热或冰冷)、弹性(有无水肿、干燥等)、感觉(对冷、热触痛的感觉是否正常，有无皮肤瘙痒等)和清洁度(出汗情况、体表散发的气味和皮肤皱褶处的清洁情况)。

2) 注意事项

(1) 评估老年人一般情况后，选择合适的沐浴方式(淋浴或盆浴)，当老年人身体不适或精神衰弱时不宜沐浴。

(2) 避免空腹或饱餐时沐浴，忌突然蹲下或站立，沐浴时间应适度。

(3) 室温控制在 22℃~26℃。注意浴室内的通风，防止对流风。

(4) 沐浴前，先调节水温，水温一般控制在 40℃~45℃，根据老人耐受性及季节因素合理调温；沐浴过程中注意水温变化，如需再次调节水温，应让水流离开老年人身体。

(5) 沐浴时取舒适、稳固的坐姿，肢体处于功能位，擦洗顺序为先面部后躯体；沐浴过程中注意观察老年人身体情况，发现异常及时处理，应防止烫伤、跌倒、着凉等不良事件的发生。

14.2.2 生命体征的观察与护理

1. 体温

视老年人情况定期测量体温，对于体温异常的老年人要进行如下护理。

(1) 密切观察病情，包括面色、脉搏、呼吸、血压及一些伴随症状，如有异常，立即与医生联系。

(2) 体温在 39℃以上时进行物理降温，可用冷毛巾、冰袋在头部、大动脉处作局部冷敷，也可采用温水擦浴等方式。

(3) 体温在 32℃~35℃为轻度体温下降，体温在 30℃~32℃为中度体温下降，体温低于 30℃为重度体温下降，严重体温下降可危及生命。对体温下降者要做好保暖工作，维持室温在 22℃~24℃，给予毛毯、棉被、电热毯等，添加衣物。

2. 脉搏

正常脉搏为 60～100 次/分，脉律均匀，间隔时间相等。对脉搏异常老年人的护理要注意以下几个方面。

(1) 加强观察脉搏的频率、节律、强弱及老年人自觉症状，观察有无药物引起的不良反应，发现异常及时报告医生。

(2) 做好老年人心理护理，控制老年人情绪激动，消除其紧张和恐惧心理，稳定情绪。

(3) 合理安排老年人休息与活动，避免剧烈活动，告诉老年人此时勿用力排便，戒烟限酒。

(4) 在医嘱指导下做好相关疾病护理。

3. 呼吸

安静状态下，正常呼吸频率为 16～20 次/分。对呼吸异常老年人的护理要注意以下几个方面。

(1) 评估老年人目前健康状况，观察有无咳嗽、咳痰、气急及胸痛等症状，帮助老年人有效咳嗽，保持其呼吸道通畅，发现异常及时报告医生。

(2) 保持环境安静、空气清新，调节好室内的温度、湿度。

(3) 根据病情合理安排老年人休息与活动，当老年人剧烈、频繁的咳嗽时，需取合适的体位卧床休息。

(4) 根据老年人健康状况适当增加饮食中蛋白质与维生素摄入，给予充足的水分和热量。

(5) 保持老年人心理安静，根据医嘱给予其氧气吸入，半坐卧位，以改善呼吸困难情况。

4. 血压

正常成人安静状态下，收缩压为 90～140mmHg，舒张压为 60～90mmHg，脉压差为 30～40mmHg。对血压异常老年人的护理要注意以下几方面。

(1) 要定部位、定时、按要求准确监测血压，教育老年人遵医嘱用药，不可随意增减药量、停药或自行更换药物。

(2) 平时合理饮食，减重、限盐，戒烟限酒，有规律锻炼，保持心情舒畅，避免大喜大悲。

(3) 预防体位性低血压。老年人从卧位到站立、从蹲位到站立要慢；醒来后床上躺卧活动半分钟，床上坐半分钟，双腿垂下床沿坐半分钟，再慢慢站立。

14.2.3 饮食及更衣护理

1. 饮食护理

1) 操作前评估

(1) 评估老年人的自理能力、自行进食能力和消化系统功能；判断有无偏瘫、吞咽困难，是否需要协助进食，有无口腔和消化系统疾病，有无食物过敏等。

(2) 评估老年人是否需要餐前、餐中用药，暂停非紧急的治疗、检查和护理。

(3) 评估食物的种类、温度、软硬度是否符合老年人的饮食要求。

2) 饮食过程护理

(1) 进食前护理：护理人员衣帽整洁，洗净双手，做好饮食选择，清洁就餐环境，及时准确分发食物。

(2) 进食时护理：观察老年人进食，协助有需要的老年人进食；对不能自行进食的老年人，应耐心喂食。

(3) 进食后护理：及时撤去餐具，清理食物残渣，整理床单，协助老年人洗手、漱口，同时做好必要的记录。

(4) 管饲护理：①管饲液应现用现配；②管饲之前，先测老年人温度，管饲液的温度在38℃左右；③根据医嘱选择、配制管饲液；④保持老年人口腔清洁，定期更换胃管。

3) 注意事项

(1) 用餐前，老年人和护理人员须洗手。

(2) 对有咀嚼和吞咽功能障碍的老年人，要将食物切碎。

(3) 关注和纠正老年人的进食姿势(坐位：身体微倾；卧位：宜抬高床头20°～30°，斜侧卧位或头偏向一侧)。

(4) 保持正确的喂食姿势，并注意喂食时的速度、总进食量及食物的温度。

(5) 护理人员应位于老年人侧面，由下方将食物或水送入老年人口中。

(6) 每次进食前，应先协助老年人进汤或水。

(7) 为有视力障碍老年人喂食时，告知老年人食物名称。

(8) 进食完毕后，给予老年人漱口，并维持原卧位20～30min。

2. 更衣护理

1) 操作前评估

(1) 评估老年人病情、意识状态及生活自理能力。

(2) 评估老年人对自身仪表的重视程度及合作程度。

(3) 评估老年人肢体的活动度、有无肢体偏瘫。

(4) 评估老年人近期有无手术，有无引流管及输液管等。

2) 注意事项

(1) 遵循安全原则。

(2) 根据老年人的体形选择合适、清洁的衣服，并保护老年人隐私。

(3) 根据老年人情况采取不同的更衣方法，可采取半坐卧位或坐位更换衣物；对不能坐起的老年人，可采取轴式翻身法更换衣物。

(4) 更衣过程中，注意保护老年人伤口和各种管路，注意保暖。

14.2.4 排泄护理

1. 协助如厕

1) 操作前评估

(1) 评估老年人生活自理能力、意识状态及四肢活动能力。

(2) 评估老年人肛门及会阴部(尿道口)皮肤有无破溃、湿疹、红肿，有无血性及脓性分泌物。

(3) 评估老年人有无膀胱胀痛、尿液不能排出或不受控制随意排出、便秘及停止排气等情况。

2) 注意事项

(1) 对有能力控制便意的老年人，可适时提醒如厕；对行动不便的老年人，可搀扶帮助如厕及协助使用便器。

(2) 对失禁的老年人，及时更换尿布，保持其皮肤清洁干燥、无污渍。

(3) 对排泄异常的老年人，观察二便的性状、颜色、排量及频次，做好记录。

(4) 便器使用后及时倾倒，定期消毒，污染尿片即时置于污物桶内，防止污染环境。

(5) 排泄后，及时做好老年人会阴部或肛周清洁：排便从前往后擦拭，女性排尿后擦拭会阴部。

(6) 排泄后，室内适当通风，但要避免对流风。

(7) 对尿量、尿液异常的老年人的护理：当老年人出现少尿、多尿、尿频、尿急、尿痛、尿液颜色异常时，及时通知医生；遵医嘱用药。

(8) 保护老年人隐私。

2. 失禁护理

1) 操作前评估

(1) 了解老年人饮水习惯、饮水量，评估其排尿次数、排量、伴随症状，观察尿液的性状、颜色、透明度等。

(2) 评估老年人肛门及会阴部(尿道口)皮肤有无破溃、湿疹、红肿，有无血性及脓性分泌物。

(3) 评估老年人有无膀胱胀痛、尿液不能排出或不受控制随意排出、便秘及停止排气等情况，了解老年人有无尿管、尿路造口等。

(4) 评估老年人病情，有无高血压、心脏病、肠道病变等。

2) 注意事项

(1) 评估老年人的失禁情况，准备相应的物品。

(2) 护理过程中，多与老年人沟通，清洁到位，注意保暖，保护老年人隐私。

(3) 根据病情，采取相应的保护措施，如使用成人纸尿裤，女性可以采用尿垫等(留置导尿的除外)，男性可采用尿套技术等。

(4) 鼓励并指导老年人进行膀胱功能及盆底肌的训练。

(5) 保持床单位(病床及设备的总称)清洁、干燥，注意局部皮肤的护理。

3. 床上使用便器

1) 操作前评估

(1) 评估老年人病情、生活自理能力(能否独立坐起、有无失禁、失能程度等)。

(2) 评估老年人卧床时间及合作程度。

(3) 评估老年人骶尾部及会阴部皮肤情况：有无破损、溃脓，是否出现皮肤颜色改变(如有无红肿、苍白、青紫等)；骶尾部及会阴部皮肤是否潮湿，若潮湿，需擦干后方可使用便器，否则容易磨破皮肤。

(4) 检查便器表面有无破损、裂痕等。

2) 注意事项

(1) 根据老年人的生活自理能力及活动情况，帮助或协助其使用便器。

(2) 注意保暖，并保护老年人隐私。

(3) 帮助老年人采取合适体位排便；置入便器时，动作要轻柔，避免硬塞、硬拽。

(4) 便器使用后及时倾倒，定期消毒。

(5) 便后观察排泄物的性状及骶尾部位的皮肤情况。

(6) 保持床单位清洁、干燥。

4. 人工取便

1) 操作前评估

(1) 评估老年人病情、生活自理能力(能否独立坐起、有无失禁、失能程度等)及卧床时间。

(2) 评估老年人肛门及周围皮肤情况：有无破损、溃脓，是否出现皮肤颜色改变。

(3) 评估老年人嵌顿情况，及老年人自身感觉(是否有腹部胀满感、肛门疼痛感、排便不畅感)。

(4) 评估老年人肛门周围是否有部分液化的粪便渗出。

(5) 评估老年人药物或制剂使用情况，是否已经尝试过通便和灌肠。

2) 注意事项

(1) 评估老年人的便秘严重程度、通便药物的使用后情况及用药反应。

(2) 操作时由浅入深，手法轻柔，注意保护老年人隐私；操作过程中注意观察老年人的神志、面色。

(3) 操作后，及时做好老年人肛周清洁。

(4) 操作后，室内适当通风，但要避免对流风。

14.2.5 翻身、叩背排痰及压疮预防护理

1. 翻身、叩背排痰

1) 操作前评估

(1) 评估老年人生活自理能力，近期有无手术，有无引流管、骨折和牵引等。
(2) 评估老年人能否自主翻身。
(3) 评估老年人能否进行有效咳嗽。

2) 注意事项

(1) 不能自理翻身的老年人，每两小时翻身拍背一次，以减轻局部皮肤受压；冬天应注意保暖，防止感冒。
(2) 协助老年人翻身时，动作宜慢、宜轻，避免拖、拉、拽等动作，妥善处理各种管路。
(3) 协助骨折老年人翻身时，保护好老年人的肢体，以防骨折断端发生移位。
(4) 对有活动性内出血、咯血、气胸、肋骨骨折、肺水肿、严重骨质疏松等症状的老年人，禁止叩击其背部。
(5) 叩背时，避免直接叩击皮肤，避免过多覆盖衣物；叩背时，注意观察老年人的呼吸、咳嗽、咳痰等反应；叩背应该在餐后 2 小时或餐前 3 分钟进行。
(6) 叩击时避开乳房、心脏和骨突部位，避开拉链和纽扣等部位。

2. 压疮预防护理

1) 操作前评估

(1) 评估老年人活动能力。
(2) 评估老年人营养状况。
(3) 评估老年人局部皮肤状态。
(4) 评估老年人的心理反应、合作态度。

2) 注意事项

(1) 一般情况，老年人每 2 小时翻身一次；特殊情况，可根据需要适当增加翻身频次。
(2) 协助老年人翻身、变换体位时，避免拖、拉、推等动作，以免擦伤皮肤。
(3) 不主张对反应性充血的皮肤组织进行按摩。
(4) 清洁皮肤时，应避免使用肥皂、酒精。
(5) 保护老年人的隐私，防止老年人着凉，保证其安全。
(6) 保持老年人皮肤清洁干燥，保持床单位整洁。
(7) 与老年人及其家属沟通，提供心理支持及压疮预防护理的健康指导。

14.2.6 移动护理

1. 床上移动

1) 操作前评估

(1) 了解老年人的意识状态。

(2) 评估老年人肢体配合能力。

(3) 评估老年人体重。

(4) 评估老年人有无伤口、引流管、骨折和牵引等。

2) 注意事项

(1) 根据老年人病情、意识状态、体重、身体下移的情况及向床头移动的距离，选择移动的方法。

(2) 如老年人身上带有各种导管，移动前应将各种导管安置妥当，移动后应检查导管是否脱落、移位、扭曲、受压。

(3) 在操作过程中避免拉、拽老年人，以免擦伤老年人皮肤。

2. 借助轮椅运送

1) 操作前评估

(1) 评估老年人病情、意识状态、损伤部位与肢体活动受限情况，有无伤口、骨折等。

(2) 评估老年人是否了解轮椅运送技术，能否主动配合。

(3) 评估轮椅各部件的性能是否完好。

2) 注意事项

(1) 老年人上或下轮椅时，护理人员翻起脚踏板，防止老年人跌倒摔伤。

(2) 移动过程中，一定要使用安全带，并注意保护老年人安全。

(3) 若发现轮椅出现故障或损坏，及时报告，及时送修。

3. 借助平车运送

1) 操作前评估

(1) 询问老年人是否有躺卧平车的体验。

(2) 评估老年人的病情、躯体活动及体重情况；评估老年人的意识状态及合作程度。

(3) 检查平车性能是否正常。

(4) 评估室外温度情况。

2) 注意事项

(1) 搬运时，动作要轻、要稳，协调一致；推车时，速度适宜，确保老年人的安全。

(2) 搬运时，尽量让老年人身体靠近搬运者，使重力线通过支撑面保持平衡，缩短重力臂距离，达到省力的目的。

(3) 推车时，护理人员应站在老年人头侧，以便观察病情；老年人的头应卧于大轮一端，这样可减少颠簸；推老年人上下坡时，老年人的头应在高处一端。推车出门时，应先将门打开，不可用车撞门，避免震动。

(4) 搬运骨折老年人时，在平车上应垫木板，固定好骨折部位再搬运。

(5) 搬运有静脉输液管和引流管老年人时，要注意保持输液管和引流管通畅。

4. 借助助行器具移动

1) 操作前评估

(1) 评估老年人的一般情况，包括身高、体重、全身情况、疾病诊断等。

(2) 评估老年人的行走能力和肢体活动能力。

(3) 评估老年人认知能力和合作能力。

(4) 评估使用环境：路面是否平整，路面行人是否稀少，温度是否适宜。

2) 注意事项

(1) 使用轮式助行架时，要求路面要平整；老年人在上下坡时能灵活运用车闸。

(2) 上下肢衰弱、不协调或上下肢均受累而不能通过腕、手负重的老年人不宜使用助行器。

14.2.7 临终护理

在老年人生命的最后阶段，护理人员应给予老年人临终关怀和照顾，以提高老年人的生命质量，维护其尊严，同时为临终老年人家属提供必要的支持和帮助。

1. 死亡教育

根据老年人的年龄、性格、受教育程度开展死亡教育，从而协助老年人树立科学、健康的死亡观，正确面对死亡，同时帮助家属做好心理上的准备。

2. 舒适护理

尽最大可能减轻临终老年人生理及心理上的不适，提高老年人的生命质量，使老年人能在温馨的环境中安然度过最后的时光。

(1) 疼痛护理。临终老年人因疾病的影响多有疼痛等不舒适感，护理人员应尽可能采取措施减轻老年人的疼痛。护理人员可采用心理护理，稳定老年人情绪，并适当引导其转移注意力，从而减轻疼痛；也可采用药物止痛，选择合适的药物及剂量，达到控制疼痛的目的；还可以采用音乐疗法、按摩、放松技术、外周神经阻断术等。

(2) 加强营养。根据老年人的饮食习惯，创造条件增加其食欲，必要时可采用鼻饲法或完全胃肠外营养，保证老年人营养供给。

(3) 改善呼吸。保持老年人呼吸道的通畅，必要时给予吸氧。

(4) 加强老年人皮肤护理、口腔护理等，增进其舒适感。

3. 家属支持

临终老年人的家属在心理上承受着巨大的压力，因此护理人员应给予相应的帮助，如鼓励家属表达感情，释放心中的压力。护理人员在老年人去世后应给予家属同情与安慰，帮助家属顺利度过哀伤期。

14.3 养老机构照护服务的管理

14.3.1 护理管理的方式

1. 按分级的模式进行管理

不同的养老机构有不同的护理管理模式，如较大型的养老机构实行的是院长到护理主任或护士长的两级管理模式；较小型的养老机构一般实行的是院长直接管理的模式。

2. 按服务对象的分类进行管理

按服务对象的分类，养老机构的护理管理可分为非临床、临床和混合三种。

(1) 非临床护理管理(生活照护管理)。非临床护理管理的主要任务是照顾老年人的饮食起居和组织开展文娱活动。因此，一般按服务区或楼层组织护理工作，每个服务区或楼层设一名护理主任或班组长，其属下有数个护理人员。

(2) 临床护理管理。老年护理院、老年康复医院、老年临终关怀医院等大多采用这种医养结合模式，这类养老机构主要护理和照料生活不能自理、长期患病卧床，甚至是临终前的老年人，以帮助老年人解除病痛为目的。这类养老机构都取得了卫生行政部门颁发的医疗服务资质，但与外面医疗机构不同的是，这类机构实行科主任领导下的护士长负责制。一个科室或中心主任可以管理一个或多个病区，每个病区配一名护士长、几名护士和数名护理员。由病区护士长负责该病房的老年人临床护理和生活护理的管理工作。

(3) 混合管理。较大型的养老机构接收老年人情况较为复杂，既有自理老年人，也有介助和介护老年人，一般按照入住老年人的生活自理能力和身体疾病情况，将其收住不同的护理区：自理老年人服务区采用生活照护管理模式；生活不能自理、长期卧床、临终老年人采取医护合一的临床护理管理模式。若自理老年人突发疾病，也可及时在养老机构内设的医院或病区进行救治，这样可以科学、合理地分配资源，保证养老机构安全、高效运转。

3. 按护理工作的分类进行管理

将护理工作进行分类，形成不同的功能性、专业性较强的工作岗位，如临床护理岗位(护士)、生活护理岗位(护士或护理员)、心理护理岗位(社工、心理咨询)、康复护理岗位(康复治疗师)、营养护理岗位(营养师)、文体娱乐岗位(社工、义工)、清洁卫生岗位(保洁员)等。针对每一位老年人，工作人员交叉进行照料和服务，一位老年人要面对多位工作人员。这种护理管理的优点是专业性较强，工作效率较高，缺点是服务缺乏整体性和连续性，有时衔接上会出差错。老年护理院、康复医院等大多采用这种护理方式。

4. 包干责任制管理

养老机构的包干责任制管理是指将老年人和护理人员分成若干小组，任务到人、责任包干。护理团队中的每位养老护理员在其工作时间内，全权负责该小组老年人的照料和护理，当其下班或休息时间，该团队的其他护理人员将继续完成既定的护理任务。这种护理方式容易提高护理人员和老年人的满意度，护理人员也能对老年人的身体情况和生活习惯详细了解。但这种护理方式对护理人员的综合工作能力要求较高。

14.3.2 护理人员的配备

目前，我国城市养老机构护理人员的配备尚无统一的规定，只有原则性指导性意见，例如在民政部《老年人社会福利机构基本规范》(M2008—2001)中只提出了"护理人员及其他人员的数量以能满足服务对象的需要并能提供本规范所规定的服务项目为原则"的要求，没有具体的人员配置比例。《国家二级福利院评定标准实施细则》(民办函〔1994〕74号)中提出了"工作人员与正常老年人的比例为1∶4，与生活不能自理老年人的比例为1∶1.5"的要求。由于国家没有统一的养老护理员配置比例标准，各地各类养老机构护理人员配置的比例都比较低。

2006年，民政部《关于农村五保供养服务机构建设的指导意见》(民发〔2006〕107号)中提出了"农村五保供养服务机构应当因事设岗，按需设岗，岗位主要由院长、护理服务、炊事、医疗、会计、出纳、保管组成。工作人员与机构供养对象比例原则上不低于1∶10"。

2008年，江苏省民政厅颁布的《江苏省示范性养老机构评估细则(暂行)》明确规定了养老护理人员与入住老年人配置比例，即护理人员与自理老年人的配置比例为1∶(5~8)；护理人员与介助老年人的配置比例为1∶(2~3)；护理人员与介护老年人的配置比例为1∶(1~2)。

养老机构护理人员配置比例过低，必然会降低服务标准与服务质量，既不符合要求，也存在极大的安全隐患。但人员比例配置过高，又会增加服务成本，这是相互矛盾的，需要妥善处理。

14.3.3 护理区的管理

护理区的管理通常以老年人居住区为单元进行。老年人居住区的护理工作由护理区主任或班组长负责。

(1) 老年人的居室布置要温馨，宜采用家庭化暖色调。
(2) 老年人居住区范围内的所有居室、活动场所、卫浴设施、备餐间、开水间等应有统一、规范、醒目的标志牌，便于老年人识别，特别是老年人居室，应标明居住者和护理责任人的姓名。

(3) 老年人住宿区应按照"5S"管理的要求，做好老年人居住环境的整理和清洁卫生工作，做到物品堆放井然有序，门窗洁净，地面清洁、干燥、不湿滑，无痕迹、垃圾、异味。

"5S"管理是日本丰田汽车公司在管理实践中总结出来的经验，其核心是工作井然有序、一丝不苟。5S是指整理、整顿、清扫、清洁、素养。之所以称为5S，是因为这5个单词的日语发音用罗马拼音来表述时，其首字母都是 S。整理，即明确区分需要和不需要的东西，要求工作场所不放置与工作无关的物品(如老年人换季的衣服要及时整理放在衣橱或仓库里)；整顿，使物品始终处于需要使用的位置，便于及时获取；清扫，即始终处于无垃圾、无灰尘和整洁状态；清洁，即经常进行整理、整顿和清洁；素养，即正确执行规定和原则，老年人和员工养成良好的习惯。

养老机构推行"5S"管理的意义：①改变脏、乱、差的环境，消除安全隐患。②培养员工良好的工作习惯、严谨的工作作风和为老年人服务的精神，增强团队意识。③降低消耗，减少浪费。④在舒适整洁的环境中生活和工作，可使老年人与工作人员都感到身心愉悦，心情舒畅。

(4) 设置宣传走廊，并定期更换内容，向老年人宣传卫生常识和预防保健方面的知识。

(5) 对可能存在的安全隐患，及时上报、及时整改，并在醒目的地方悬挂安全警示标志。

(6) 加强走廊和门口的管理，老年人的一切活动应在工作人员的视线内。

(7) 督促老年人遵守院规院纪，协助老年人处理好同室关系，必要时可开展"五好老年人"评比和宿舍流动红旗评比，激发老年人自己管理的热情。

14.3.4　老年人出入院管理

老年人出入院管理涉及多个部门，是养老护理管理的重要内容，其意义在于消除安全隐患和做好出院、转院或辞世老年人的后续服务工作，给离院的老年人及家属留下好的印象。

1. 入院流程

(1) 咨询，相互了解、认可。

(2) 填写入院申请，初评老年人护理等级。

(3) 核对老年人身份证、户口本、近期体检证明、近期照片、亲属身份证等。

(4) 签订试住协议，护理部开入住通知单。老年人缴纳备用金和相关费用。

(5) 整理房间床铺，老年人自备日常生活用品。

(6) 医生查体、建立健康档案。

(7) 老年人在观察期内情况正常，可签订入院协议，安排居住护理区床位；否则退回。

2. 新入住老年人的接洽工作

接到老年人入住通知后，护理主任或班长要检查老年人居室床铺、设施等，备齐老年人必需用品。老年人在亲属的护送下入院，工作人员热情做好接待工作，使入住老年人感受到机构的温馨，也使家属放心，并要求家属常来探望。另外，要向老年人介绍养老机构的生活环境、服务设施和入住须知，使新入住老年人尽快熟悉新的生活环境和入住要求。对于身体不好的老年人，护理人员要及时通知医护人员检查诊治，以便提供相应护理服务。

3. 尽快熟悉新入住老年人的情况

老年人入住后，护理人员要及时查看老年人入院前体检资料、入院协议书等，并通过亲属介绍、老年人自述、观察老年人的行为举止等途径，了解老年人的生活习惯、饮食习惯、健康状况、性格、兴趣爱好及特殊要求等。院内医护人员要对每一位老年人及时建立健康档案(48 小时)，进行健康评估，制订护理计划，实行个体化的照护服务。

4. 做好试住期间的观察与记录

入住老年人有两周的试住期，工作人员对新入住的老年人必须进行床头交接班，认真填写试住观察记录。如发现老年人病情危重，心理、精神异常等不适合本院入住情况，应及时通知老年人的家属，无条件地尽快将老年人转院或接回，不得挽留。

5. 出院流程

老年人或家属在一周前提出出院申请，院方开具出院通知单。护理区检查床位及房间设施无损坏、遗失后，协助老年人整理衣物、财务室结账，然后在通知单上盖章，门卫凭盖章通知单放行。

护理区应在当日的交接班本上有记录，注明出院的时间、原因、护送老年人出院时的身体情况。

14.3.5 照护服务质量管理

科学有效的质量管理是提高护理质量的重要措施。养老机构的照护服务质量管理主要从以下两个方面进行。

1. 建立护理服务质量管理体系

1) 建立各项护理服务规范

(1) 签订服务协议。民政部《养老机构管理办法》规定，老年人入住必须签订入住协议书，内容包括养老机构名称、住所、法定代表人或者主要负责人、联系方式；老年人及其代理人和老年人指定的经常联系人的姓名、住址、身份证明、联系方式；服务内容和服务方式；收费标准以及费用支付方式；服务期限和地点；当事人的权利和义务；协议变更、解除与终止的条件；违约责任；意外伤害责任认定和争议解决方式；当事人协商一致的其他内容。

(2) 建立各项护理服务操作技术规范和评价标准。老年护理所有的服务项目需要制定正确操作流程、服务规范和评价标准。这既是护理质量管理的基础，也是护理人员必须遵循的规范。

养老护理行业需要制定统一的操作常规和评价标准，养老机构也可根据自身的环境、借助现代化的信息技术和护理人员现状，创新性地制定管理要求，但不能违背护理常规。

(3) 建立分级护理标准。综合分析老年人的能力、年龄等因素后，确定护理服务的级别，并根据老年人身心状况的变化发展，定期进行调整。

2) 建立护理人员的岗位职责

制定完善的各个岗位的职责，让每个护理人员都明确自己的任务、要求、权限和承担的责任。护理人员上岗前须进行岗位职责的培训和考核。

3) 建立护理服务质量管理小组

养老机构至少设立1位专职的护理管理人员，大型的养老机构可在每个服务单元设立护理管理岗位，并定期对机构内护理质量进行监控管理。

4) 建立护理服务质量管理日常运行机制

老年护理服务质量管理可以借鉴管理学的一些质量管理的模式，建立护理服务质量控制日常运行机制，特别是日常护理服务的质量管理。

2. 建立护理服务质量检查体系

1) 建立日常检查制度

老年护理质量检查是养老机构老年护理质量控制的重要环节，应建立每日、每周、每月、每季和每年的检查计划和方案，包括检查人员安排、检查内容、检查步骤、检查要求及信息反馈、落实整改要求、奖惩措施等，定期召开质量分析会，并将护理质量考核结果纳入护理人员的绩效考核中。

2) 设计护理服务质量检查表格

根据国家《养老机构管理办法》规定，养老机构为老年人提供生活照料、康复护理、文化娱乐等服务，并为有需要的老年人提供情绪疏导、心理咨询、危机干预等精神慰藉服务。根据服务内容，为方便质量检查人员对信息的收集、汇总和分析，通常设计一些检查表格来配合各项检查之用。

(1) 日间巡查表。护理服务质量检查人员每日对各护理区域的护理情况进行例行常规的巡查，主要巡查内容依"日间巡查表"进行。

(2) 总值班记录表。为加强老年护理服务质量的控制，应实施机构24小时值班制度，值班由护理管理小组成员担任。总值班实行在岗制，不分节假日，由护理院长或主任统一安排，依"总值班记录表"进行。

(3) 护理质量服务分析。每月对护理检查情况进行汇总、分析，找出主要问题，分析相关原因，提出有效对策，将信息及时反馈到相关护理区，促进整改，提高老年护理质量。

(4) 护理服务问题反馈整改。护理服务质量检查小组发现护理服务问题后，相关信息及时反馈到护士长，由护士长负责落实和整改评价；也可以用关联图或护理服务因果图分析护理质量中的问题及原因，以便找到解决的策略。

3) 护理服务质量检查方法

老年护理服务质量检查方法可采取巡视、抽查、座谈、专项调查等主动检查方法；也可通过设立投诉通道，如设立投诉热线电话、投诉信箱、电子邮箱或微信等被动检查方式，接受老年人及家属的投诉，广泛获取老年人及其家属的意见。

(1) 巡视。一般每天早上，护理管理者对各护理区域进行例行的常规检查，及时发现护理问题，及时整改，同时了解各护理区域的整体情况，使一天的工作有重点地进行，保证机构内老年人得到安全、高质量的照护。

(2) 抽查。除常规巡视外，养老机构应组织人员还应不定期地对护理区域某项护理工作进行检查，也可根据过往的检查情况有重点地进行抽查。

(3) 座谈。老年人作为护理服务的受体，对护理质量的评价是最直接、客观的。定期举行的老年人及其家属座谈会的评价重点应在老年人的满意度方面，评价内容包括职业道德、工作和服务态度、技术水平、关心老年人情况等方面。通过座谈，养老机构可以从不同角度了解各护理区域的问题。

(4) 专项调查。专项调查可以掌握护理人员培训后知识掌握情况、某项制度执行情况，还可以了解老年人的满意度、护理人员心理状态等。

第 15 章 养老机构医疗服务

15.1 养老机构中常见老年病医疗服务要点

15.1.1 老年人患病的特点

老年人患病的主要原因是器官、组织在形态及生理功能上发生衰老变化。另外,老年人在生理、心理上也存在很多不稳定因素。因此,老年人患病在临床变化、诊断、治疗以及预防上与年轻人存在较大差别,具有如下几个特点。

1. 多病共存

老年人患病常是多系统疾病同时存在。一般来说,老年人经过检查后,总会有两三种值得注意的疾病。

2. 发病缓慢

老年病多属于慢性病,有时生理变化与病理变化很难区分。一般早期变化缓慢,容易误认为是老年生理变化。例如,有些老年人智力减退,动作不灵活,肢体发僵,初期会被以为是人体衰老,但后来发现是早期震颤麻痹;又如,老年人甲状腺功能减退或亢进的初期症状也不明显,常常经过一段时间后才被发现。因此,医护人员对老年人要进行细微观察,对他们在感觉和行动上的可疑变化要提高警惕。当然,也要防止将正常的衰老变化误认为病态,而给予不必要的处理。

3. 临床表现不典型

由于体质上的差异,老年病人临床表现与年轻病人有很大不同。老年人体温调节功能差,发热较一般人低,甚至有些严重感染(如肺炎、肾盂肾炎)时,老年人的体温也不高。老年人痛觉不敏感,一般人会发生剧痛的疾患(如急性心肌梗死、胸膜炎、内脏穿孔后的腹膜炎等),老年人反应却很小,因此,老年病易被误诊。特别是有些老年人患病常常先出现意识模糊症状,如有的老年人患心脏病时首发症状是眩晕,有些老年人疾病出现严重感染时主要表现为嗜睡。老年人患病的临床症状不明显，却可能演变为多脏器病变，如发生充血性心衰时有可能出现应激性溃疡出血等。

4. 发病诱因与年轻人有时不同

诱发老人心肌梗死的原因不一定是运动过量，情绪激动或饮食不当也可诱发。另外，由于老年人免疫功能减退，原来存活于人体的非致病菌，也可使老人感染发病，而且这种感染常由多菌种引起。

5. 易发生并发症或脏器功能衰竭

老年人脏器功能储备能力差，适应能力弱，机体稳定性差，在疾病应激状态下很容易发生脏器功能不全或衰竭，其中以心、肾、肺、脑等最易受影响。由于老年人免疫功能降低，在原有疾病的基础上很容易发生感染或其他并发症，例如长期卧床的老年人容易发生压疮、肺炎、血栓栓塞性疾病、骨质疏松、大小便失禁等。因此，在老年病治疗中，要特别强调疾病早期适当运动，尽量减少卧床时间。康复医疗在老年病的治疗上极为重要，可维护和改善老年人机体功能。

6. 药物治疗易出现副作用

老年人对药物的代谢及排泄功能减弱，耐受力差，敏感性增强，容易出现不良反应，甚至危及生命。因此，老年人用药剂量要适当减少，非必要药物最好不用。

15.1.2 常见的老年性疾病

1. 心绞痛

心绞痛是冠状动脉供血不足，心肌急剧、短暂缺血与缺氧所引起的临床综合征，分为劳力性与静息性等多种状态。心绞痛典型临床表现为胸骨后或心前区压榨样疼痛，但多数仅有闷痛或不适感，且临床表现复杂多变。

1) 心绞痛的症状

(1) 疼痛部位。疼痛常见于胸骨中段或上段后，其次为心前区，可延伸至颈、咽部，有时延伸至左肩与左臂内侧或其他部位。

(2) 性质。心绞痛为突然发作的胸痛，呈压榨、紧闷、窒息感，常迫使病人停止原有动作。

(3) 持续时间。疼痛多持续几秒或一两分钟(称"一过性疼痛")。

(4) 诱因。疼痛多发生于体力劳动、情绪激动、饱餐、受寒等情况下。

(5) 缓解方式。休息或含服硝酸甘油后几分钟内可缓解。

2) 心绞痛发作时的护理要求

(1) 迅速帮助病人平卧在床上，告诉病人保持安静，精神放松。

(2) 不能随便搬动病人。

(3) 注意观察病人的呼吸及脉搏。

(4) 经以上处置后,病人心前区或其他部位疼痛时间超过 30 分钟,而且一直不缓解,则可能患有急性心肌梗死,应立即呼叫 120 急救中心,请医生到现场抢救。

(5) 如虽能缓解,但仍反复发作者,也应尽早送往医院诊治。

3) 日常预防疗养方法

(1) 起床宜缓不宜急,即慢慢起来,稍坐一会儿,再缓缓地下床,从容不迫地穿衣,使身体的功能逐步适应日常活动。如起床过急,可引起心率和血压较大的波动,而引发意外。

(2) 洗漱宜用温水,尤其是冬季。寒冷刺激是心绞痛发作的常见诱因,骤然的冷水刺激可致血管收缩,而使血压升高,引发心绞痛。

(3) 排便时切忌急于排空而用力屏气,用力过猛可使血压骤升而诱发意外。老年人应学会排便时自我放松,轻轻用力。另外,便后不要骤然站起。

(4) 作息规律。老年人的睡眠每天不应少于 7 小时,在晚上 8:15—8:30 就准备入睡。坚持午休,这样有助于保持血压稳定。老年人每天午饭后应有 1.5~2 个小时的午睡。

(5) 心理紧张时不要在房内踱来踱去,最好是躺一会儿或把双腿微抬,静坐 15~20 分钟。

(6) 血压正常或偏高的老人(尤其是夜间睡眠少的人),在睡眠时可把腿部垫高 7~10cm,这样有助于迅速入睡。

(7) 适当锻炼,但锻炼的项目宜柔和,如太极拳、散步、慢跑等,运动时间不应超过半小时。运动强度以每分钟心率不超过 120~130 次为宜,若运动时出现心慌、胸闷或头晕时,应立即停止运动。

(8) 尽量不乘坐拥挤的公共汽车,过度拥挤和嘈杂可致血压升高、心率加快。如距离不远,最好步行。出门的时间要宽裕一些,不要着急赶路。

2. 糖尿病

1) 观察老年人是否有糖尿病

糖尿病的诊断标准:空腹血糖≥7.0mmol/L,或餐后 2 小时≥11.1mmol/L。糖尿病有以下症状。

(1) 三多一少。糖尿病主要症状表现为尿得多、吃得多、喝得多("三多"),同时伴有体重和体力下降(即"一少")。多数糖尿病患者不见得消瘦,就是体重比他们自己最重的时候下降了一点。如果发现老年人吃饭、喝水都比原来多,但体力并不好,可考虑是否已经患上了糖尿病。

(2) 口腔。口干、口渴、饮水多,口腔黏膜出现瘀点、瘀斑、水肿、牙龈肿痛、口腔内有灼热感。

(3) 体重。体重缓慢减轻,且无明显的诱因。

(4) 体力。疲乏,常有饥饿感、出汗、乏力、心悸、颤抖、低血糖等症状。

(5) 尿液。男性尿频、尿液多。

(6) 眼睑。眼睑下长有黄色扁平新生物(黄斑瘤)。

(7) 皮肤。下肢、足部溃疡经久不愈，或有反复的皮肤、外阴感染，皮肤擦伤或抓破后不易愈合，或有反复发作的龟头炎、外阴炎、阴道炎等。

2) 一般医护要求

(1) 定时、定量服药。如需用胰岛素，护理人员应学会胰岛素注射方法，一般在饭前半小时注射胰岛素。注射剂量要准确，要经常更换注射部位，以防产生组织硬结。注射部位要严格消毒，以防感染。

无论是用口服药还是注射药，在用药过程中都要防止用量不足或用药过量。药量不足，轻则对纠正血糖过高不利，会导致糖代谢紊乱，加速并发症的发展；重则引起酮症酸中毒、昏迷。用药过量，可引起低血糖反应，对老人，尤其对合并心血管病的病人有较大伤害。

(2) 定期检查、复诊。

(3) 保持理想体重。体重应不超过理想体重[男性(kg)=身高(cm)－100，女性(kg)=身高(cm)－105]的10%，如超过20%为肥胖，少于20%为过瘦。

(4) 按时测血糖、尿糖，并加以记录。

(5) 建立测量日记。记录每天的饮食量、运动量、胰岛素(或其他药)用量，血糖、尿糖的结果，体重等，供复查时医生参考，以便调整药物剂量。

(6) 病人外出时要随身携带所需的药品和适量的糖块或饼干等，以防发生低血糖意外。如发生低血糖时，应立即给病人吃一些饼干或糖块，并让病人平卧休息。

3) 心理护理需求

养老护理人员要帮助病人克服心理不平衡因素，使病人保持良好的心理状态，共同树立战胜疾病的信心，克服悲观情绪；帮助病人了解糖尿病是一种常见的终身疾病，要有长期战胜疾病的思想；帮助家属对病人的思想情绪及时开导，消除不良因素。

3. 老年痴呆症

老年痴呆症又称阿尔茨海默病，是指在没有意识障碍的状态下，记忆、思维、分析判断、空间判断、视空间辨认、情绪等方面的障碍。

1) 老年痴呆的主要表现

(1) 近期记忆丧失，忘记刚刚发生的事情或说过的话。

(2) 叫不出熟悉人的名字和物品名称。

(3) 计算能力下降。

(4) 反复重复同一件事，比如来回走动等。

(5) 言语少或者自言自语。

(6) 容易迷路，在熟悉的环境中可能迷路。

(7) 理解能力下降，像小孩子一样幼稚。

(8) 生活自理能力下降，不能从事简单的日常活动。

(9) 淡漠、懒惰，丧失个人兴趣。

(10) 常焦躁不安，情绪反复无常，如大声叫喊等。

2) 一般护理要求

(1) 给予病人宽敞、清洁的环境，要把凌乱的东西放置好，把危险物品藏起来；做一些标志，如在洗手间门口做标志；关好电炉子、煤气开关；把一些重要的事情写在提示板上，挂在显著位置。

(2) 不要让病人单独外出，以免走失。可以带老年病人出去散步，也可以在老年病人的身上带一个地址牌或联系电话。

(3) 强化病人的记忆力。如果病人不知道自己的家、厕所，要反复带其辨认，并说明各处的特点。

(4) 中度老年痴呆病人可能会出现不知道怎么穿衣服、随地大小便等问题，护理人员应该帮助老年病人选择方便解开的衣物，或者定时带着病人去厕所。

(5) 建立每日活动时间表，提醒病人应做的事情。

3) 安全防护

在老年人死亡原因中，60岁以上老年人有10%、80岁以上老年人有20%～30%因老年痴呆症而死亡。老年痴呆症死亡原因主要由于其多种并发症，而多种并发症主要是护理照料不周造成的。所以，养老机构必须重视对老年痴呆病人的安全防护。

(1) 预防自我伤害。近年来，痴呆老年人的自伤、自杀事件屡见不鲜，究其原因，不外乎两类：一类是心理脆弱，丧失自理能力的老人不愿给家人增加负担；另一类是病态表现，由于老年病人的脑组织退化萎缩，病人在抑郁、幻觉或妄想的支配下发生了自我伤害。不论老年人自我伤害属于哪一种，都需要护理人员在做好病人心理工作的同时，全面照顾老人，严密观察，随时发现其可疑动向，及时排除老年病人自伤、自杀的危险因素，如保管好利器、剧毒药物，关好电源开关等。

(2) 预防骨折。老年痴呆多伴有锥体外系统病变，表现为舞蹈症、扭转痉挛、震颤麻痹以及各种各样的共济失调等表现，病人站立、行走都很困难，极易发生跌倒。而老人骨质脱钙，缺少胶质，骨质疏松，跌倒后极易骨折，最多见的为股骨、胫骨骨折，也有跌倒时伤到头部引起颅内出血的病例。为预防骨折，养老机构内地板、浴池、厕所地面要防滑，最好铺地毯，并规劝老人不要做难以承担的体力活，上下楼梯一定要有人陪伴和扶助。北方冰雪季节老人要减少外出。

(3) 预防药物中毒。老年痴呆病人多合并有其他疾病，用药比较多，如果药物使用不当极易引起中毒，尤其是一些治疗心脏病的药物，过量服用会导致猝死，有生命危险，所以不要让老年痴呆病人自己用药。

(4) 预防恶习。老年人一旦患上痴呆症，多数变得邋遢，不讲卫生，这可能引起某些部位感染；有的会嗜烟、酒，失去控制，这会加重脑损害；有的饮食无度、暴饮暴食，这可能导致胃扩张、胃肠功能紊乱，甚至猝死。对痴呆病人的恶习，不可一味迁就，更不能无原则纵容，要设法使其戒除。

4. 高血压

1) 高血压的症状

高血压早期大多无明显症状，常见的有头痛、头晕、耳鸣、眼花、失眠、乏力等，严重时会出现烦躁、心悸、呼吸困难、视物模糊等，少数病人甚至会出现兴奋、躁动、忧郁、妄想等精神症状。因此，老年人出现上述症状时，应及时去医院就诊，如确诊为高血压病就要进行药物治疗，平时要做好护理工作。

2) 一般护理要求

(1) 心理：①除了积极帮助高血压老年病人就医诊治外，还要体贴照顾病人，减少其精神上的压力，保持心理平衡(长期紧张和压抑的心情往往是高血压的致病因素)。②注意保持室内的安静及清洁，减少影响病人情绪激动的因素，并保证充足的休息和睡眠。③可通过解释、劝说、鼓励等消除病人紧张和压抑的心情。

(2) 生活起居。照护好高血压病人的生活起居十分重要。血压较高、症状较多或有并发症的病人需要卧床休息；血压保持一般水平、重要脏器功能尚好的病人应适当活动，可鼓励他们参加力所能及的体力活动，如散步、打太极拳、养花、参加有趣的活动等，同时保证充足的睡眠。告诉老年人不要久站不动，不要做突然下蹲或头部朝下的动作，改变姿势时的动作要缓慢，淋浴时水温不宜过高。

(3) 用药。监督病人遵医嘱服药，不可根据自己的感觉来增减药物；服药要准时，不可忘记服药或下次服药时补上次的剂量，更不能自行突然撤换药物。

3) 对高血压发病的处理

某些情况如精神创伤、过度疲劳、过度兴奋、寒冷刺激等，很易引起高压病发作，表现症状为头痛、烦躁、心悸、出汗、恶心呕吐、面色苍白或潮红、视物模糊、抽搐、昏迷，这时护理人员千万不要惊慌失措，要让病人立即卧床休息，平卧、抬高头部45°，并给予降压药物，待病情稳定后，送医院治疗。如病人意识不清或昏迷，应把病人头部偏向一侧，取出口内义齿，及时清除呕吐物，保持呼吸道通畅，并立即送医院治疗。在搬动病人时动作要轻，尤其不要随意搬动头部，以免加重病情。

4) 高血压并发症的预防

高血压的并发症主要是脑血管疾病、高血压性心脏病、冠心病、尿毒症等。因此在平时要注意观察与预防：①注意头痛性质、精神状态、视力、语言能力等急性脑血管疾病的表现；②观察有无呼吸困难、咳嗽、咳泡沫痰、突然胸骨疼痛等心脏损害表现；③观察尿量变化、昼夜尿量比例、有无水肿，并参考血肌酐等肾功能检查，以便及早发现肾功能不全等病症；④定期到门诊复查。

15.2 老年人常见急危重病人的病情观察及护理

老年人常见急危重病人的观察是一项系统工程，从症状到体征，从生理到精神、心理，都需要进行全面细致的观察。因此，护理人员应熟悉病情观察的内容，并在护理工作中努力培养有目的、有意识地主动观察老年人病情的能力。

15.2.1　老年人病情观察及护理人员应具备的条件

护理人员在工作中应积极启动视、听、嗅、触等感觉器官及辅助工具来观察有关老年人患病情况的信息。观察必须是审慎且有意识的，是一个连续性的过程，并非临时或偶发的活动。通过观察，护理人员及时发现老年人的病情变化，并提供相应的治疗和护理措施，促进老年人尽快康复。

一位有技巧、有能力的护理人员，必须随时都在观察，且能机警、敏锐地以适当的方式来处理。这就要求护理人员必须具备一定的医学知识、严谨的工作作风、高度的责任心及训练有素的观察能力，做到"五勤"，即勤巡视、勤视察、勤询问、勤思考、勤记录。通过有目的、有计划认真细致的观察，及时、准确地掌握或预见病情变化，为危重老年病人的抢救赢得时间。

15.2.2　病情观察的方法

1. 对生命体征的观察

(1) 观察体温的变化。体温突然升高，多见于急性感染的老年病人；体温低于35℃，常见于休克和极度衰竭的老年病人；持续高热、超高热、体温持续不升均表示病情严重。

(2) 观察脉搏的变化。护理人员应注意观察老年病人脉搏的频率、节律、强弱的变化，如出现脉搏低于60次/分或高于140次/分，以及间歇脉、脉搏短绌、细脉等，均表示病情有变化。

(3) 观察呼吸的变化。护理人员应注意观察老年病人呼吸的频率、节律、深浅度、音响等的变化。如出现呼吸频率高于40次/分或低于8次/分，以及潮式呼吸、间停呼吸等，均是病情危重的表现。

(4) 观察血压的变化。护理人员应注意监测病人的收缩压、舒张压、脉压差的变化，特别是观察高血压及休克的老年病人的血压。如收缩压持续低于70mmHg或脉压差低于20mmHg，多见于老年休克病人；如收缩压持续高于180mmHg或舒张压持续高于100mmHg，多见于重度高血压患者。

2. 对意识状态的观察

意识是大脑高级神经中枢功能活动的综合表现，是人对环境的知觉状态。意志正常的老年病人，其反应精确、语言清楚、思维合理、情感正常，对时间、地点、人物的判断力及定向力正常。意识障碍是指个体对外界环境的刺激缺乏正常反应的精神状态。根据其轻重程度可分为嗜睡、意识模糊、昏睡、昏迷，也可出现谵妄。谵妄是一种以兴奋性增高为主的高级神经中枢的急性失调状态。

3. 对瞳孔的观察

(1) 观察瞳孔的形状及大小。在自然光线下，正常瞳孔直径为 2.5~5mm，圆形，两侧等大、等圆，边缘整齐。而异常情况下，瞳孔直径小于 2mm 为瞳孔缩小；瞳孔直径大于 5mm 为瞳孔扩大。双侧瞳孔缩小，常见于有机磷农药、吗啡、氯丙嗪等药物中毒；双侧瞳孔扩大，常见于颅内压增高、颅脑损伤、颠茄碱类药物中毒等。

(2) 瞳孔对光反应的检查方法。用拇指和示指把上下眼睑分开，露出眼球，用聚光电筒直接照射瞳孔，以观察瞳孔对光线的反应。正常情况下，双侧瞳孔经光线照射立即缩小，移去光源后又迅速复原，称为对光反射正常；若瞳孔经光线照射后，其大小不随光线的刺激而变化，则称为对光反射消失。瞳孔对光反应消失见于深昏迷或危重病人。

15.2.3　医疗护理要点

1. 严密观察老年人病情变化，做好抢救准备

护士须密切观察病人的生命体征、意识、瞳孔及其他情况，随时了解心、肺、脑、肝、肾等重要脏器的功能及治疗反应与效果，及时、正确地采取有效的救治措施。

2. 保持呼吸道通畅

护理人员应鼓励清醒病人定时做深呼吸，或轻拍其背部，以辅助分泌物咳出；将昏迷病人的头偏向一侧，以利于及时吸出呼吸道分泌物，保持呼吸道通畅。通过呼吸与咳嗽训练、肺部物理治疗、吸痰等，预防病人呼吸道分泌物淤积、坠积性肺炎及肺不张等。

3. 加强临床护理

(1) 眼睛护理。对眼睑不能自行闭合者应注意眼睛护理，可涂眼药膏或覆盖油性纱布，以防角膜干燥致眼部溃疡、结膜炎。

(2) 口腔护理。保持病人口腔卫生，以增进其食欲。对不能经口腔进食者，更应做好口腔护理，防止发生口腔炎症、口腔溃疡、腮腺炎、中耳炎、口臭等。

(3) 皮肤护理。危重老年病人由于长期卧床，大小便失禁、大量出汗，营养不良及应激等因素，有发生皮肤完整性受损的情况，故应加强皮肤护理，做到"六勤一注意"，即勤观察、勤翻身、勤擦洗、勤按摩、勤更换、勤整理，注意交接班。

4. 肢体被动锻炼

病人病情平稳时，应尽早协助病人进行被动肢体运动，每天两三次将病人的肢体进行伸屈、内收、外展、内旋、外旋等活动，并同时做按摩，以促进血液循环，增加肌肉张力，帮助恢复肌体功能，预防肌腱和韧带退化、肌肉萎缩、关节僵直、静脉血栓的形成和足下垂的发生。

5. 补充营养及水分

危重老年病人机体分解代谢增强，消耗大，对营养物质的需要量增加，而病人多胃纳欠佳，消化功能减退，为保证老年病人有足够营养和水分，维持体液平衡，应设法促进老年病人食欲，并协助自理缺陷的老年病人进食。对不能进食的老年人，可采用鼻饲或完全胃肠外营养；对大量引流或额外体液丧失等水分丢失较多的老年人，应注意补充足够的水分。

6. 维持排泄功能

协助老年病人大小便，必要时给予人工通便及在无菌操作下行导尿术。对留置尿管的老年人，执行尿管护理常规。

7. 保持各类导管通畅

危重病人身上有时会有多根引流管，应注意妥善固定、安全放置，防止引流管扭曲、受压、堵塞、脱落，保持其通畅，发挥其应有的作用。同时注意严格执行无菌操作技术，防止逆行感染。

8. 确保老年病人安全

对谵妄、躁动和意识障碍的老年人，要合理使用保护性约束用具，防止意外发生。对于牙关紧闭、抽搐的病人，可采用牙垫、开口器，防止其咬伤舌头。同时，居住室内光线宜暗，工作人员动作要轻，避免因外界刺激而引起病人抽搐。准确执行医嘱，确保病人的医疗安全。

9. 心理护理

危重老年病人常常会表现出各种各样的心理问题，如突发的意外事件或急性起病的老年病人常表现为恐惧、焦虑、悲伤、过分敏感等；慢性病加重的老年病人常表现为消极、多疑、绝望等。因此，在抢救危重老年病人生命的同时，护理人员还须努力做好病人心理护理。

(1) 态度要和蔼、宽容、诚恳、富有同情心；语言应精练、贴切、易于理解；举止应沉着、稳重；操作应娴熟认真、一丝不苟，给老年病人充分的信赖感和安全感。

(2) 在进行任何操作前均应向老年病人做简单清晰的解释，取得病人配合。

(3) 对语言沟通障碍者，应注意病人的非语言行为，并与老年人建立其他有效的沟通方式，鼓励病人表达感受，保证与病人的有效沟通。

(4) 多采取"治疗性触摸"，以引起老年病人注意，传递关心、支持或接受的信息给老年人，并能帮助老年人指明疼痛的部位，确认其身体的完整性和感觉存在。

15.3 养老机构医疗服务管理

15.3.1 医疗服务管理的原则

1. 依法行医

养老机构医疗服务应当建立在合法经营、规范服务的基础之上，所有附设的医院、医务室必须经当地卫生行政部门(卫生厅、局)批准，取得合法行医资质，并在规定的范围内开展临床诊疗服务工作；所有医务人员(包括医生、护士、康复师、营养师)必须具有执业资格，并在当地卫生行政部门注册。凡未取得合法资质或超范围服务，将视为违法或非法行医行为。

2. 规范服务

养老机构开展医疗服务必须严格按照国家医疗机构管理办法进行管理，严格按照临床诊疗规范开展临床诊疗工作，自觉接受卫生行政部门监督和年审。

3. 热情服务

身患疾病的老人更需要关爱，更需要热情周到的服务，不可冷落、歧视长期患病卧床、经济窘迫的老年人。

15.3.2 医疗服务管理的方法

1. 建立健全临床医疗服务管理规章制度

仅设有医务室的养老机构应制定医务室职责、医生岗位职责、护士岗位职责、康复师、岗位职责、药剂师岗位职责，还应制定出诊、接诊、转诊留观管理制度，处方管理制度，药品管理制度，健康档案、病历书写规范与保管制度，药品代替保管、代为发放制度，危重老人抢救处理制度，健康教育制度，消毒隔离制度等。附设有医院的养老机构应履行部门职责、岗位职责，并遵守各项工作制度。

(1) 部门职责包括医务科职责、护理部职责、质量监控办公室职责、临床诊疗科室职责、临床辅助科室职责等。

(2) 岗位职责包括医生岗位职责、护士岗位职责、药剂师岗位职责、康复师岗位职责、其他医技人员职责、临床科主任岗位职责、护士长岗位职责和主管医疗院长岗位职责等。

(3) 工作制度包括医嘱、处方管理制度，药品管理制度，急救与麻醉药品管理制度，危重老人急救处理制度，事故差错报告等级制度，消毒隔离制度，医疗服务质量管理制度，病历、护理记录书写规范及管理制度，查房制度，会诊制度，医务人员交接班制度，传染病登记报告制度，医生值班室管理制度，护士值班室管理制度，药剂室管理制度，治疗室管理制度，换药室管理制度，手术室管理制度，门诊部管理制度，康复治疗室管理制度，留观室管理制度，检验科管理制度，放射科管理制度，医务人员继续教育制度和考核管理制度等。

2. 利用养老机构信息化综合管理统进行医疗服务管理

在该系统中，设有医疗服务模块和药政服务模块，管理者可以适时监控临床医疗服务情况与质量。

3. 加强质量管理

养老机构应制定医疗服务质量标准，建立医疗服务监督管理机制，考核评价标准与管理方法，真正把医疗服务质量落到实处。

养老机构不管规模大小、所有制性质如何、人员与设施多少，都应力求使顾客(养老对象及其家属)满意。如何达到这一基本要求，一个养老机构可以采用多种不同的途径，而质量管理体系标准正是国际标准化组织(ISO)积累世界各国质量管理的经验与做法，经过10多年的修改、总结所提出来的适应各类组织(机构)，旨在增强顾客满意的质量管理基本要求。建议有条件的养老机构应通过ISO质量管理认证，加强质量控制。

15.3.3 危重老年人抢救管理

养老机构内入住老年人大多存在着身体功能不断下降和疾病困扰的问题，随时可能面临着突发疾病的危险。为了保障院内老年人的生命安全，确保危重老年人能够及时得到初步抢救，避免病情的恶化或因疏忽造成老年人死亡等不良事件的发生，养老机构内设医疗机构需要做好危重老年人的抢救工作。

(1) 当住养老年人突发疾病情况危重时，机构医师和护士应在可能的条件下，尽力地挽救老年人的生命，减轻疾病对老年人健康的损害。

(2) 参与抢救的机构医务人员应分秒必争，确保诊断准确无误，治疗及时果断。

(3) 对危重老年人进行初步抢救时，应及时通知老年人家属，将老年人的具体情况告知其家属，并及时与家属协商沟通，将老年人送往医院进行急救治疗。

(4) 医务人员应熟练掌握和运用抢救技术，如心肺复苏术、吸痰术等，当老年人发生危急情况时，应采用急救技术进行初步抢救。

(5) 对危重老年人进行抢救时，老年人家属不应在现场观看，以免影响抢救工作。

(6) 对危重老年人进行抢救或经抢救无效死亡的老年人应有详细的抢救记录，记录要及时、准确、完整，并注明老年人的病情变化、抢救时间、抢救经过、检查和治疗时间等。

(7) 初步抢救过程中如遇特殊情况应及时向主任医师报告。

(8) 对于危重老年人的抢救工作，应及时实施，全力开展，任何人不得以任何借口拒绝、延误老年人的急救治疗工作；对抢救工作不负责的，且给老年人及其家属造成重大伤害的医务人员，应根据机构规定给予处理。

(9) 危重老年人送往救治医院进行抢救治疗时，应由机构医务人员陪同，并根据老年人的具体情况，做好老年人出院后的医疗护理服务。

15.3.4 医疗差错与事故管理

为了正确处理医疗差错与事故，保护院内患病老年人和医疗机构及其医务人员的合法权益，维护养老机构医疗秩序，保障医疗安全，以及促进养老机构内设医疗机构的发展，内设医疗机构需要加强医疗差错与事故的管理，做好安全防范和事故处理工作。

1. 医疗差错与事故的安全防范

为了保证养老机构内设医疗机构医务安全，保障院内患病老年人的人身安全，养老机构需要加强对其内设医疗机构医务人员的管理，做到医疗事务规范操作，强化医务人员法律意识和责任意识，做好安全防范，避免和减少医疗差错或医疗事故的发生。

(1) 机构所有医务人员在医疗活动中，必须严格遵守医疗卫生管理法律、行政法规、部门规章和诊疗护理规范、常规，恪守医疗服务职业道德。

(2) 定期或不定期对医务人员进行医疗卫生管理法律、行政法规、部门规章和诊疗护理规范、常规的培训和医疗服务职业道德教育。

(3) 医务人员应严格按照《病历书写基本规范(试行)》的文件要求，规范书写并妥善保管病历资料，严禁涂改、伪造、隐匿、丢失。

(4) 在诊疗服务中，医务人员应及时将老年人的病情、医务措施、医疗风险等如实告知老年人，及时解答其疑问，积极维护老年人的合法权利和知情同意权，避免医疗行为对老年人产生不良后果。

(5) 不断提高院内医务人员的医疗业务技能水平，以及提高护理人员的护理技术，从而降低医疗差错和医疗事故的发生率。

(6) 建立处理和防范医疗纠纷的预案，若发生医疗事故争议要及时报告，医务人员不得隐瞒。

(7) 凡对老年人病例处方及用药有疑问的，应及时询问主治医师，严防用药出现错服和误服。

2. 医疗差错与事故的处理

1) 医疗差错与事故的处理原则

处理医疗差错与事故，应当遵循公开、公平、公正、及时、便民的原则，坚持实事求是的科学态度，做到事实清楚、定性准确、责任明确、处理恰当。

2) 医疗差错与事故的处理流程

(1) 发生医疗差错的，一般医疗差错由医护人员处理；严重医务差错应及时报告机构主任医师及院长，同时上报书面材料，并详细写明情况，对负有责任的个人或科室将依法追究责任。

(2) 医务人员在医疗活动中发现医疗事故、发现可能引起医疗事故的医疗过失行为或者发生医疗事故争议的，应当立即向所在科室负责人报告，同时应立即采取有效措施封存有关物品、药品、器械等，必要时送往医院。

(3) 科室负责人应当及时向本医疗机构负责医疗服务质量监控的部门或者专(兼)职人员报告。

(4) 负责医疗服务质量监控的部门或者专(兼)职人员接到报告后，应当立即进行调查、核实，将有关情况如实向本医疗机构的负责人报告，并向患病老年人及其家属通报、解释。

(5) 养老机构应当按照规定将医疗事故向所在地卫生行政部门报告。

(6) 对于下列重大医疗过失行为的，医疗机构应当在12小时内向所在地卫生行政部门报告：①导致患者死亡或者可能为二级以上的医疗事故；②导致3人以上人身损害后果；③国务院卫生行政部门和省、自治区、直辖市人民政府卫生行政部门规定的其他情形。

(7) 对于疑似输液、注射、药物等引起不良后果的，应当在老年人或其家属共同在场时，对现场实物进行封存和启封，封存的现场实物由医疗机构保管；需要检验的，应当由双方共同指定的依法具有检验资格的检验机构进行检验；双方无法共同指定检验机构时，由卫生行政部门指定。

(8) 对于发生或有可能发生医疗纠纷的，医务人员在未调查之前不得轻易表态，不要立即向老年人家属作肯定或否定回答。

(9) 对于老年人发生死亡的，机构与老年人家属均不能确定死因的，或者对老年人死因有异议的，在征求老年人家属的同意后，应将老年人遗体送往医院进行尸检。

(10) 医疗差错与事故处理流程如图15-1所示。

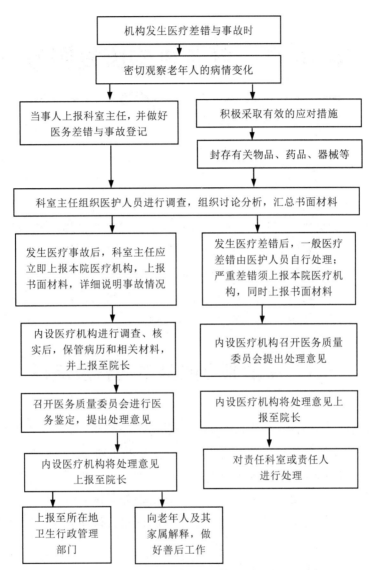

图 15-1 医疗差错与事故处理流程

第 16 章　养老机构康复服务

随着全球人口老龄化的快速发展，日益严重的高龄化趋势，提高了失能、半失能老年人对养老机构生活照料、康复、护理和紧急救援等服务的依赖。老年人各系统器官的组织结构及生理功能均随年龄增长而衰退，保持适当活动有可能减缓心血管、代谢及肌肉功能的减退速度，进而提高其生活质量。同时，老年人常患有某些慢性疾病，也需要通过康复治疗控制病情趋向恶化，减缓功能障碍。养老机构作为社会养老服务体系中的重要组成和基础支撑，其康复作用和价值逐步凸显。

16.1　康复服务的基本内容及流程

康复是指综合地、协调地应用医学的、教育的、社会的、职业的各种方法，使功能障碍者已经丧失的功能尽快地、最大可能地得到恢复和重建，使他们在体格上、精神上、社会上和经济上的能力得到尽可能的恢复，使他们重新走向生活，重新走向社会，提高生活质量。老年康复是康复的重要组成部分，它是指为了恢复有功能障碍老年人的各项功能能力，或增强、维持他们的残存功能而采取的评定、诊断和康复治疗措施。

16.1.1　康复服务的基本内容

1. 功能评定

康复功能评定是指对功能障碍者功能状态及水平进行客观、定性或定量的描述，并对结果做出合理解释的过程。康复功能评定为制定康复目标及康复治疗措施提供依据。评定是康复治疗的基础，没有评定就无法规范治疗，也无法评价治疗。

康复评定主要不是寻找基本的病因和诊断，而是客观地、准确地评定功能障碍的性质、部位、范围、严重程度、发展趋势、预后和转归，是康复治疗计划的制订奠定坚实的基础。康复全过程往往需要进行多次康复评定，至少在治疗的前、中、后各进行一次，以便准确、动态地了解老年人的功能状态，评价康复效果。根据评定结果，制订、修改治疗计划和对康复治疗效果做出客观的评价，以寻找更有效的治疗方法。因此，可以说康复治疗始于评定，止于评定，是一个"评定→康复→再评定→再康复→再评定"的循环过程。

(1) 评定的目的。康复评定是掌握老年人现存功能，评估其功能恢复的潜力、确定康复目标、制定有效的康复方案或程序、检查康复治疗效果并修订康复计划、判断老年人功能恢复结果所必需的手段。

(2) 评定的方法。康复功能评定方法主要有访谈、问卷调查、观察、量表评定、设备检测。养老机构可以借助仪器直接进行测量一些指标，如等速肌力、关节活动度、肌电图等。但大部分指标是不能直接进行定量测量的，心理各项功能、感觉功能、言语功能、运动控制功能、步态功能、生活自理能力、家庭生活能力、人际交往能力等通常用访谈、问卷调查、观察的方法来评估。康复评定还可大量使用量表，运用标准化的量表对老年人的机体功能进行测量。

(3) 评定的内容。康复功能评定能够使老年人功能水平量化，有利于全面制订有效、客观、合适的康复目标与治疗计划。康复评定的主要内容包括以下内容：①运动功能评定，如肌力、肌张力、关节活动度、感觉、平衡与协调功能、心肺运动实验等评定及步态分析等；②日常生活活动能力与社会功能评定，包括日常生活活动能力评定和生活质量评定；③生物力学评定；④脑高级功能评定，包括言语功能评定、吞咽功能评定、心理功能评定等；⑤神经生理功能检查，包括肌电图、诱发电位、低频电诊断等；⑥特殊问题的评定，包括压疮疼痛、二便和性功能等的评定；⑦环境评定等。

2. 康复治疗

康复治疗是康复的主要内容之一，是促进伤、病、残者身心功能康复的重要措施。康复治疗是最大限度获得躯体、精神和社会功能的一个主动的、动态的过程。

康复治疗的目标是以提高康复对象功能水平为中心。在实际工作中，工作人员应根据康复对象自身个体条件的不同、功能障碍的情况与程度的不同，并在全面康复评价的基础上制定出能发掘老年人全部最大潜在的能力且通过努力能达到的客观目标。同时制定康复目标时还应遵循实事求是及康复效益最大化的原则。

养老机构康复治疗采取的主要方法包括三个基本方面：一是减轻老年人功能障碍的方法；二是让老年人获得新的技能和决策能力，从而减少功能障碍影响的方法；三是通过改变环境，使老年人适应环境，将导致残障的可能降到最低的方法。

完整的康复治疗方案应综合协调地运用各种治疗技术，常用康复治疗的内容很多，包括物理疗法、作业疗法、言语疗法、心理疗法、康复工程和中国传统医学疗法。由此可知，康复的手段和内容具有多学科性、多维性、复杂性、协调性和综合性的特点。

16.1.2 养老机构的康复服务流程

老年人因其特殊的疾病谱及心理状态,对康复服务性质、种类、质量等方面都有特殊需求。在养老机构内开展康复服务,既可以预防健康老年人患病,又可以最大限度地帮助老年病人恢复功能及活动能力,因而对老龄化社会有着重要的意义。养老机构的康复服务流程有如下几步。

1. 进行初次功能评估,制订康复计划

由康复人员在训练前对康复对象进行一般体格检查、各项功能检查,以及必要的专项会诊和检查,确定康复对象的功能水平和生活自理、社会生活等能力,并以此为依据制订切实可行的康复计划。

2. 选择适宜的训练项目

养老机构中提供的康复训练项目不是对每一位康复对象都适用的,而应因人而异地选择一种或几种康复训练项目,才能使康复训练获得最佳效果。

3. 指导进行康复训练

由专业康复人员指导和帮助老年人进行康复训练,并做好记录。训练时要充分调动老年人的积极性,帮助他们战胜困难。康复训练的项目应从易到难,从简到繁,从少到多,循序渐进,通常把一个繁杂动作分解成若干个简单动作,分阶段完成。

4. 定期的康复评定

对康复训练的定期评定(通常为一个月)是康复训练中很重要的一步。通过评定,养老机构能够了解训练项目是否适合、是否有效、康复对象对训练的态度等。根据评定结果,进一步提出改进意见,必要时对康复计划予以修改。

在康复服务过程中,康复服务人员还需为老年人提供心理支撑服务、知识普及服务、转介服务。康复服务人员通过了解、分析、劝说、鼓励和指导等方法,帮助老年人树立康复信心,正确面对自身功能障碍,鼓励老年人亲友理解、关心功能障碍者,支持、配合康复训练;为老年人及其亲友举办知识讲座,开展康复咨询活动,发放普及读物,传授功能障碍预防知识和康复训练方法;掌握当地康复资源,根据老年人在康复医疗、康复训练、心理支持及用品用具等方面不同的康复需求,联系有关机构和人员,提供有针对性的转介,并做好登记,进行跟踪服务。

16.2 养老机构常用的康复方法

16.2.1 健康老年人的运动方法及注意事项

1. 健康老年人的运动方法

美国卫生及公众服务部在 2008 年出版了《美国人体力活动指南》，指出成年人为了健康效益应该以中等强度从事有氧活动，每周至少 150 分钟；或是从事剧烈强度活动，每周至少 75 分钟；老年人应该每周至少两天从事强化肌力的活动。近年来，有人提出了一个运动金字塔模型。他们指出，在日常生活中，只有同时遵循食物金字塔和运动金字塔两种模型，才能达到健康的目的。

(1) 第一层是生活中的有氧运动。生活中的有氧运动项目有强度适中的散步、慢跑、骑车、游泳等。这些运动每天可分数次进行，需累计 30 分钟以上。

有氧运动能增加人体自身免疫能力，减少生病的概率，减小情绪压力。研究证明，低至中等强度的有氧运动在保护心血管方面作用最强，可以大大降低冠心病、高血压等心血管疾病的发病率，对糖尿病、结肠癌等疾病也能起到很好的预防作用。散步、慢跑、骑车、游泳等都是典型的有氧运动。

(2) 第二层是伸展运动。伸展运动主要通过牵拉肌肉和关节来提高机体的供氧能力。经常进行伸展运动，能提高关节的活动度，增强身体的柔韧性，减少运动伤害，还有助于疲劳的消除和全身淋巴的畅通。长期久坐的老年人尤其需要伸展运动。伸展运动最好每天进行，但在时间安排上比较灵活，可以"见缝插针"。伸展的部位包括手臂、腰部、臀部、大腿、小腿等，同时要注意配合呼吸。这类运动主要包括柔软体操、瑜伽、太极拳、八段锦等。老年人应多做肩颈背部的拉伸，比如站在墙边，双手沿墙不断向上伸的爬墙运动；双手在身后握拳拉伸背部；手举过头顶，腰部后弯，拉伸腹部。每次伸展并不需要急速地做到极限，而是要在放松的状态下，徐徐地持续拉引 10~30 秒钟。

(3) 第三层是有氧休闲运动。有氧休闲运动的项目有慢跑、骑车、游泳、登山、有氧舞蹈、健身操、网球、篮球、高尔夫等。每周 3~5 次，每次 20 分钟以上，达到中等偏高强度。这些运动可以锻炼心肺功能，陶冶情操。

(4) 第四层是力量训练。力量训练的项目有重量训练、仰卧起坐、俯卧撑、拉力带训练等。每周 2~3 次，每 10 个动作为 1 组，做 1~3 组，可略超肌肉负荷强度。这些力量训练不仅能强健人的骨骼和肌肉，还能提高身体基础代谢率，帮助消耗更多的热量。

(5) 第五层是静态活动。静态活动的项目主要是指看电视、玩电脑、工作等。建议时间不要连续超过 60 分钟，每隔一小时活动一下身体。虽然坐着也能消耗能量，但消耗的量很小，可以规定自己每次上完厕所后站立 3 分钟，或做一组伸展运动。

2. 老年人运动健身的注意事项

(1) 适量补充能量。运动前适当补充些营养物质是很有必要的，对于普通人来说，运动前以摄取高糖低脂肪的食物为宜，例如面食、米饭、水果等，因为这些食物容易消化，又能提供糖类。如果运动时间超过 60～90 分钟，可以选择血糖指数较低的食物，如香蕉、全脂牛奶、米饭、麦片等，这些食物被缓慢地消化吸收，能够长时间地供应糖分，为运动提供能量；如果运动的时间少于 60 分钟，则可以选择高血糖指数食物，如面包、运动饮料等，这些食物易消化吸收，能迅速提供糖分。

(2) 及时适量补水。运动时出汗多，盐分丧失量大，容易使细胞渗透压降低，导致钠代谢失调，发生抽筋等现象，所以及时补充水分非常重要。补水方法最好是少量多次饮水，运动中每 10～15 分钟饮水 150～200mL，但不要喝过甜的饮料，避免增加胃的负担；运动后也应及时补充水分，但不要一次喝得太多，狂饮会增加心脏的负担。

(3) 不要立即冲凉。充分运动后，全身的毛孔都打开了，如果这时突然用冷水浇身，可能会引起感冒、发烧。更重要的是，冲凉并不能帮助肌肉放松，反而会使肌肉更加紧张。正确的方法是等身上的汗都干了，再用温水冲澡。

16.2.2　老年病人的日常生活康复方法及注意事项

老年人由于年龄增加、生理机能下降常伴随不同程度的功能障碍，因此延迟其功能衰退的干预措施就显得尤为重要。对于老年病人而言，康复治疗和服用药物的重要目的之一就是日常生活自理。日常生活活动的康复训练可以帮助老年病人恢复身体功能，并把潜在功能发挥到最大限度，使老年病人对生活有更好的适应能力，增进健康，延缓衰老，预防活动功能的丧失。

养老机构老年病人康复的主要目的是恢复老年人日常生活的活动能力以及生活自理能力。有研究显示，老年人患病后虽经康复医疗，日常生活活动能力会一度好转，但若干年后常常会出现明显退步，甚至卧床不起。因此，老年人要减少功能倒退，预防久病卧床，就要坚持日常生活活动的康复训练，这是大多数老年病人康复的关键所在。

老年病人在患病初期，连起码的生活自理都有困难，往往在心理上总是认为自己无所作为，感到悲观失望，对生活活动能力的训练缺乏足够信心。在这种情况下，康复服务人员要鼓励老年人对生活上的一些小动作开始训练，这样，当老年人自己能够完成时，就会从心理上建立起独立生活的信念，从而对康复治疗充满信心，最后取得康复成功。

日常生活活动虽然是老年病人身边的一些琐碎小事，如起床、穿衣、脱衣、盆洗、沐浴、饮食、如厕、使用拐杖、乘坐轮椅等，但这些动作的完整性，对老年人不依赖他人而独立生活是不可缺少的。

养老机构要为日常生活活动训练有困难的老年人准备一些辅助工具和特制器皿、家具和衣服等，如加大钥匙、加长拉线开关、加粗铅笔、长把牙刷、床罩百宝袋、弹簧筷子、带扶手便桶等。这些老年人自助器材将有效地发挥老年人残存功能，达到独立完成日常生活活动的目的。

在日常生活康复训练的具体过程中，老年病人及养老机构人员要注意以下几个问题。

(1) 可将日常某些生活动作分解成几个简单的动作，然后从简单的、断续的动作开始练习，再连贯成一个完整的生活动作。

(2) 老年病人如果肌力不足，或者缺乏动作的协调性时，可先做一些准备训练，如加强手指肌力训练等，然后做日常生活动作的训练。

(3) 为老年病人制作的自助器材一定要适合老年人的习惯和特点。

(4) 开始训练饮食动作时，可仅练习手指动作或模仿进食，经反复练习后，再添加食物。

(5) 有的老年病人训练穿、脱衣服动作时，因手的协调性差，无法完成扣纽扣、解衣带等动作，还需为他们设计特别服装。例如，偏瘫病人衣服不用纽扣，改用尼龙搭扣。

16.3　养老机构康复服务管理

16.3.1　养老机构康复服务工作人员配置

养老机构的康复人员配置应按照临床医疗机构康复人员配置的原则进行，但需要考虑养老机构的性质、规模和实际需要。一般康复医师比例相对偏少，康复治疗师和护士比例相对偏高。设有医务室的养老机构可根据实际需要配置康复工作人员，可配置一名或多名康复医师，既从事康复医疗诊断，又进行康复治疗工作。

一般康复科室设有主任、副主任，物理治疗室、作业治疗室，分别设有物理治疗师组长和作业治疗师组长，整个科室在主任的带领下开展工作。康复治疗工作常以小组形式开展，小组以患者为中心，小组成员由康复医师、物理治疗师、作业治疗师、护士等组成，当接诊患者后，小组共同对老人进行功能评定并制定康复目标和康复方案。

16.3.2　养老机构常见的康复服务项目管理

结合国内养老机构的实际情况，养老机构可为老人提供的康复服务项目有运动治疗、物理因子治疗和作业治疗等。不同的康复服务项目设立不同的治疗室。

1. 运动治疗

运动治疗是通过器械、徒手或借助患者自身力量，利用物理学的力学原理来治疗和预防疾病、恢复功能，从而使患者全身或局部运动功能、感觉功能恢复的训练方法。运动治疗工作制度如下。

(1) 凡需运动治疗的老人，由康复科的医生填写治疗申请单。

(2) 运动治疗室的工作人员应根据老人疾病的特点和身体具体情况制定合适的运动治疗方案。

(3) 对老人的功能状况进行定期评估,并做好详细记录,以确定老人的问题,拟订治疗目标,修正治疗方案。

(4) 在治疗过程中需密切观察、了解老人的情况和反应,并向老人交代注意事项和自我观察的方法,取得老人合作。

(5) 管理好运动治疗室的功能训练器械,经常维修、保养,确保治疗安全。

(6) 运动治疗室工作人员要不断吸取国内外先进的治疗技术和方法,以提高治疗水平。

2. 物理因子治疗

物理因子治疗简称理疗,是应用光、电、声、磁、热、冷等物理因子来治疗疾病和进行功能恢复的方法。这些物理因子的物理能量主要通过神经、体液、内分泌等生理调节机制作用于人体。物理因子治疗已广泛应用于临床,具有良好的消炎、消肿、止痛、解痉、促进神经再生等功能。

3. 作业治疗

作业治疗是应用有目的的、经过选择的作业活动作为主要治疗手段,帮助因躯体、精神疾患或发育障碍造成的暂时性或永久性残疾者,最大限度地改善与提高康复对象生活、工作及娱乐等能力,提高其生活质量,最终使之重新回归家庭与社会的康复治疗方法。作业活动既是作业治疗的手段,又是作业疗法康复的目标。作业治疗一般可分为功能性作业疗法、心理性作业疗法、日常生活活动能力训练等。作业疗法的工作流程为采集和分析入住老人资料、作业活动评价及作业活动影响因素的评价、找出问题、制订治疗计划、实施治疗计划、疗效评价、回归养老机构。

16.3.3　养老机构康复服务质量管理

为加强康复服务质量,养老机构应定期进行诊疗质量检测。康复医学诊疗应达到以下指标:康复治疗有效率≥90%;年技术差错率≤1%;病历和诊疗记录书写合格率≥90%;住院患者康复功能评定率>98%;应当保证各类康复设备维护良好,每3个月检查一次,并有相关记录,设备完好率>90%。

16.3.4　养老机构康复服务工作制度管理

1. 接诊制度

门诊医师负责接待老年人患者、确定治疗方案、开处方和治疗单,并介绍老年人到相关治疗室治疗。医师征询治疗师意见,确定治疗方案(包括康复治疗目标、康复治疗方案)、开医嘱、送交治疗单,安排老年人到相关治疗室治疗,并请治疗师在医嘱单上签字。

安排老年人每日治疗时间，并告知注意事项。

2. 医疗安全制度

医师必须向老年人说明病情、诊疗计划及医保报销情况，让老年人或家属签署自费协议书、授权委托书，特殊治疗知情同意书(如瘫痪患者知情同意书等)；对有瘫痪、骨折、骨质疏松等感觉运动障碍的老年人，必须在病历中强调老年人应有专人陪护，以防跌倒、骨折、脑卒中等意外事故发生。主管医师每周一至周五随上级医师对本组新入院、疗效差(由主管医师提出)的老年人查房；周一至周六早上由主管医师常规查房；对危重患者随时查房，下班前要再次查房；每晚 9 点值班医师负责全科查房后，方能就寝；星期日值班医师负责全科查房；实施小组工作制，各组医师按照分组，带领本组相关治疗师，共同制定新入院和疗效差老年人的临床诊断、功能诊断、康复治疗目标和方法。

3. 交班制度

各组医师和值班医师必须参加每日晨交班，值班医师必须在交班时将本人记录本亲手移交给下一班值班医师。每日交班内容如下所述。

(1) 新入住机构老年人主诉、病史、临床诊断、功能诊断(确定内容)、康复治疗目标和方法。

(2) 病情变化、治疗方案变动。

(3) 因故临时停止治疗的老年人。

4. 修订医嘱制度

各组医师每日完成查房后，根据病情需要修订医嘱，并及时通知护士和相关治疗师。

5. 病情反馈制度

康复服务人员应熟悉主管老年人的病情，及时了解治疗后反应，并在病程记录中记录；及时将各种检查报告向老年人和上级医师反馈，并在病程记录中记录。对于疗效差的老年人，康复服务人员应组织人员当天评定，并修订治疗方案，于次日实施。

6. 参与治疗制度

医师查房、开医嘱结束后，需到治疗室了解所管老年人的治疗情况，参与所管老年人的治疗。

7. 医疗组长排班制

医疗组长负责医师排班，康复服务人员上班、值班、查岗以排班表为准；若有特殊情况需要换班，应提前一天通知排班人员，将代班人员签字同意的申请单交由科室主任签字认可后附在排班表上，并更换值班人。

8. 医师质量保证基本程序

为提高医疗质量，医师必须严格遵守以下质量保证程序。

(1) 专题讲座日：每周一次，由科室主任统一安排。

(2) 读书报告日:每周一次,由科室主任统一安排。

(3) 定期康复评定:各组医师组织本组每周评定一次。定期康复评定的具体要求:对各组住院一个月以上和疗效差的老年人每周评估一次;对各组新入住机构老人,24小时内评定;对各组退住机构老年人,出机构前24小时内评定;各组医师负责主持,主管治疗师负责评定,并将评定结果记录在评估表和病历中。

(4) 病历审核制度:由医疗组长审核所有病历,并负责签字。

第17章 养老机构膳食服务

17.1 老年人生理代谢特点与营养需要

17.1.1 老年人生理特征及消化道结构

1. 老年人的生理特征

老年人的生理功能与中青年相比有很大差异,如70～80岁健康男性的瘦体组织(Lean Body Mass, IBM)较20岁时减少约25%,其中骨骼肌减少近50%。有研究表明,年龄每增长10岁,IBM约减少6.3%。IBM的减少反映了人体内脏器官的减重。70岁后,人体肝脏重量减轻约18%,肾脏重量减轻约9%,肺重量减轻约11%。国外有关老年骨骼的研究提出,在90岁时,男性骨密度损失约12%,女性损失约25%。

另外,与中青年相比,老年人的体脂(Total Body Fat, TBF)增加约35%。其中,腹部及臀部脂肪的增加较为显著。

2. 老年人消化道结构

随着老年人年龄的增长,其消化器官结构及功能逐渐衰退,常见的身体变化如表17-1所示。

表17-1 老年人常见的身体变化

变化部位	具体症状
口腔	牙龈萎缩,牙齿松动脱落,舌黏膜变薄,舌乳头萎缩,味蕾减少,舌肌萎缩,运动能力下降,咀嚼及吞咽功能受限
食管	食管蠕动能力减退,部分老年人出现第三蠕动波,这些均不利于食物入胃
胃肠	胃肠黏膜萎缩,小肠黏膜表面积减少,血管变性以致血液供应减少,胃肠肌松弛无力,胃肠动能力减退,胃排空延迟
体液	唾液、胃液、胰液、小肠液在质与量上均发生变化
酶	唾液淀粉酶、胰脂酶、胰淀粉酶、胰蛋白酶、胃蛋白酶等消化酶活性下降

因此，老年人对营养素的消化与吸收能力降低，组织修复能力降低。老年人术后，胃肠道蠕动恢复时间延长等。研究显示，老年人的胃酸缺乏发生率在24%～65%之间。胃酸缺乏极易导致维生素B_{12}吸收下降、铁和钙吸收能力下降、乳糖酶的减少与缺乏，使得奶及奶制品的应用受到限制。此外，肝、肾实体也相应萎缩，70岁老年人上述器官的重量仅达高峰时的60%～80%。肝解毒能力下降，氨基酸合成率下降。肾脏皮质的萎缩及其代谢能力的减退使得排泄过量代谢废物的能力下降，出现排泄延缓的现象。

17.1.2 老年人生理代谢过程中的问题情况

老年人消化器官日渐萎缩，在某些外来因素或病理因素下，老年人在生理代谢的过程中往往有下列情况发生。

1. 吞咽困难

以往，学者认为老年人吞咽困难与年龄有关，但近年来有学者认为单纯年龄因素不会导致吞咽困难，吞咽困难是一种病理现象。原因有多方面，包括食管运动障碍、食管梗阻以及食管外的因素如延髓麻痹、食管周围病变的压迫等。

2. 便秘

老年人的大便次数和规律因各人的体质不同而不同，一般每日3次至每周3次尚属正常。但若在排便中，便次太少，或排便不畅、费力困难、粪便干结且量少，这是便秘的主要表现。在了解便秘时，应首先了解近期大便习惯有无异常改变，便秘可能为功能性的或器质性的，其原因是多方面的，如食物中缺少膳食纤维、液体摄入量减少、精神因素、经常用镇痛剂和降血压药等，均能导致功能性便秘；如结肠肿瘤、肠梗阻、肛门疾病、内分泌疾病等，均能导致器质性病变便秘。便秘的发生必然影响老年人消化系统对营养素的吸收。

3. 腹泻

老年人腹泻除一般胃肠疾病外，常见的原因包括老年人吸收不良综合征、长期服用抗生素、小肠和结肠病变，如炎症性肠道疾病、结肠癌、结肠息肉等。

4. 上消化道出血

老年人上消化道出血可由胃溃疡、胃肿瘤、食管静脉出血、出血性胃炎、口服水杨酸类药物等引起。

5. 便血

老年人便血可由痔疮、结肠肿瘤、直肠肿瘤、缺血性肠炎、肛裂外伤等引起。

6. 急性与慢性腹痛

老年人急性腹痛主要由胆囊炎、阑尾炎、胰腺炎、急性肠系膜血管栓塞引起；慢性腹痛常为胰腺肿瘤、肠道肿瘤早期症状，慢性血管供血不足也可以引起慢性腹痛。

7. 黄疸

老年人出现黄疸，除肝炎外，常见为胆道阻塞，如出现胆总管结石、胰腺肿瘤等。黄疸的发生必然影响老年人消化系统对营养素的吸收。

17.1.3 老年人营养素代谢特点

与中青年相比，老年人能量代谢有两大特点：一是基础代谢率降低。20 岁以后，随着年龄增长，每增加 10 岁，基础代谢率下降 2%～3%，60 岁以后人体的基础代谢率约为青年时期的 90%。二是能量利用率下降。总体来讲，老年人总的能量消耗量是下降的。

老年人白蛋白的转化率、合成率及异化量均降低，半衰期也延长。血中氨基酸模式改变，必需氨基酸含量下降，具有特殊功能的蛋白质含量下降，聚合胶原上升。蛋白质解毒和适应代谢酶的诱导时间延长。临床发现，老年人血清总蛋白量及白蛋白降低，球蛋白与白蛋白比例上升。某些氮平衡实验结果也显示，足以使年轻人保持正氮平衡的蛋白质供给量却导致老年人呈负氮平衡。随着年龄的增长，老年人体内核酸总量降低。老年人的脱氧核糖核酸与脱氧核酸蛋白复合物中的蛋白质分子结合得更稳固，从而抑制基因的遗传特性表现。

随着年龄的增长，老年人血清中低密度脂蛋白水平增高，胆固醇浓度增高，女性表现尤为显著。20～70 岁血清胆固醇浓度上升 0.3%～0.5%。饥饿时，脂肪代谢较慢，胆固醇中胆固醇酸的增加较游离胆固醇明显。脂蛋白中，与动脉硬化有关的颗粒较大又较不稳定的 β-脂蛋白也增高。血中三酰甘油增高较明显，其与胆固醇沉积于血管壁的量关系密切。

老年人对碳水化合物的代谢率下降，虽然正常状态下空腹血糖水平可能是在正常范围，但糖耐量随着年龄的增长逐渐下降，其转化为脂肪储存起来的能力也相应减弱。葡萄糖耐量试验往往出现高糖曲线，这一方面是由于胰岛素分泌不足引起的；另一方面与因衰老而引起细胞膜与细胞内酶系统的改变有关。

老年人体内的水分总量相对减少，主要为细胞内液的减少。老年人对水的储备能力减退，因此老年人在应激情况下容易发生脱水，特别是在腹泻、发热、出汗时表现更为明显。当老年人发生水和电解质缺少或过多时，由不正常恢复到正常所需的时间比年轻人要长，这种恢复能力下降的程度与肾功能减退相关。

17.1.4 老年人的热量及营养素需求量

1. 热量

老年人与年轻人一样，热量需求来自两方面：一方面是基础代谢的需要；另一方面是活动的消耗。总体来说,老年人热量需要较年轻人少,适当限制老年人总热量摄入是有益的。因研究人群及条件不同,总热量的供给标准不尽相同。一般超过60岁者,每增加10岁,总热量供给应减少10%。

老年人的热量需求在一定程度上还取决于老年人活动的程度和老年人机体组织活动的代谢程度。老年人在维持细胞功能和降低机体活动的同时,对热量的需求也发生相应减少。随着老年人健康情况的改变,在发生某些疾病后,为了尽快恢复健康,老年人机体将需要更多的热量。

2. 蛋白质

老年人的蛋白质供应一定要充足,以维持其正氮平衡,尤其强调应供给必需氨基酸齐全的高生物效价蛋白质,主张基础蛋白质供给量为每千克体重每日1.0~1.2g。损伤及手术后患者处于高代谢应激状态,因此要求在损伤及手术后应根据情况提高蛋白质供给量。但蛋白质供给过量会增加消化系统及代谢功能已降低的肾脏负担。高生物效价蛋白质供给量应占总供给量的50%。鸡蛋、鲜肉、牛乳的摄入量要充足,它们可提供生命过程所需要的全部氨基酸。在低热量供给时或热量供给不足时,老年人往往需要更高的蛋白质摄入量,以达到正氮平衡。

3. 脂肪

由于老年人脂肪代谢异常,一些常见的老年性疾病又多与此有关,老年人脂肪供给要求比青年人严格,如表17-2所示。

表17-2 老年人脂肪供给要求

脂肪的供给量	一般认为不应超过供给总热量的25%,最高限量不超过30%。当然,过低供给也会影响脂溶性维生素的吸收和必需脂肪酸的供给
脂肪的质量	质量要高,多价不饱和脂肪酸及不饱和脂肪酸的供给要充足;尽量减少饱和脂肪酸的摄入,应保证饱和脂肪酸、单不饱和脂肪酸、多不饱和脂肪酸的供给比例为1:1:1,即饱和脂肪酸、不饱和脂肪酸(包含多不饱和脂肪酸)的供给比例等于1:2

另外,老年人应适当地限制胆固醇的摄入,尤其有血清胆固醇增高者,每日摄入量应小于300mg。植物油除椰子油外,以含不饱和脂肪酸为多。因此,主张老年人摄入富含单不饱和脂肪酸的植物油,这样,既能满足必需脂肪酸的供给需要,又不致增加血脂浓度给人体造成损害。

4. 糖类(碳水化合物)

鉴于老年人对碳水化合物的代谢率下降,要求其摄入量也相应下降,目前建议老年人每日碳水化合物供给量占总热量的55%~60%为宜,且单糖比例不应超过10%。碳水化合物供给过多,又易使内源性甘油三酯生成增多,尤其是单糖过多更易发生高甘油三酯及胆固醇血症,而且可导致其他营养素不足等。

老年人胰腺功能减退,因此在提供碳水化合物时,应考虑到老年人对葡萄糖的耐受性。在糖尿病老年患者中，应考虑适当配合应用胰岛素或其他降糖药，也可采用糖尿病患者用的肠内营养配方制剂。对于伴有重度外伤、胰腺疾病、肾脏疾病、肝脏疾病、重度感染的老年患者，考虑到其对糖的利用受到一定限制，应适当调整碳水化合物的摄入量。

5. 矿物质

(1) 钙。不同年龄人群对钙的吸收率不同，老年人吸收率较低，老年人对钙的吸收率小于20%。同时，老年人对钙的利用和储存能力低，容易发生负钙平衡，故易发生骨质疏松。越来越多的研究表明，钙的摄入量除与防治骨质疏松有关外，还与原发性高血压和结肠癌的预防有关。

中老年人每日钙的适宜摄入量为1000mg。钙的来源主要是奶和奶制品，其他有蛋黄、大豆、虾皮、海带、紫菜、苜蓿、苋菜等食物。由于维生素D有利于钙的吸收，老年人在补充钙的同时应补充维生素D。

(2) 镁。正常人体内含镁20~28g，其中60%~65%存在于骨骼中，其余存在于肌肉、肝、心、胰等组织中。镁缺乏时，可导致血钙的下降，神经肌肉的兴奋性亢进，易发生肌肉震颤、手足抽搐、反射亢进、共济失调和心血管疾病。流行病学的研究资料表明，低镁摄入的人群高血压发病率较高。镁的缺乏还和骨质疏松及糖尿病有关，镁缺乏时胰岛素的敏感性显著降低。

中老年人每日镁的适宜摄入量为350mg。含镁丰富的食物有大麦、荞麦、燕麦片、黄豆、黑米、菠菜、油菜、苜蓿等。

(3) 钾。钾是人体不可或缺的微量元素，对人体正常的生理意义重大。正常膳食者一般不易发生钾摄入不足，疾病情况或利尿剂应用时可出现钾的不足。老年人钾的每日适宜摄入量为2000mg。含钾丰富的有香蕉、草莓、柑橘、葡萄、柚子、西瓜等水果，以及菠菜、山药、毛豆、苋菜、大葱等蔬菜。

(4) 铁。老年人对铁的吸收利用能力下降，且造血功能减退，血红蛋白含量减少，易出现缺铁性贫血。老年人贫血的发生还与蛋白质合成减少，维生素B_{12}、维生素B_6、叶酸等缺乏有关。老年人每日铁的适宜摄入量为12mg。老年人应食用血红蛋白、铁含量高的食物，如动物肝脏、血液、瘦肉等；同时多食用富含维生素C的蔬菜和水果。

(5) 硒。硒为人体的必需微量元素。硒在人体内绝大部分与蛋白质结合，这种物质称为"含硒蛋白"。目前在人体中已发现有14种硒蛋白，它们起着抗氧化防御作用、调节甲状腺激素代谢作用、维持维生素C及其他分子还原态作用。

含硒蛋白中最重要的是谷胱甘肽过氧化酶。谷胱甘肽过氧化酶是人体抗氧化防御系统中重要的抗氧化酶，它能清除羟自由基和脂质过氧化自由基，且与维生素E、β-胡萝卜素等有协同作用。由于硒有抗氧化作用，能降低血中低密度脂蛋白胆固醇的氧化，使动脉内皮细胞免受损伤，故有防动脉粥样硬化的作用。

老年人每日硒的推荐摄入量为50μg。含硒丰富的食物有动物的内脏和海产品，如海带、紫菜、海鱼等。

6. 维生素

(1) 维生素 A。胡萝卜素是我国居民膳食维生素 A 的重要来源。老年人进食量少，再加上牙齿的咀嚼功能下降，摄入的蔬菜量有限，极易出现维生素 A 缺乏。

老年人每日维生素 A 的推荐摄入量为 800μg。富含维生素 A 的食物主要有动物的肝脏、鱼类、海产品、奶油和鸡蛋等动物性食物。

(2) 维生素 D。老年人户外活动减少，由皮肤合成维生素 D 的量降低，而且由于老年人肝肾功能下降，将维生素 D 转化为活性 1, 25-双羟维生素 D 的能力也随之下降，易出现维生素 D 缺乏，影响钙磷代谢及骨矿化，导致骨质疏松。

老年人膳食维生素 D 的每日适宜摄入量为 10μg，高于成年人。动物性食品是天然维生素 D 的主要来源，如含脂肪高的海鱼和鱼卵、动物肝脏、蛋黄、奶油和奶酪、瘦肉、奶、坚果中也含有微量的维生素 D。

(3) 维生素 E。维生素 E 是脂溶性的抗氧化剂，它能保护细胞膜中的多不饱和脂肪酸、细胞骨架、其他蛋白质的硫基及细胞内的核酸免受自由基的攻击，维生素 E 的不足会使机体的抗氧化功能降低，引起细胞的损伤，造成疾病。有资料表明，维生素 E 有抗动脉粥样硬化和防癌的作用。血浆维生素 E 水平低的人群中，肿瘤发生危险性增加。

老年人膳食维生素 E 的每日适宜摄入量为 14mg。含维生素 E 丰富的食物有植物油、豆类、蛋类、谷类胚芽等。

(4) 叶酸。作为体内生化反应中一碳单位转移酶系的辅酶，叶酸起着一碳单位传递体的作用。叶酸参与嘌呤和胸腺嘧啶的合成、氨基酸的代谢和同型半胱氨酸向蛋氨酸的转化，参与血红蛋白及甲基化合物如肾上腺素、胆碱、肌酸等的合成。成人叶酸缺乏时可引起高同型半胱氨酸血症，对血管内皮细胞产生损害，并激活血小板黏附和聚集，造成动脉粥样硬化，故叶酸缺乏被认为是导致心血管疾病的危险因素。

老年人膳食叶酸的每日推荐摄入量为 400μg。天然叶酸广泛存在于动植物类食品中，尤以酵母、肝及绿叶蔬菜中含量居多。

(5) 维生素 C。维生素 C 可促进胶原蛋白合成，保持毛细血管的弹性，防止血管的硬化，并可降低胆固醇、增强免疫及发挥抗氧化作用。因此，老年人应保证充足的维生素 C 摄入。中老年人每日维生素 C 的推荐摄入量为 130mg。

7. 水分

许多老年人因有尿频和尿失禁的问题，便会减少水分的摄取，殊不知这会使肾脏不易排出体内代谢所产生的废物。再加上老年人的结肠、直肠肌肉萎缩，排便能力较差，肠道中黏液分泌减少，细胞内液减少、萎缩，以致便秘。故老年人膳食中要有充足的水分，一般认为老年人饮水量控制在每日 1500~1700mL 为宜，因此多样化的汤、羹是食饮中不可缺少的。老年人饮水应尽量安排在白天，以利肾脏的清除作用，又不致影响夜间正常的睡眠。

17.2 养老机构营养配餐方法与食谱设计

17.2.1 养老机构营养配餐方法

由于年龄的增加，老年人的器官功能出现不同程度的衰退，这些变化可明显影响老年人摄取、消化吸收食物的能力，使老年人容易出现营养不良、贫血、骨质疏松、体重异常及肌肉衰减等问题。因此，养老机构在营养配餐方面更需关注如何预防上述问题的发生。根据《中国居民膳食指南(2016)》对中国老年人膳食的要求，科学的营养配餐体现在以下几个方面。

1. 摄入充足的食物

老年人每日应摄入 12 种及以上的食物。考虑到部分高龄老人或身体虚弱老年人的正餐摄入量有限，鼓励采用多种方法增加老年人的食欲和进食量，并注意增加餐次，常更换配餐食物，以保证充足的食物摄入，可采用三餐两点制。每次正餐占全天总热量的 20%～35%，每次加餐的热量占全天总热量的 5%～10%。

2. 固定进餐时间

尽可能根据老年人的作息时间及运动状况、生理状况，制定相对固定的进餐时间，使进餐与消化吸收过程协调一致。

3. 食物烹饪加工方式要适老化

适老化是指在食物的烹饪及加工上，要选择方便老年人进食与有利于其吸收消化的方式。适老化的食物烹饪方式可通过以下几点进行。

(1) 烹饪方式采用炖、煮、蒸、烩、焖、烧等方式，并延长烹饪时间，避免煎炸和熏烤。

(2) 将食物切小切碎，肉类可以切丝、切片或剁成肉糜制成肉丸食用；鱼虾类去骨去壳，制成丸类、羹类或熬汤食用；杂粮、坚果等坚硬食物可磨成粉末或细小颗粒后再食用；质地较硬的蔬果可粉碎或榨汁食用。

(3) 有咀嚼吞咽障碍的老年人可选择软食、半流质或糊状食物，汤类应尽量增稠，以避免呛咳，造成炎症甚至窒息。

4. 保证老年人获得足够的优质蛋白质

(1) 吃足量的肉类。鱼虾、禽肉、猪牛羊肉等动物性食物都含有消化吸收率颇高的优质蛋白质及多种微量元素，对维持老年人肌肉合成非常重要。因此，养老机构在营养配餐时，务必选择不同种类的肉类进行每餐的搭配，尽可能让老年人每日摄取多种肉类。

(2) 多喝牛奶。牛奶中的乳清蛋白对于促进肌肉合成、预防肌肉衰减很有帮助，同时牛奶中的钙吸收利用率很高。养老机构应鼓励老年人多喝牛奶,乳糖不耐症的老年人可考虑饮用低乳糖奶或食用酸奶。

(3) 每日吃大豆及大豆制品。大豆及豆制品含有丰富的蛋白质,老年人应每日至少进食一次大豆及豆制品。

5. 预防老年人贫血

(1) 帮助老年人提高进食量,增加主食和各类副食品的摄入,保证人体造血的必需原料,如热量、蛋白质、铁、维生素 B_{12}、叶酸的供给。

(2) 合理调整膳食结构,适量增加瘦肉、鱼禽、动物肝脏、血的摄入,以提高铁的吸收和利用;保证每日水果和深色蔬菜摄入,以促进铁的吸收和红细胞合成。

(3) 浓茶、咖啡会干扰食物中铁的吸收,因此要提醒老年人在餐前餐后 1 小时内避免饮用。

(4) 在需要的情况下,适量补充铁强化食品和营养素补充剂。

6. 合理选择高钙食物,预防骨质疏松

由于我国老年人膳食中钙的摄入量不到推荐量的 50%,因此养老机构在营养配餐时更要注意选择高钙食物的搭配。除了保证奶类及其制品的摄入外,还可选用豆制品、海产类(海带、虾皮、螺、贝)、高钙低草酸蔬菜(油菜、芹菜、洋葱等)、黑木耳、芝麻等天然含钙高的食物进行搭配。

7. 每周至少摄取 2 次菌类食物

食用菌味道鲜美,易消化吸收,有特殊保健作用,常见的有香菇、口蘑、草菇、黑木耳、银耳等。菌类食物的蛋白质较多且含有多种必需氨基酸,脂肪含量低且由多种必需脂肪酸组成,并含有多糖、丰富的 B 族维生素及多种矿物元素。因此,在经过适宜的加工烹饪后,非常适合老年人食用。

8. 鼓励主动足量饮水

正确的饮水方式是主动的少量多次饮水,每次 50~100mL,不应在口渴时才饮水。老年人的每日饮水量应不低于 1200mL,以 1500~1700mL 为宜,首选温开水。养老机构也可通过每日营养配餐中提供七分粥或是汤品的方式,为老年人补充足量水分。

17.2.2 养老机构的食谱设计

完整的食谱包括主食、副食的名称,所用原料的品种、数量、烹调方式,以及营养素标准、膳食制度等,并通过表格形式编制。养老机构食谱应根据《中国居民膳食指南(2016)》及《中国居民膳食营养素参考摄入量》的内容,按照人体生理需要编制食谱,以达到合理营养、维持机体平衡、促进健康的目的。

通常食谱的编制方法分为营养成分计算法和食物交换份法,这里使用的方法为营养成分计算法。按照此方法编制食谱包括以下步骤。

1. 确定全天热量供给量

通过参照《中国居民膳食营养素参考摄入量》中热量的推荐摄入量，根据用膳老年人的活动强度、年龄、性别等确定全天热量供给量。其中养老机构的老年人多为60岁以上，按照轻度体力劳动的男性为全天热量供给为2100kcal，而女性为1750kcal。考虑到老年人进食量与残食量的个体差异，将全天热量供给量设计在1900~2000kcal。

2. 计算产能营养素全日供应提供热量，换算每日需要量

蛋白质、脂肪和碳水化合物为热量的主要来源，为了维持人体健康，这三种产能营养素占总热量的比例应当适宜，一般蛋白质占(10%~15%)，脂肪占20%~30%，碳水化合物占55%~65%。养老机构可根据机构的客观情况，适当调整上述三种产能营养素占总热量的比例，求得三种产能营养素一天的热量供给量；再根据其热量折算系数，求出蛋白质、脂肪、碳水化合物的每天需要量。

3. 计算产能营养素每餐需要量

根据三餐两点的热量分配比计算出三种产能营养素的每餐需要量。一般每次正餐占全天总热量的20%~35%，每次加餐的热量占全天总热量的5%~10%。

若按照三种产能营养素占总热量的比例分别为蛋白质占15%、脂肪占25%、碳水化合物占60%，并以养老机构老年人每日总热量为1900~2000kcal，早餐、午餐、晚餐及两点分别占全天总热量30%、35%、25%、10%计算，则换算结果如表17-3所示。

表17-3 按热量分配三种产能营养素的全天需要

项目		蛋白质	脂肪	碳水化合物
产能营养全日供应提供热量		285~300kcal	475~500kcal	1140~1200kcal
产能营养全日需要量		71~75g	53~56g	285~300g
产能营养素每餐需要量	早餐	21~23g	16~17g	86~90g
	午餐	25~26g	19~20g	100~105g
	晚餐	18~19g	13~14g	71~75g
	两点	7~8g	5~6g	29~30g

4. 主食、副食品种和数量的确定

已知三种产能营养素的需要量后，根据食物成分表，就可以确定主食和副食的品种和数量。养老机构食谱应遵循"少量多餐"原则，目前分为三餐两点。

(1) 早餐：点心75g+鸡蛋50g+牛奶250g+杂粮类粥150g+素小菜50g≈570g。

(2) 早点：水果为主≈150g。

(3) 午餐：主荤菜75g+半荤菜80g+绿叶蔬菜100g+非绿叶蔬菜80g+汤150g+杂粮饭75g≈560g。

(4) 午点：点心(无糖或低糖)及水果≈200g。

(5) 晚餐：主荤菜75g+半荤菜80g+绿叶蔬菜100g+非绿叶蔬菜80g+汤150g+白饭60g≈545g。

5. 食谱的评价与调整

根据上述方法制定出的营养食谱必须进行评价，以确定编制的食谱是否可行与科学。通过运用合理的烹饪方式，严格监控烹饪过程中食物的质量，并在执行过程中进行适当调整与改善，保证食物的色、香、味俱全，才能保证老年人正常摄入食谱中的食物，达到营养配餐所预期的营养素摄入量。

一般认为，热量可有±5%的出入，即热量摄入占标准总供给量的百分比在95%~105%为正常；其他营养素可有±10%出入，即营养素摄入量占标准总供给量的百分比在90%~110%为正常。

17.2.3　老年患者营养膳食

1. 咀嚼困难、消化不良患者的膳食

咀嚼困难、消化不良患者适用于软食。与普通膳食比较，软食具有质地软、易咀嚼、少渣、易消化的特点，是普通膳食向半流质膳食过渡的中间膳食。软食适用于低热、咀嚼困难、消化不良或吸收能力差的老年人及手术恢复期患者。

养老机构软食的构成应符合平衡膳食原则，满足机体对热量及营养素的需要，一般全天总热量供给为1800~2400kcal，蛋白质供给为70~80g；不选择含膳食纤维多的蔬菜，食物烹调方法以蒸、拌、炖为宜；主食的形态为粥，根据粥的不同浓度，可分为三分粥饮食、五分粥饮食、七分粥饮食、全粥饮食等。

2. 高血压患者的低盐膳食

低盐食谱主要适用于轻型高血压老年人、各种原因引起的水钠潴留患者。限盐饮食是指限制膳食中钠的含量，以减轻由于水、电解质代谢紊乱而出现的水、钠潴留。限盐以限制食盐、酱油及味精的摄入量为主。低盐膳食的原则如下所述。

(1) 对限钠(盐)要采取慎重态度。根据《中国居民膳食指南(2016)》，养老机构老年人膳食的每日食盐量为6g左右。限盐饮食一般每日的食盐量为4g左右。对于80岁以上老年人原则上不采取限盐措施。

(2) 限钠(盐)饮食根据实际情况调整。食物的含钠量只是计划食谱的参考数据，应用时，应根据入住老年人的食量以及食物的烹饪方法合理选用。

(3) 食盐为"百味之王"，限盐膳食则比较乏味，故食物的烹饪方法应予以改进。

调查资料显示，我国居民平均每日食盐摄入量高达12g，相当于膳食指南的推荐量的2倍。高血压患者以中老年人居多，而中老年人由于生理机能的退化和味觉的不灵敏，更易导致盐分摄取过多，因而养老机构的膳食中必须设计相应的低盐食谱及高血压限盐膳食。

3. 肾病患者的低蛋白质膳食

低蛋白质膳食适用于急性肾炎、急慢性肾功能不全、慢性肾衰竭及尿毒症患者(未透析)。

低蛋白膳食是指其蛋白质含量低于正常膳食供给标准,其目的是尽量减少体内氮代谢产物,减轻肝、肾的负担,以低水平蛋白质摄入量维持机体接近正常生理功能的运行。此种膳食的蛋白质含量低于正常人膳食标准。低蛋白质膳食的原则如下所述。

(1) 蛋白质供给量应根据老年人的病情及营养状况而定。在蛋白质限量范围内设法供给适量的优质蛋白质食品,如蛋、乳、瘦肉类等,目的是增加必需氨基酸量,避免负氮平衡。

(2) 热量供给必须充足,以节约摄入蛋白质代谢供能,并减少人体组织分解。

(3) 维生素及矿物质应供给充足,以满足机体对维生素和矿物质的需求。

(4) 低蛋白质膳食往往不易引起食欲,所以在食品烹饪方面更应注意色、香、味和外形,注意品种多样化。

4. 糖尿病患者的热量控制膳食

糖尿病患者的热量控制膳食是一种在平衡膳食的基础上,限制碳水化合物类型及含量,以稳定血糖为目的的膳食。热量控制膳食的原则如下所述。

(1) 合理供给总热量。以保持老年人理想体重为前提,结合老年人的身高、体重及生理状态等情况制定个性化的热量供给方案。

(2) 适当限制碳水化合物。适当降低碳水化合物的供给或选择低血糖生成指数的食物,控制血糖。

(3) 限制脂肪和胆固醇摄入,摄入适量蛋白质,保证膳食纤维的摄入。

5. 高血脂患者的低脂膳食

高脂血症、急慢性胰腺炎、胆囊疾病、肥胖症以及与脂肪吸收不良有关的其他疾病,如肠黏膜疾病、胃切除和短肠综合征等所引起的脂肪泻,适用于低脂膳食。

低脂膳食又称限脂肪膳食,此类膳食需要限制膳食中各种类型脂肪的摄入量。低脂膳食的原则如下所述。

(1) 限制脂肪摄入。除选用含脂肪少的食物外,还应减少烹调用油,可选用蒸、炖、煮、熬、烩、卤、拌等方法,禁用油煎炸食物。低脂膳食的食物应清淡,少刺激性,易于消化,必要时少食多餐。

(2) 不同病情的脂肪限制程度不同,各种食物的选用标准也不同。

17.3　养老机构膳食管理

17.3.1　供餐过程的管理

养老机构营养膳食供应可分为餐厅就餐与送餐服务两种，以上两种均需提供规范的操作流程，确保服务质量，最大限度地满足老年人的需求。

1. 每日固定供餐或送餐时间

早餐 7～8 点，早点 10 点；午餐 11 点 45 分～12 点 45 分，午点 3 点；晚餐 5 点半～6 点半。具体时间可按季节变换及地域不同做相应调整。

2. 准备工作与工作要求

(1) 供餐与送餐操作前，工作人员应洗净、消毒双手，佩戴口罩和一次性手套。在备餐专用间里进行操作，操作时要避免食物受到污染。

(2) 备餐前检查相应餐具数量是否正确，餐具餐车应经常消毒。

(3) 核对每餐菜单和特殊需求餐品。

(4) 餐食不得在 10℃～60℃的温度条件下储存和运输。送餐的容器和餐车应安装食品热藏和冷藏设备，并在每次配送前进行清洗和消毒。

3. 打餐分盘工作要求

(1) 使用养老机构专用供餐餐具。

(2) 严格根据食谱规定数量要求分装菜肴。

(3) 核对特殊需求餐品，按份分配到房间或用餐区域。

17.3.2　原材料及食品留样管理制度

1. 原材料留样管理

针对养老机构厨房供餐的特殊性，必须实行留样管理，以作追溯。

(1) 要求留样的菜单必须全部保存留样，留样时间为 2 天。

(2) 要求农药监测的蔬菜，必须放冰箱保存 2 天。

(3) 必须有专门留样的冰箱，冰箱内保持整洁，并定期进行洗刷、消毒。

(4) 任何食品都不得与留样食品混放。

2. 食品留样管理

(1) 所提供的每样食品，由专人负责管理留样。

(2) 每餐留样的食品，按规定留足 100g，分别盛放在已消毒的餐具中。

(3) 留样食品取样后，立即存放在完好的食品盒内，以免被污染。

(4) 留样食品冷却后，用保鲜盒装好，并在其外部贴上标签，标明留样日期、时间、品名、餐次、留样人。

(5) 将贴好标签的留样食品存放在恒温冰箱内的固定位置保存。

(6) 做好每餐每样留样食品的记录，包括食品来源、食品名称、留样时间、目测样状等，以备检查。

(7) 留样食品一般保存48小时，进餐者如无异常，即可处理留样的食品；如有异常，立即封存，送食品卫生安全部门查验。

(8) 不定期检查留样工作，发现未按要求留样的，将对责任人进行工作失职处罚。

17.3.3　厨房各部卫生管理

1. 个人卫生

(1) 厨房各部员工坚持按时上下班，坚守岗位。

(2) 进入厨房必须做到工装鞋整洁。

(3) 在工作时间内，当班人员不能随意离开工作地点，更不能迟到早退。

(4) 不准用勺子直接品尝味道，不抽烟操作。

(5) 不得在厨房内躺卧，也不许随便悬挂衣服及放置鞋子，不许乱放杂物等。

(6) 在厨房工作时，不得在食物或食器的附近咳嗽、吐痰、打喷嚏。

2. 环境卫生

(1) 保持地面无油渍、无水迹、无卫生死角、无杂物。

(2) 保持瓷砖清洁、光亮，勤擦门窗。

(3) 工作结束后调料加盖，工具、用具、工作台面、地面均应清理干净。

(4) 下班前应将冰箱、炉灶、配菜台、保洁橱等清理干净。

(5) 厨房、冰箱等设备损坏应及时报修。

(6) 地面、天花板、墙壁门窗应坚固美观，所有孔洞缝隙应予填实密封，并保持整洁，以免蟑螂、老鼠躲藏或出入。

(7) 垃圾桶和馊水桶保持干净、标识明确并加盖，按时清理。

3. 冰箱卫生

(1) 冰箱有专人管理，定期清理。

(2) 保持冰箱内外清洁，每日擦洗一次。

(3) 每日检查冰箱内食品质量，杜绝生熟混放，严禁叠盘。鱼类、肉类、蔬菜类相对分开，减少串味，必要时应用保鲜膜。

4. 食品卫生

(1) 认真做好原料的检疫工作，变质、有毒、有害食品不切配、不烧煮。

(2) 食物应保持新鲜、清洁、卫生，并于洗清后，分类存放或装在有盖容器内，分别储放冰箱或冷冻室内。鱼类、肉类取用处理要迅速，以免反复解冻而影响鲜度。

(3) 凡易腐败食品，应零度以下贮藏。

(4) 熟的与生的食物应分开存放，防止食物气味在冰箱内扩散，并备置脱臭剂或燃过的木炭放入冰箱。

(5) 食品容器清洁，做到刀具不锈，砧板不霉，加工台面干净，配菜盘与熟菜盘有明显区别。

(6) 食品充分加热，防止里生外熟，隔顿、隔夜、外购熟食要回烧后再供应。

(7) 按政府有关规定，禁用不得销售的食品。

(8) 蔬菜不得有枯叶、霉斑、虫蛀、腐烂；若食材卫生不合格，要退回加工清洗。

(9) 干货、炒货、海货、粉丝、调味品、罐头等，要妥善储藏，不得散放、落地。

5. 餐具卫生

(1) 切配器具要生熟分开，加工机械必须保持清洁。

(2) 熟食、熟菜装盆；餐具不得缺口、破边，必须清洁，经消毒后，无水迹、油迹、灰迹，方能装盆出菜。

(3) 不锈钢器具必须保持本色，不洁餐具退回洗碗间重洗。

6. 切配卫生

(1) 切配空间上下必须保持清洁、卫生、整洁。

(2) 砧板保持清洁卫生，用后竖放固定位置，并每周清洗，定期消毒。

(3) 不锈钢水斗内外必须保持清洁、光亮。

(4) 遇有下水道不通或溢水要及时报修。

7. 炉灶卫生

(1) 灶台保持不锈钢本色，不得有油垢，操作结束后清洗干净。

(2) 锅具必须清洁，排放整齐。

(3) 炉灶瓷砖清洁、无油腻，炉灶排风要定期清洗，不得有油垢。

(4) 各种调料罐、缸保持清洁，并加盖。

17.3.4 从业人员健康管理制度

(1) 建立食品从业人员的花名册，所有从业人员经健康体检合格后方可上岗。

(2) 新参加工作和临时参加工作的食品生产经营人员必须进行健康检查，取得健康证明后方可参加工作。

(3) 已取得健康证明的食品从业人员每年必须进行健康检查，健康合格的有效期为一年。

(4) 建立健康申报制度，工作期间凡患有痢疾、伤寒、病毒性肝炎、活动性肺结核、化脓性或渗出性皮肤病以及有碍食品卫生的工作人员应及时向部门负责人申报，立即暂停其直接接触食品的工作。

(5) 对不参加健康体检的人员按部门的考核规定进行处罚，并立即停止其直接接触食品的工作。

第18章 养老机构老年人心理健康服务

心理健康服务是指通过专业化手段，维护老年人心理健康，增强老年人社会适应性的活动。心理健康是衡量老年人健康的一个重要指标，入住养老机构的老年人较容易出现各种心理问题。因此，准确评估老年人的心理健康状况，及时采取相应的护理措施，有助于老年人摆脱不良心理的影响，提高生命质量。

18.1 老年人心理特征及心理健康标准

18.1.1 老年人心理特征

随着老年人社会地位、经济地位的改变，家庭环境的变化，生理机能的逐步衰退和疾病等因素干扰，其在心理上逐渐表现出老年人特有的心理特征。综合老年人的生理、疾病、年龄、经济状况等诸多因素，老年人的心理特征主要表现为以下几个方面。

1. 感知觉减退和运动迟缓

老年人神经系统机能逐渐衰退，导致其感知觉能力逐渐降低，运动逐渐迟缓，除需要更强的刺激之外，常常还需要充分的感知时间，多表现为感觉迟钝和运动迟缓。老年人的听觉、视觉、嗅觉、味觉、皮肤触觉和痛觉等感知功能均可出现减退，并因此出现相应的变化。比如，视觉下降，老年人需要佩戴老花镜；味觉降低，老年人会抱怨食品没有味道；皮肤触觉的温度感下降，当室温低时老年人也不觉得冷，容易受凉等。此外，老年人的机体觉、平衡觉、运动觉也会下降，因此老年人常常走路不稳，容易失去平衡而跌倒。老年人因感知觉功能减退，对外界各种刺激往往表现为反应迟钝，动作缓慢不灵活，注意力不集中。在多数情况下，老年人在行动之前对环境条件的改变持非常谨慎的态度，只有对环境和刺激信号充分感知，并能预见行动的后果时，老年人才会开始行动。在行动过程中，老年人会关注自己的行动是否符合环境的要求，注意监视和控制自己行动的准确性，当客观环境要求老年人行动的速度过快或过于精细，违背了老年人特有的活动规律时，老年人就容易出现过度紧张状态，容易产生失落感和衰老感，甚至出现焦虑、烦躁和抵触情绪。

2. 记忆力下降

老年人记忆力下降是一种普遍现象，他们对年轻时的远期记忆保存效果尚好，能对往事很好回忆，但对近期内发生的事或听到的信息容易忘记，保存效果较差。如记不起昨天吃的什么菜，几天前谁来看望过自己，忘记东西放哪了，经常要寻找钥匙、眼镜等随身物品。此外，老年人的记忆特点还表现为记忆速度明显减慢，机械记忆能力下降。需要注意的是，记忆力的个体差异很大，在老年人中也是如此，其中一个重要原因是，有的人任其自然，让它衰退下去，而有的人却积极地和记忆减退做斗争。科学证明，人脑受训练越少，记忆衰退越快。因此，老年人应遵循"用进废退"的原则，坚持学习，坚持科学用脑，以达到减慢记忆力衰退的目的。

3. 智力改变

不少人认为，人老了脑子就会变糊涂，这种不正确的看法常常使老年人产生消极、悲观情绪，其实许多健康老人的智力并没有明显减退。老年化过程中智力减退并不是全面性的，虽然概念学习、解决问题等思维能力有所衰退，但思维的广阔性、深刻性等往往比青少年强。研究发现，老年人的智力具有很大的可塑性，学习和训练能有效提高老年人的智力水平。需要注意的是，如果老年人的智力出现明显的或快速的减退，常常与某些常见的老年疾病有关，如老年期痴呆、中枢神经系统疾病等。除疾病的原因外，智能的高低与文化教育、职业、生活经验、家庭和社会条件等密切相关。

4. 情绪变化

情绪是一种心理体验，有喜、怒、哀、乐等表现。老年人的情绪体验往往增强或不稳定，表现为易兴奋、激动、唠叨，情绪激动后恢复平静需要较长时间。老年人比较容易产生消极的情绪反应，如产生冷落感、孤独感、抑郁感、疑虑感和老朽感等不良情绪。比如，老年人由于年老体弱，能力减退，行走不便，集体生活减少，被冷落感、孤独感便会油然而生；老年人饱经风霜，历经坎坷，由于职务或地位的变化，遇事更为敏感，常怀疑别人另眼看待自己；老年人经常因家庭纠纷、长期疾病等，产生焦虑和抑郁情绪；人到老年，体力受到限制，感觉迟钝，生活能力逐渐降低，常会产生老朽感。老年人的情绪体验持续时间一般比较长，一旦情绪激发，就需要花费较长时间恢复平静。

5. 人格改变

人格是以性格为核心的，包括先天素质和后天的家庭、教育、社会环境等综合因素影响所形成的气质、能力、兴趣、爱好和习惯的心理特征的总和。老年人人格改变后，多表现为主观、敏感、多疑和固执，有的甚至表现为偏执、孤独、冷漠、刻板。老年人由于与外界接触减少，生活圈子狭窄，往往习惯于自己熟悉的事物和做法，不愿接受新事物，喜欢坚持自己的看法，显得思想保守，固执己见。因为固执、主观，任意猜测他人动机,很容易产生多疑和偏执,导致人际关系紧张。研究发现,有明显心理困扰的老年人大多存在不同程度的人格缺陷,主要表现为以自我为中心、孤僻偏执、敏感多疑、性格急躁、虚荣心强等。需要注意的是,少数老年人出现严重的人格改变,可能与某些疾病特别是脑器质性疾病有关。

6. 睡眠障碍

老年人睡眠潜伏期延长,非快速眼动睡眠的浅睡眠期减少,快速眼动睡眠期减少并均匀分布,夜间觉醒次数和时间增加,表现为入睡困难,睡眠浅而易醒,夜间睡眠减少,白天睡眠增多。

18.1.2 老年人心理健康标准

健康不仅仅是没有躯体疾病,还包括心理健康和适应社会的良好能力。心理健康是一个相对概念,其标准一直处于动态变化过程中。美国著名心理学家马斯洛和米特尔曼曾提出心理健康十条标准:充分的安全感;充分地了解自己;生活目标切合实际;与外界环境保持接触;保持个性的完整与和谐;具有一定的学习能力;保持良好的人际关系;能适度地表达与控制自己的情绪;有限度地发挥自己的才能与兴趣爱好;在不违背社会道德规范的情况下,个人的基本需要应得到一定程度的满足。世界卫生组织提出心理健康的"三良"标准,即良好的个性、良好的处事能力和良好的人际关系。

目前,专门针对老年人的心理健康标准,还没有达成统一的共识。我国老年心理医学专家于恩彦主编的《实用老年精神医学》提出了老年人心理健康的标准如下:感知觉保持尚好;能充分运用老年人的记忆特点使记忆保持较好状态;具有日常生活所需要的足够的逻辑思维能力;情感反应适度,对精神刺激或压力具有承受力和抵抗力;意志坚强,有良好的自我认识;热爱生活,有奋斗目标,善于接受新事物;具有现实主义态度;具有良好的人际关系;有良好的适应能力;意识保持清晰。我国著名老年心理学家许淑莲教授将老年心理健康的标准大体概括如下:性格健全,开朗乐观;情绪稳定,善于调适;社会适应良好,能应对应激事件,有一定社会交往能力,人际关系和谐。

老年人的心理健康标准往往因社会、时代、文化传统、民族等的不同而有所差异,综合国内外心理学专家对心理健康标准的研究,结合我国老年人的实际情况,我们认为老年人的心理健康的可以从以下几个方面进行评判。

1. 认知正常,智能良好

在感知事物时,客观全面;在分析判断事物时,条理清楚,符合逻辑;在应对事物变化时,从容自如,保持理性;观察力、注意力、记忆力、想象力和思维能力等保持良好。

2. 情绪稳定,人格健全

能保持愉快、乐观、稳定的心态,积极的情绪多于消极的情绪,能正确评价自己和外界的事物，能控制自己的言行，能按照社会公共规则来约束自己的言行。

3. 人际关系良好，社会适应正常

乐于帮助别人，也乐于接受别人的帮助；与家人、朋友能融洽相处，与人为善，不求全责备，有集体荣誉感和社会责任感；乐于接受新事物，主动学习新的知识和技能，能根据社会和环境的变化及时调整自己；积极参与社会交往，自发维护人际关系的良性互动，人际关系和谐融洽。

4. 社会功能保持良好

能保持良好的生活、工作、学习和社交能力，在生活、工作、学习和社交时的行为符合其在各种场合的身份和角色。

18.2 老年人心理健康服务方法及保健

随着社会的发展，人们越来越意识到老年人不仅希望满足其生存需求，还希望有更好的生活品质，追求生活幸福感。沟通是促进心理社会适应的重要因素。沟通是一种工具，通过提高沟通技巧，满足老人的生理和心理需求，可以提升老人的生活质量。因此，护理人员需要学习特殊的沟通技巧。与老年人进行心理沟通时，护理人员必须掌握影响与老年人沟通的因素，了解与老年人心理沟通的基本原则，并按照一定的方法和技巧进行。

18.2.1 影响与老年人沟通的因素

在与老年人沟通过程中，存在着各种影响沟通效果的因素，主要包括以下几个方面。

1. 个人因素

(1) 生理因素。个人的许多生理因素会影响沟通，如年龄、疾病、听力等；人处于疲劳和疼痛状态时，很难进入沟通状态。

(2) 情绪因素。人的情绪可以影响信息的传递，如气愤时易出口伤人，焦虑时不愿意讲话或反应迟钝；兴奋时情绪激动，说话又快又急，这些情绪都会影响沟通效果。

(3) 知识水平。沟通双方的文化程度存在差异，使用的语言不同，对同一事物的理解不一致，都会影响沟通效果。

(4) 文化因素。不同职业、不同民族的人由于对事物的理解、各自的信仰和价值观、生活习惯等不同，表达其思想感情和意见的方式也不一样，会造成许多误解，都会导致沟通不能顺利进行。

(5) 其他。沟通双方各自的个体特征、自我形象，主观能动性等也是影响沟通的重

要因素。

2. 环境因素

(1) 物理环境。物理环境主要指环境的舒适度,包括光线、温度、噪声、整洁度和隐蔽性等。舒适、安全、安静、整洁,且有利于保护老人隐私的环境,适合双方沟通;反之,则不利于沟通。

(2) 社会环境。社会环境包括人际关系、周围的气氛、沟通距离等。良好的人际关系、融洽的氛围、适当的交往距离等,都会促进沟通的顺利进行。

3. 阻碍与老人有效沟通的因素

(1) 突然改变话题。在与老人沟通的过程中,若护理人员对于谈话没有意义的部分缺乏耐心,而突然改变话题,会阻止老人说出有意义的事情,也会让老人产生护理人员不愿意听他说话的感觉。

(2) 主观判断或匆忙下结论。当沟通一方不顾及对方的感受而做出主观判断或者对老人的疑问匆忙下结论时,常常会使沟通中断。

(3) 提供错误的或不恰当的保证。当老人表示对病情、治疗或护理害怕或焦虑时,护理人员为了使老人高兴,会说些肤浅的宽心话,给老人以虚假的保证,这些虚假、不恰当的安慰或针对性不强的解释,会给老人一种敷衍了事、不负责任的感觉。

(4) 给予过多批评。给予老人过多的批评是影响正常沟通的因素之一。在护理工作中,如果护理人员不及时对老人取得的进步予以肯定和表扬,将会挫伤其继续努力的积极性,过多地批评责备老人会妨碍交流。

18.2.2　与老年人心理沟通的基本原则

与老年人进行心理沟通要遵循以下三个原则。

1. 以人为本,助人自助

在与老年人心理沟通时,必须以人为本,对老年人要尊重、理解、支持和帮助,充分发挥老年人自身潜能,引导老年人更好地处理自身的心理困扰,使其自我接纳,增加内省,在各种人际交往中保持积极乐观的心态。

2. 关注老年人的心理需求

老年人的心理需求多种多样,各不相同,如健康需求、工作需求、依存需求、自主需求、被尊敬需求和求偶需求等。如果这些需要长期得不到满足,就可能产生系列的身心不良反应,甚至出现心理问题。在与老年人进行心理沟通过程中,要充分认识老年人心理特征和心理需求,并从老年人内心需要层面加以积极关注,通过持续有效地深入沟通了解其迫切需求,再根据实际情况制订切实可行的计划。

3. 实事求是，量力而行

现有的养老服务机构中老年心理工作者的数量较少，提供心理服务的能力也参差不齐。在当前现实条件下，对老年人的心理健康服务，要实事求是，量力而行。养老服务机构要根据本机构实际情况，为入住老人提供力所能及的老年人心理服务工作，必要时可与当地老年心理研究服务机构建立合作关系，争取以最小的人力投入，实现工作效能的最大化。

18.2.3 与老年人心理沟通的基本方法

1. 倾听

倾听是心理沟通的首要技能，其核心是尊重老年人，鼓励老年人勇敢而自由地表达内心真实的感受。良好的倾听有利于营造和谐的沟通氛围，建立良好的人际互动关系。倾听时，护理人员应面向老年人，全身心投入，认真倾听，保持开放的身体姿势，同时肩部放松，身体稍稍前倾，保持良好的目光接触。倾听要在光线柔和、安静清洁的环境中进行，尽可能避免外在环境的干扰。在倾听过程中，护理人员要耐心倾听，不可在倾听的过程中表现出焦躁和不耐烦，不能随意打断老年人的讲话或有意无意地引开话题；要保持中立，不可按自身的价值观来评判老年人的言行。需要注意的是，护理人员在与听力困难的老年人沟通时，应适当增加面部表情；在与视力障碍的老年人沟通时，应增加言语方面的回应频度；在与乘坐轮椅的老年人沟通时，可以边推轮椅边倾听老年人诉说，并不时低头反馈；在与卧床老年人沟通时，则应根据实际情况，或坐或站，靠近床边，并注意保护老年人安全，防止其跌落。

2. 访谈

访谈是心理沟通的首要方式，是心理沟通最便捷的手段。访谈的内容可以涉及老年人学习、生活、情感的方方面面，访谈过程中"听"重于"说"，让老年人自由谈论困惑，随时表现出对谈话内容的关注和兴趣，保持非批判性态度，避免先入为主和自身价值观的影响。访谈过程中，不要回避"死亡"话题，只有对死亡有思想准备，不回避、不幻想，才能让老年人克服恐惧心理，从容不迫地给自己的人生画上一个圆满的句号。

3. 共情

共情是指人类个体深入他人的主观世界，切身体会他人真实感受，对他人的情感做出恰当反应。共情是具有建设性意义的互动手段。在与老年人的心理沟通中，需要以共情为手段去深入了解老年人的内心世界，进而建立和巩固良好的人际关系。共情没有一个完整、清楚的操作流程，而是贯穿于整个沟通过程。实际操作中，要以老年人的视角看待事物，避免自身社会角色的干扰，最大可能地接近老人的情感体验，全身心地体会老年人的内心感受。根据老年人的实际情况和反应来动态调整共情技术的实施，把握共情表达的时机和程度。

4. 接纳

沟通中应强调无条件接纳,也就是说,面对任何老年人,都要相对恒定地、非批评性地加以对待,不能因自身已有价值观而持强烈的情感色彩。无条件接纳的理论核心强调的是操作层面的标准化、一体化和系统化,而不是思想、观念、认识方面的整齐一致。在与老年人沟通过程中,要注意了解老年人的时代背景、生活现状、现实困难和心理需求,以老年人的利益和切身感受为基准,具体工作要求包括以下几个方面:①心理准备,即要调整好自己的心理状态,不能因为遇到与自己价值观极为冲突的谈话而导致反应过度,从而引起老年人的不快和怀疑。②适度回应,即在适当的时候,给予表情等非言语行为的回应。③补偿机制,即在沟通过程中有可能让老年人感觉到被冒犯或批评,这时应诚实面对,坦率承认,争取老年人的谅解。

5. 心理社会支持

心理社会支持是指为保护和促进心理健康及防控心理障碍所采取的任何形式的内部或外部支持,包含社会支持和心理帮扶双层含义。心理社会支持的内容包括以下几个方面:生存和安全、陪伴和鼓励、解释和说明、安慰和同情、提供重要信息等。需要注意的是,在心理沟通过程中,对于心理承受能力和调节能力低的老年人,承诺要慎重,做不到的事情不可随口答应。

18.2.4 与老年人沟通的技巧

1. 语言性沟通技巧

(1) 善于引导老年人谈话。与老年人谈话时,要用尊敬的语言及称呼,使老年人感到亲切。为激发老年人的谈话兴趣,不妨先请他谈谈以前的得意事,避免与其争论,应多加称赞;或请他传授知识,谈他不平凡的身世,谈他的成功经验,称颂他的学识渊博,这样很容易建立起一个融洽的谈话氛围。

(2) 重视反馈信息。与老年人谈话时,护理人员应对所理解的内容及时反馈,例如,适时地回答"嗯""对",表示仔细听或听懂了。同样,护理人员在向老人传递信息时,可采用目光接触、简单发问等方式试探对方是否有兴趣听、听懂没有,以决定是否继续谈下去和如何谈下去,这样能使谈话双方始终融洽,不陷入僵局。

(3) 全神贯注倾听。与老年人交谈时,如果听者心不在焉,或者随便打断老人的谈话都是不礼貌的。倾听时,应注意力集中,倾听对方所谈内容,甚至听出谈话的弦外之音。谈话时,要让老年人看到自己,和他们面对面交谈,沟通效果更好。

(4) 沉默。沉默本身也是一种信息交流,有时能够起到"此时无声胜有声"的作用。护理人员在与老年人谈话时,也可运用适当沉默的手段交流信息,但应注意长时间的沉默又会使双方情感分离,应予避免。打破沉默的简单方法是适时发问。

2. 非语言性沟通技巧

(1) 合理运用面部表情。面部表情是沟通双方判断对方态度、情绪的主要线索。护理人员合理地运用自己的面部表情,使之与老年人的情绪体验相一致,能有效促进双方的关系。

(2) 目光接触。护理人员与老年人的目光接触可以产生许多积极的效应。当与老年人说话时,目光要集中注视对方。如柔和友善的目光,表示对谈话感兴趣;镇静的目光,可以给恐慌的老年人带去安全感;亲切的目光,可以使孤独的老年人感到温暖;鼓励和理解的目光,可以帮助沮丧的老年人增加信心。当老年人说错话时,不要马上转移视线,而要用亲切、柔和、理解的目光继续看着对方,否则对方会误认为在讽刺和嘲笑他。

(3) 恰当运用身体姿势。身体姿势包括手势、举止姿态和运动体态等。护理人员的形体应能给老年人以热情饱满、充满活力的健康形象;运用手势要注意对方的习惯风俗,避免失礼的举止,避免双手外摊、耸肩、抱在胸前等表示拒绝或抵触的姿势。

(4) 保持沟通距离。一般距离 0.5~1.2m 是进行一般个人交谈时经常保持的距离。护理人员与老年人交往的沟通距离应根据老年人的特点来决定。对老年人沟通距离可近些,以示尊重或亲密。

(5) 适当触摸。必要的、适宜的触摸是一种积极有效的沟通方式,也是护理人员与视觉或听觉有障碍的老年人进行有效沟通的重要方法。护理人员可通过适当的触摸表达对老年人的关心、理解和支持。例如,当老年人被告知悲痛的消息时,护理人员可将手放在老年人的手臂上,使老年人感受到温暖;而对一脸怒气需要发泄的老年人,采用这样的触摸往往适得其反。因此,护理人员应注意针对老年人的不同年龄、性别、种族、文化背景采取适当的、个性化的触摸,以免产生消极后果。

18.2.5 老年人心理健康保健

影响老年人心理健康的因素较多,常见的有生理功能减退,疾病及死亡困扰,离退休问题,丧偶、离婚、分居或再婚问题,家庭矛盾与冲突,经济问题,心理卫生重视程度等。根据老年人的心理特征和心理健康标准,我们对老年人心理健康保健提出以下几点建议。

1. 坦然面对躯体疾病

老年人要正确对待自己的躯体疾病,既要重视防治疾病,又不必过于敏感。可定期体检,及时发现疾病,及早治疗。对待躯体疾病,要抱着"既来之,则安之"的态度,坦然面对,并保持积极的心理状态。

2. 乐天知命,知足常乐

理解生老病死的自然规律,对发生在自己身上或身边的重大变故想得宽,看得开,能正确看待各种矛盾和困难,泰然处之,不要过分介意。

3. 性格开朗，情绪乐观

性格开朗和情绪乐观不仅是老年人保持身心健康的基本要求，也是老年人长寿的一个重要因素。生活就像一面镜子，你对它哭，它就对你哭；你对它笑，它就对你笑。一位长寿学者曾经说过，在一切对人不利的影响因素中，对人的寿命伤害最大的因素是不良情绪和恶劣心境。

4. 生命不息，活动不止

这里的活动是广义的，包括各种体力劳动、脑力劳动和文体娱乐活动。脑子越用越灵，"用进废退"的科学哲理同样适用于大脑功能。坚持活动有助于老年人身心健康，有利于培养老年人广泛的兴趣和爱好，克服依赖心理，使生活更有意义。

5. 生活有序，环境适宜

老年人要根据自己的身体状况和生活习惯合理安排自己的生活，注意美化自己的起居活动场所，摆放一些花卉盆景或工艺品，经常听一些轻音乐，这不仅对情绪有良好的调节作用，还可以改善自己的精神状态，延缓衰老。

6. 家庭和睦，心胸豁达

老年人的精神状态与家庭关系、家庭氛围密不可分。老年人要心胸豁达，宽容一点、潇洒一点、糊涂一点，使自己生活更轻松、更愉快。

7. 学会忘记，善于忘记

老年人要学会忘记，善于忘记。忘记年龄，不要总惦记着自己老了；忘记疾病，有病当然需要积极治疗，但不要过度担心自己的疾病；忘记怨恨，即要忘记过去的恩恩怨怨。

8. 善于交往，得到社会支持

老年人要主动地与他人联系交流，从与他人的交往中吸取积极向上的东西，这样可以有效延缓心理老化。有效的社会支持能增强老年人对突发生活事件的耐受性和应对能力，缓冲各类应激所产生的压力，从而提高心理功能的整体水平。

18.3 老年人常见的心理(精神)疾病及处理

老年人常见的心理(精神)疾病主要有以下几种：①老年谵妄；②轻度认知功能损害；③老年期痴呆；④老年期精神分裂症；⑤老年期情感障碍；⑥老年期神经症，如焦虑症、强迫症、疑病症等；⑦其他，如器质性老年精神障碍、老年期偏执障碍、性功能障碍、人格改变、睡眠障碍等。本节主要介绍前5种。

18.3.1 老年谵妄

1. 概念

老年谵妄是由多种因素引起的急性可逆的广泛性认知障碍,以意识障碍为主要特征,因起病急、病程短,病变发展快,又称急性脑病综合征。

2. 疾病表现

老年谵妄通常急性发作,持续数小时或数天,其主要临床表现有以下几点:①意识障碍,因意识障碍而引起定向障碍(时间、地点、人物定向障碍)和记忆障碍(以瞬时记忆障碍为主,近记忆力损害比远记忆力损害更为常见);②认知障碍,常有幻觉(多为恐怖性幻觉,幻觉的内容极为鲜明、生动和逼真,如见到奇怪的昆虫、猛兽袭击自己)、错觉和妄想(大多继发于幻觉),思维不连贯,推理判断能力下降,因而患者可表现为情绪紧张、恐惧,出现躲避、逃跑或攻击行为;③注意障碍,患者对各种刺激的警觉性和指向性下降,不能对新的刺激及时做出反应,注意力难以唤起,注意力不集中,表情茫然;④睡眠觉醒周期障碍,常表现为白天昏昏欲睡,夜间失眠,间断睡眠或完全的睡眠周期颠倒;⑤情感障碍,可出现恐惧、愤怒的情感反应;⑥精神运动性障碍,精神运动性兴奋或迟滞,行为无目的、刻板。

3. 处理原则

谵妄常常起病急骤,是严重疾病和死亡的先兆,发病率和死亡率相当高,国内有关报道表明,老年谵妄的病死率为22%~76%,因此,患者必须立即送医院住院治疗。治疗的关键在于明确病因,立即去除易感和诱发因素,对症及支持治疗,预防并发症。支持治疗包括保证患者呼吸道通畅,防止误吸,维持水和电解质平衡,补充血容量,给予营养支持,进行皮肤护理,活动患肢,预防压疮和深静脉血栓。

18.3.2 轻度认知功能障碍

1. 概念

轻度认知功能障碍(Mild Cognitive Impairment,MCI)特指有轻度记忆或认知损害,但没有达到痴呆的状态。轻度认知功能障碍患者是痴呆的高危人群,代表了痴呆临床前的临床表现,是正常衰老和痴呆的中间状态。

2. 疾病表现

轻度认知功能障碍的主要表现有以下几点:①记忆障碍,比如忘记朋友及家人的姓名,忘记物品的名称,忘记电话号码,忘记约会等;②近事记忆障碍,比如找词困难;③言语缓慢,注意力不集中;④同时进行多项任务或在不熟悉的地方定向有困难;⑤兴趣减退,缺乏主动性;⑥有自知力,一般没有神经系统的定位体征,日常生活能力基本正常，复杂的工具性日常能力可能有轻微的损害，但尚未达到痴呆的程度。

3. 处理原则

对于轻度认知功能障碍患者，早期发现、早期治疗十分重要。治疗的目的是提高患者的记忆和认知功能，预防和延缓痴呆的发生。关于轻度认知功能障碍的药物治疗目前尚没有统一的方案，通常情况下是参照痴呆的治疗方法，进行经验性治疗。需要强调的是，尽管不是所有的轻度认知功能障碍最终都转变为痴呆，但每年 10%～15% 的转化率还是很高的，因此积极的预防具有重要的实际意义。预防的原则有以下几项：早期、全面、系统、长期。所谓早期，是指越早越好，宜早不宜迟。所谓全面，指的是要从生理、心理、社会三个层面进行，生理层面强调的是积极防治各种躯体疾病；心理层面强调的是保持乐观心态，防治各种精神疾病；社会层面强调的是积极参加各种有益的社会活动，培养并保持有益的兴趣爱好，养成健康的生活方式。所谓系统是指预防要有目的、有计划、有评估，遵循科学的原则，讲究方法，循序渐进。所谓长期，是指要持之以恒，坚持不懈。

18.3.3 老年期痴呆

1. 概念

老年期痴呆是指 60 岁以上的老年人持续出现广泛性的认知功能损害，表现为记忆、计算、思维、定向障碍，伴有情感障碍、人格改变、社会功能和日常生活能力减退。临床上常见的有阿尔茨海默病(Alzheimer Disease，AD)、血管性痴呆(Vascular Dementia，VD)、额颞痴呆(Frontoterporal Dementia，FTD)和路易体痴呆(Dementia with Lewy Bodies，DLB)等多种类型。

2. 疾病表现

老年期痴呆主要表现以下几点：①记忆障碍。记忆障碍常常最早出现，多为近事遗忘。②言语障碍。患者在说话时，难以找到合适的词汇；对物体的命名能力减退；比较唠叨，且内容杂乱无章；后期可出现口吃或说话含糊不清。③视空间技能障碍。患者不能准确判断物品位置，伸手取物时或未达该物而抓空，或伸手过远将物品碰倒；在熟悉的环境中迷路。④书写困难。患者书写时词不达意，或书写错误。⑤计算障碍。如购物不会算账或算错了账，严重者连简单的加减法也不会计算，甚至不认识数字和算术符号，也不能回答检查者伸出的是几个手指。⑥失用和失认。不认识亲人和熟悉的朋友，不能正确做出连续复杂动作，已熟练掌握的技能丧失，如不会骑车、游泳了，严重者不会使用任何工具，甚至不会执筷或用勺吃饭。⑦社会功能减退。工作、学习、日常生活和社会交往能力下降。⑧精神障碍。患者出现幻觉、妄想、情感障碍和异常行为。

3. 处理原则

对于老年期痴呆患者，早期发现、早期治疗十分重要。对于由某种原发疾病导致的痴呆，要积极治疗原发病。大多数老年期痴呆没有特效的治疗方法，治疗的重点在于对症和支持治疗。社会心理治疗的目的在于尽可能维持患者社会功能和日常生活能力，保证患者的安全和一定的生活质量。对早期轻症患者，应加强心理社会支持和日常功能训练；对重症患者应以护理和生活照顾为主，心理治疗主要采用认知疗法和行为指导。在与患者沟通时，应以人为本，无批判地接受老年人，尊重老年人，给予老年人以人文关怀，确保老年人感觉自己是被接纳和受欢迎的，让老年人有归属感。给予老年人恰当的照护，赋予老年人适当的自由，允许并尊重老年人力所能及地做出贡献，创造和保持互相信任的环境，关注老年人积极的一面，比如尚存能力。

18.3.4 老年期精神分裂症

1. 概念

老年期精神分裂症是指年龄在 60 岁以上的老年人的精神分裂症，包括延续至老年期的早发精神分裂症、晚发精神分裂症(40 岁以后首次发病的精神分裂症)以及 60 岁以后起病的极晚发精神分裂症。

2. 疾病表现

老年期精神分裂症的临床表现错综复杂，除不常见意识障碍、智能障碍外，可出现各种精神症状：①感知觉障碍，最突出的感知觉障碍是幻觉，以言语性幻听最为常见，幻听的内容可以是评论性或争论性的，也可以是命令性的，患者的行为常受幻听支配。②思维障碍，包括思维形式障碍和思维内容障碍。思维形式障碍又称联想障碍，表现为思维联想过程缺乏连贯性和逻辑性；思维内容障碍主要是指妄想，患者的妄想往往荒谬离奇，易于泛化。③情感障碍，主要表现为情感迟钝或平淡，有的表现为情感不协调或情感倒错。④意志行为障碍，活动减少，缺乏主动性，行为变得孤僻、被动、退缩，有的患者吃一些不能吃的东西，有的患者出现幼稚愚蠢的行为，还有的表现为全身肌张力增高的紧张综合征(紧张性木僵或紧张性兴奋)。

3. 处理原则

对于老年期精神分裂症，要早期发现，早期治疗。患者必须转送精神病专科医院门诊或住院治疗，一般给予药物治疗或无抽搐电休克治疗(Modified Electrical Convulsive Therapy，MECT)，但 MECT 会给老年期精神分裂症患者带来比较严重的认知损害，故应谨慎。心理治疗在疾病的发作期效果不佳，而在疾病缓解期或康复期进行支持性心理治疗有助于了解患者对疾病的态度、顾虑，帮助患者建立良好的人际关系，协助患者解除生活中的急慢性应激因素，消除其孤独感，增强治疗的依从性，促进患者康复和回归社会。

18.3.5 老年期情感障碍

1. 概念

老年期情感障碍是指存在于老年人群中的心境障碍，包括抑郁症、躁狂症和双相情感障碍等。其中以老年期抑郁症较为常见。

2. 疾病表现

(1) 老年期抑郁症的临床表现。研究表明，老年期抑郁症的临床表现与一般抑郁症有所不同，其疑病、焦虑、自杀观念、偏执、记忆力减退、迟缓症状较为突出，而抑郁心境、睡眠障碍不典型。其中，老年期抑郁症患者中大约有 1/3 的患者以疑病为首发症状，约 2/3 的老年期抑郁症有疑病症状，表现为对正常躯体功能的过度注意，对轻度疾病的过分反应；焦虑常常是比较严重的抑郁症的继发症状，也可能成为主要表现，可表现为坐立不安、六神无主、惶惶不可终日，整天担心自己和家庭将遭遇不幸；老年期抑郁症患者的自杀观念常常不会清楚地表露，也否认自己有自杀的念头，护理人员要仔细观察患者的反常表现，如变得勤快、对亲人特别关心、把有关事情交代得特别清楚等，这些都是自杀的可能提示，必须引起足够重视。

(2) 老年期躁狂症的临床表现。躁狂症的主要表现是心境高涨、思维奔逸和精神运动性兴奋。老年期躁狂症常缺乏明显的情感体验，主要表现为活动过多、兴奋、话多、爱管闲事，整天忙忙碌碌，但做事虎头蛇尾，一事无成；自我感觉良好，自我评价过高；食欲和性欲增强，睡眠需求减少；在夸大观念的基础上继发关系妄想、被害妄想。老年期躁狂症若首次发病在 65 岁以上，应警惕有无脑器质性病变的可能。

3. 处理原则

对于老年期情感障碍患者，要及时发现，及时治疗，必须转送精神病专科医院诊治。对老年期郁症患者的护理要点是防自杀、防自伤；对老年期躁狂症患者的护理重点是防冲动、防意外。心理治疗适用于轻型患者或恢复期患者。心理治疗可改变患者认知错误，改善患者人际交往能力和心理适应能力，矫正患者不良行为方式和人格缺陷，提高患者应对不良事件的应激能力，增强患者的治疗依从性，促进康复，预防复发。

第 19 章 养老机构社会工作介入服务

养老机构中的社会工作介入就是将社会工作的理论、方法和技巧运用到养老机构内，协助老年人解决生理、生活、医疗、社会、经济、心理和宗教信仰等问题，改善老年人的生理、心理、社会，经济状况和生活环境，使其有尊严地、快乐地、有价值地度过晚年。养老机构的社会工作介入对于改变目前养老机构服务的单一模式，拓展服务范围，提高老年人的生活水平具有重要意义。

19.1 养老机构社会工作概述

19.1.1 社会工作及老年社会工作的概念

1. 社会工作的概念

社会工作是以利他主义为导向，以"助人自助"为宗旨，综合运用各种专业知识、科学方法进行助人活动和公益服务的职业工作。

一般认为，社会工作是福利部门和服务机构针对个人、团体(家庭或小组)、社区、组织、社会等与其外在环境的不当互动而形成的弱势情况，利用专门的方法和技术，协助当事人改变或推动环境的改变，促进两者的适应性平衡。社会工作是社会工作者与服务对象互动的过程，作为一种专业助人活动，社会工作由服务对象、社会工作者、社会工作价值观、专业助人方法和助人活动等几个基本要素构成。

(1) 服务对象。服务对象也称受助者、案主或工作对象，是社会工作者直接服务或帮助的对象。服务对象遇到困难但自己不能解决，需要并愿意接受社会工作者的帮助。服务对象存在是社会工作得以发生的基本前提，社会工作的服务对象不只是个人，还可能是团体(家庭或小组)、社区、组织等。值得注意的是，服务对象不应被看作被动接受帮助的人，而应视其为有主动性、有潜能的人。

(2) 社会工作者。没有社会工作者就没有社会工作，社会工作者与服务对象是社会工作的要素，缺一不可。在社会工作过程中，社会工作者通过了解、评估服务对象的需要，设计和实施助人活动，通过与服务对象的合作，完成助人的过程，实现助人的目的。社会工作者是接受一定的专业教育或培训、从事职业化社会服务的人，其职业素质、能力和经验等直接影响社会工作的过程和效果。社会工作者不只是一个个体概念，有时也是一个群体概念(即一个机构或一个团队)。

(3) 社会工作价值观。社会工作价值观是社会工作者所持有的助人观念，其核心是利他主义，即以帮助他人、服务他人、促进社会福利和社会公正作为自己行动的目标。价值观是社会工作的灵魂，社会工作作为专业的、职业性的助人活动，只有在牢固的价值观的指导下才能自觉地、持久地进行。社会工作是一种真心实意的服务，而不是社会工作者要行使手中的权力，所以在社会工作过程中利他主义的价值观十分重要。

(4) 专业助人方法。专业助人方法是社会工作达到助人目的的手段和措施，是经过实践检验后行之有效的做法，它们作为一种知识被社会工作者共享，并有效地支持着社会工作者的实践。科学的助人方法是现代社会工作的核心组成部分，特别是在微观社会工作中，助人方法更显示其重要性。从大的角度来说，社会工作方法包括个案工作、小组工作、社区工作等，它们之中的每一个又由多种具体的方法组成。专业助人方法是社会工作者区别于一般助人者的显著标志。

(5) 助人活动。助人活动是社会工作者依据其价值观向服务对象提供帮助或服务的行动，是社会工作者与服务对象互动及合作的过程。助人活动是社会工作的核心部分，没有助人活动，只将各种要素连接起来就没有社会工作。当然，我们不能将助人活动简单地理解为社会工作者对服务对象的单向支持，即不能认为它只是社会工作者简单地提供帮助的活动。实际上，助人活动是双方围绕解决困难和问题而展开的持续互动。在助人活动中，社会工作者经过分析求助者或服务对象的问题，选择科学的、适合受助者需要的服务方法，向对方提供服务；而受助者根据自己的需要，对来自社会工作者的帮助行为进行理解并做出反应。在这种互动过程中，双方互相理解对方的行动，相互合作，共同达到克服困难、解决问题的目标。助人活动反映了价值观和工作方法，是社会工作的基本实践活动。

2. 老年社会工作的概念

老年社会工作是指专业的社会工作者在专业价值理念的指导下，按照老年社会保障和社会福利的相关制度、政策，充分运用社会工作的理论和方法，通过专业的助人过程帮助老年人，尤其是那些遭受各种困难而暂时丧失社会功能的老年人，解决日常生活中的各种问题，帮助他们摆脱困境，以满足老年人的需求，促进其社会参与、增强其自主能力、提高其生活质量的过程。对于以老年人为服务对象，采用大型院舍模式所进行的家庭以外住宿照顾的养老机构而言，老年社会工作可以扮演非常重要的角色，它可以为养老机构中的老年人提供个案辅导、小组工作以及社区层面的工作。此外，老年社会工作还可以介入养老机构的行政管理、服务的制定和评估等工作。因此，老年社会工作是完善养老机构的服务功能不可或缺的一环。

19.1.2 老年社会工作的内容

老年社会工作的实施内容涵盖老年人社会生活的一切领域,可概括为以下 8 个方面。

(1) 掌握有关老年期发展、老年医学和老年人行为的最新学术成果,熟悉有关老年人权益的法律条文,运用个案工作,小组工作、社区工作、人类行为与社会环境、心理治疗和卫生保健等专业知识和技巧,为老年人提供适当的生活条件和机构照顾。

(2) 协调各类老年人福利、老年人服务机构的工作,尤其是通过影响决策,安排好老年人的生活,使老年人的正当权益得到法律的保障。

(3) 改变社会对老年人的偏见,使老年人有自尊并独立地生活。老年社会工作者一方面协助老年人发挥余热,鼓励他们继续为社会服务;另一方面向子女解释老年人的生活、需要和渴望,帮助老年人子女履行赡养父母的义务,给予老年人更多的生活照顾和细致的关心,在经济上、生活上、情感上为老年人创造良好的生活环境。在家庭和婚姻观念比较保守的国家和地区,老年社会工作者要启发老年人的子女理解丧偶的父母再婚的要求和行为。

(4) 协助老年人度过角色转换时期,适应退休后新的社会角色。老年社会工作者应协助健康且有才干的老年人获得更多的生活自决的机会,使其独立地选择想要追求的生活,较持久地保持对生活和工作的兴趣,使其参与国家建设,贡献于社会。老年社会工作者应引导老年人群体,治疗其社会不适症,并协助老年人发展一支由老年人及其家属组成的老年人支持者队伍,改变社会、政府对老年人的态度,从而影响政府决策,使其在财政上支持老年人参与社会服务。

(5) 调动社会资源,协助解决老年人因丧失工作和长期患病而引起的经济贫困问题。

(6) 为老年人提供家庭和机构两种形式的医疗卫生保健服务,开展咨询和教育服务,开设专供老年人活动的场所。

(7) 采用个案和团体的工作方法,协助老年人积极面对死亡,即与他们共同探讨死亡的生理问题、宗教问题和哲学问题,使他们尽情倾吐对死亡的恐惧情绪。为临终老年人提供临终关怀服务,协助老年人接受死亡,而不至于孤独地、恐惧地结束生命。

(8) 社会工作者召集志愿工作者,实施训练计划,在红十字会、福利机构和社会机构中指导志愿者从事各种代理工作,解释服务的需要、发展计划等。志愿者工作包括购物、家教,为医院及其他机构的老年人举办娱乐活动,以及提供各种专业与半专业的服务。

19.1.3 社会工作介入养老机构的作用

社会工作强调对人的尊重,一切工作以服务对象为中心开展,而养老机构强调"以老年人为中心"提供各项服务,可见,社会工作与老人长期照料服务有一定的契合点,在养老机构中引入社会工作必然能够发挥其应有的作用。

社会工作在机构养老体系中能够发挥其独特作用，主要表现在以下几个方面。

1. 社会工作能够帮助老年人适应环境变化

老年人入住养老机构后，面临一个陌生的环境，对身边的各类人和事物都有陌生感，为了帮助老年人尽快熟悉新的环境，及早投入新的生活，需要对他们进行专门的指导和帮助，但目前专门开展老年人适应性辅导的养老机构却凤毛麟角，而社会工作弥补了这项不足，能够尽快整合老年人周围资源，帮助其快速熟悉新环境。

2. 社会工作能够帮助老年人适应新的社会关系

老年人性格各异，在面临机构群居生活的时候，通常会出现各种摩擦。另外，老年人与机构照料者之间也会有摩擦，子女、夫妻关系也有新的变化因素。有的养老机构曾出现老年人之间、老年人与照料者之间的纠纷，甚至出现打架斗殴等恶劣事件。社会工作者的介入能较好地解决老年人入住适应困难、舍友关系不良、社会交往缺乏等方面的问题。

3. 社会工作能够提升入住养老机构老年人的生活质量

老年人居家养老时面临的资源相对有限，入住养老机构后得到的专业服务增加。社会工作可以通过机构平台，由社会工作者整合多方资源，如社会爱心人士、各种社会组织，给老年人提供居家养老时难以享受到的服务，提升老年人生命质量，提高机构养老的价值。

4. 社会工作能够使个案和小组工作发挥最大效用

社会工作可以通过与医生、护士、管理人员等组成专业服务小组，建立完善的老年人身心状况档案，对有身体、心理、情绪、行为问题的老年人，能够及时进行咨询、辅导和干预。社会工作还可以运用小组工作的方式为有共同需要或有共同问题的老年人开展小组活动，让老年人在同伴群体中分享经历和感想，获得经验和成长。

19.1.4 社会工作介入养老机构的基本工作原则

由于老年人具有不同于其他社会群体的独特的生理和心理特点，因此老年社会工作除了应遵循一般社会工作的基本原则外，即案主自决原则、接纳原则、不批判原则、尊重原则等，还应遵循其自身独有的原则，这些原则主要包括以下几项。

(1) 从价值观上尊重老年人，努力理解和接纳老年人。
(2) 耐心了解老年人的需要，对于老年人的进步，给予热情鼓励。
(3) 协助老年人自立、自决。
(4) 与老年人建立相互信赖的良好情感关系。

19.1.5 社会工作在养老机构服务中扮演的角色

在做个人、小组、家庭、组织和社区工作时，老年社会工作者可在养老机构中扮演如下角色。

1. 辅导者
养老机构中的老年人同样具有心理上、社交上以及家人感情维系方面的需要，对此，老年社会工作者可以扮演辅导者的角色，为受家庭、个人及社交问题困扰的老年人及其家人提供指导和辅导服务，并举办支援小组和其他活动，协助老年人摆脱困扰。

2. 使能者
老年社会工作者可以在养老机构服务中扮演使能者的角色，促使老年人完成被清楚界定的任务，协助案主发现改变环境的方法。比如协助老年人案主成立老年自助小组，通过组员之间的互动及协助，从而增强老年人的成就感。

3. 咨询者
在养老机构中，老年社会工作者可以扮演咨询者的角色。老年社会工作者一般都接受过完整的老年学知识的培训，因此，就如何协助处理老年人的需要，可以向机构的管理层、专业人员、老年人及其家人等提供必要的咨询服务。

4. 协调者
协调者是老年社会工作者在老年服务机构中扮演的一个重要角色，老年社会工作者通过协调和推动社区资源，让机构、老年人及其家人受惠，同时还促进不同社会服务之间的联系，为机构提供支援。例如，老年社会工作者促进了社区义工队、企业等的合作，同时合理安排志愿者的服务时间。

当然，社会工作者在养老机构中还扮演其他的角色，但总体而言，辅导者、使能者、咨询者和协调者应是社会工作者在养老机构中扮演的较为重要的角色。

19.2 社会工作介入养老机构的方法及工作技巧

19.2.1 社会工作介入养老机构的方法

社会工作拥有一套完整的助人方法，可以结合养老机构入住的老年人需求及养老机构情况，以个案、小组和社区等社会工作方法为基础，介入养老机构工作中，满足老年人的个性需求。

1. 个案工作的介入

个案工作是社会工作中出现较早的方法之一,它是将心理、社会、行为和系统概念转化成技巧,通过直接的、面对面的关系,帮助个人和家庭解决内心问题、人际关系问题、社会经济问题和环境问题。结合养老机构中工作对象的特点,在实践中我们可以通过开展个案工作与老年人建立良好的关系,通过主动与老年人聊天,听他们倾诉,缓解他们的孤独感,同时也可以更深入地了解老年人的需求,为我们进一步开展工作打下基础。此外,我们可以采用个案工作方法在老年人入住时建立个人资料档案,运用个案工作技巧与原则,与老年人沟通,有针对性地开展工作,了解并满足老年人心理层面的需求。

2. 小组工作的介入

小组工作是以群体为工作对象,它通过小组成员的支持,改善组员的态度、人际关系和应付实际生存环境的能力,这种方法强调通过小组过程及小组动力去影响案主的态度和行为。小组成员解决问题的能力和潜力通过成员间的分享、相互分担和互相支持而发挥出来,其中需要小组工作者按照既定的目标进行指导。在养老机构中,很多老年人都有共同的需求,会面对许多共同的问题,比如有的老年人比较孤僻,有的不能很好地适应机构的生活。针对这些情况,我们可以组织一些沟通小组、情感支持小组、互助小组及兴趣小组,运用小组工作的专业工作方法来为老年人创造彼此交流、丰富生活、展示自我的机会,使其在养老机构中更好地安度晚年。例如,在大多数养老机构中,许多患有老年痴呆症的老年人是一个人独处的,这样的状况只会使他们的病情恶化速度加快,而治疗模式的小组对老年痴呆症的防治及痴呆老年人的康复就有一定帮助。同时,互助小组、沟通小组等不同工作方法可以增进健康老年人与痴呆老年人间的认识与交流,从而减少痴呆老年人受到排斥和伤害,也有利于老年痴呆症的防治。此外,小组工作方法还可以改善老年人与家属的关系,为他们创造沟通与相互理解的机会与平台。

3. 社区工作的介入

社区工作是以社区及其成员整体为对象的社会工作介入方法,通过组织成员有计划地参与集体行动,解决社区问题,满足社区需要。在参与过程中,成员建立起对社区的归属感,培养了自助、互助和自决的精神。养老机构每逢过年过节都会举办联欢会等文体活动,但这些活动大多数是由机构的工作人员组织实施的,绝大多数老年人对于机构的活动与各项事务都是被动地接受,这不利于老年人对机构归属感的建立,进一步影响到老年人的生活质量;而通过社区工作方法的介入,可以提升老人的参与性与积极性。此外,一些养老机构正在尝试把养老服务扩展到社区,让老年人长期生活的社区提供照料服务,因为社区养老模式更符合我国的养老传统。

总之,在我国正在进行的社会福利体制改革的大背景下,将社会工作介入养老机构之中,对于转变传统养老机构的理念、提升其服务质量、改善入住老年人的生活品质具有重要意义。将社会工作引入传统的养老机构之中,通过专业工作方法、理论知识以及价值观的影响,可以为传统的养老机构注入生机与活力,使其成为现代的、专业的养老服务机构，从而更好地满足老年人多层次的需求。

19.2.2 社会工作介入养老机构的工作技巧

老年社会工作的工作技巧主要体现在会谈过程中，主要工作技巧如下所述。

1. 专注
专注是指社会工作者面向案主、愿意和案主在一起的心理态度。

2. 主动倾听
主动倾听是指社会工作者主动积极地运用视、听觉器官去收集案主信息的活动。

3. 具有同理心
同理心是指社会工作者进入并了解服务对象的内心世界，再将这种了解传达给服务对象的一种技术与能力。

4. 鼓励
鼓励是指社会工作者通过恰当的话语和身体语言，鼓励案主继续表达他们的感受和看法的技术。

19.3 社会工作介入养老机构服务的具体应用

19.3.1 老年人入住工作

1. 入住申请
1) 接案、会谈与介绍机构特色
不论是亲自来访还是电话洽谈，社会工作者应该依照养老机构收住老人的条件，逐项了解老年人的概况，并且介绍机构功能，让家属了解机构提供的服务项目。
2) 文件审核
文件审核的目的是了解及确定案主的基本资料、健康状况等，以提供社会工作者初判老年人是否符合机构入住的条件。

2. 评估
1) 评估的内容
(1) 确认老年人是否符合机构入住条件，并且向家属说明机构服务项目的内容、收费标准、家属应尽的权利与义务，澄清彼此的期待。
(2) 确认老年人是否愿意入住，了解家庭无法照顾的原因，评估家庭动力关系(即家庭支持系统)。

(3) 评估老年人的生活功能以及相关资料的收集,主要包括老年人的生理、心理及社会各层面功能、家庭的支持系统等,以便为日后机构制定服务方案提供参考。

2) 评估的流程

(1) 利用评估表评估老年人的生理状况、心理状况、人格特质与行为能力、认知功能以及个案史,并了解其家庭状况,从而判断该老年人是否符合机构的入住条件。

(2) 整合基本资料以及家访资料,撰写初步评估,包括老年人的基本资料、生理资料、心理资料、家庭动力与社会支持资料以及相关的福利资料等;向老年人说明机构的照顾项目及照顾内容。

(3) 了解并澄清老年人或者家属对机构的期许,建立沟通机制。

(4) 观察家庭成员互动情况及了解其相关的支持系统。

(5) 了解老年人的入住意愿。

(6) 提供结果,安排是否入住。

3. 入住流程

(1) 报到。老年人由家属陪同前来报到,办理各项报到手续。

(2) 身体评估。机构护理人员对老年人进行身体评估,评估内容包括基本生活资料(身高、体重等)、生命体征测量(体温、血压等)、日常生活习性、过往病史、目前健康状态、用药情况以及老年人入住当天的身心情况。

(3) 签订约定、上交相关资料,并缴纳相关费用。签约,即依据机构制定的定型化契约以及家属的审阅意见,完成签订约定的手续;相关资料包括老年人的保健卡、病历摘要、药等;缴费,即家属缴费,机构开出收据等。

(4) 安排与环境介绍。社会工作者协助家属摆放老年人的物品,并进行环境与相关工作人员的介绍。

(5) 再次说明与澄清服务内容及家属需要配合的事项,主要包括机构的日常生活作息与日常生活照顾项目、家属探访注意事项、请假规定、紧急送医的配合事项。

(6) 拟订新入住老年人的照顾服务计划。老年人在申请入住时,社会工作者已经对其进行了评估,在入住当天再次评估,并拟订服务计划。

4. 协助新入住老年人熟悉适应机构

(1) 机构相关情况介绍。社会工作者要以机构内外各生活空间、工作人员(包括院长、护理人员、服务人员、志愿者等)、环境(机构内活动室、值班室、工作室、图书室、教室、住宿区等)、生活作息(用餐时间、文康活动安排、各个活动室开放时间以及访客探访时间等)、生活规范(如宿舍用电规范、公共物品使用规范等)、安全设施使用等为主作简要介绍。机构主管可依项目指定专人负责。

(2) 开展新入住老年人联谊会。养老机构可依据老年人入住人数每三个月举办一次迎新联谊会,借机掌握老年人对机构相关制度及措施的了解,也可加强老年人之间的接纳程度及适应力。举办联谊会时，除宣传相关服务措施及解答老年人相关问题外，建议在会中提供娱乐活动，以活跃气氛，并将过程记录存档。

19.3.2 个案工作

在养老机构中，个案工作是社会工作的三大方法之一，在服务过程中，社会工作者与老年人通过一对一的专业关系服务，收集老年人的资料进行社会心理诊断，建立专业关系，连接可以运用的正式及非正式的资源，以达到提高老年人在机构内的适应能力的目标。老年人个案工作流程如图19-1所示。

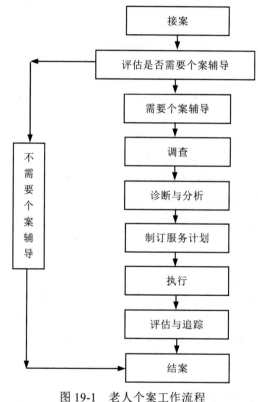

图 19-1 老人个案工作流程

1. 接案与建立关系

本阶段主要的工作内容为筛选以及评估案主是否可以作为社工服务的对象，主要评估内容包括案主的求助类别；了解案主的主要问题以及对问题的看法、生活状况的评估、家庭资料以及个人特质；评估案主是不是需要服务的对象，并依据其需要提供福利咨询及其他资源转介服务。

2. 调查

1) 建立专业关系

社会工作者自我介绍，并说明自己的角色与功能，同时运用亲切的态度给予案主良好的第一印象，增加案主日后愿意求助的意愿；与案主建立良好的专业合作关系。

2) 收集案主的资料

社会工作者需简单告知与案主会谈的目的，在会谈过程中需要运用亲切的态度，并事先准备好问题，才不至于遗漏计划收集的重要资料。社会工作者要预先准备好纸笔，记录访谈中重要内容。通过与案主及其重要关系人的会谈，才能收集到案主的具体资料。社会工作者必须先确定自己收集资料的目的，避免有探寻隐私或例行公事的想法。资料收集越完整，越能真正协助案主。

3. 诊断与分析

收集所有的资料以后，针对案主的问题进行诊断分析，描述出主要问题，并且分析解决问题的阻力和助力，从而有针对性地制订服务计划。需要注意的是，诊断可以随着与案主的多次接触而进行调整，以便于更加适合服务对象。

4. 制订服务计划

针对案主的服务需要制订具体可行的计划。在制订计划的时候，依据问题对案主的影响程度安排顺序。

5. 执行

执行是动态的过程，随着新资料的获得或执行过程中所遇到的阻力或者助力，需要重新修正诊断，以达到服务目标。另外，执行是助人的过程，社会工作者如何运用专业知识以及专业技巧，增强案主的行动力，提升家属及其资源的支持力量是影响执行效果的关键。

6. 评估与追踪

结案时需要评估服务成效，目标是否达成，方法是否得当。当目标达成以后便可以结案。案主死亡或者退住不表示结案，应提供机构转介的追踪服务，对已亡故的案主则需要给予家属丧葬方面的协助以及做好家属的节哀辅导。

7. 结案

结案案主的资料要完好保存，以便日后所需。社会工作者应该协助机构建立制度化、系统化的结案资料。

一份完整的个案资料夹应包括如下内容：①入住老年人基本资料，即入住申请书、健康检查资料；②遗嘱，在辅导老年人工作中，协助老年人交代后事是重要的工作之一，如果老年人不同意立遗嘱也不勉强，遵循自愿原则；③老年人在机构内的个案记录；④紧急联络人；⑤老年人的就医状况；⑥老年人就医情形，包括住院、留院观察、急诊、门诊均需一一记录，通过就医情形记录，可以详细了解老年人的身体状况，以便及时提供服务；⑦健康记录以及护理记录，有助于病情的追踪与辅导；⑧请假记录；⑨财物保管记录；⑩契约或者保证书。

19.3.3 小组工作

小组工作是一种社会工作干预的取向和方法，是在具有共同兴趣或困扰的老年人定期聚集的团体形式中，进行各种静态讨论及动态活动，达成情绪问题的处理、信息交流、社交技巧的发展、价值观的改变及社会行为的改正等特定目标，协助小组中的个人达成个人成长，增强社会功能并达成社会期待目标的社会工作方法。

1. 小组工作的类型

养老机构的小组工作具有休闲娱乐性、教育性、心理成长性及治疗性等特征。老年人通过小组活动过程，减缓孤立感与疏离感，即从参与小组活动的过程中，老年人可以获得同辈的支持，建立新的友谊，接受新的人生角色，增加归属感与安全感，产生自信自尊，发展新的能力。常见的小组工作类型有以下几种。

1) 娱乐社交性小组

但凡娱乐、休闲、社团活动均属于此类型。娱乐社交性小组是养老机构中实施最早、最多的一种小组活动形式，大部分的娱乐社交性小组活动都适合老年人参与。依据活动内容，小组活动可分为以下几种。

(1) 体能保健活动，如健康操、简易体操、太极拳等。

(2) 日常休闲活动，如卡拉OK、影片欣赏、下午茶等。

(3) 社团活动，根据老人的专长成立各类社团，如麻将、棋艺、书法、歌唱、乐器弹奏、手工、文艺创作等。

(4) 庆生会，每个月固定日期为当月寿星举办庆生会。

(5) 户外活动，如定期旅游、大卖场购物等。

(6) 节日庆典，如在春节、端午节、中秋节、重阳节、圣诞节、父亲节、母亲节举办活动，并邀请社区居民或老年人家属共同参与。

(7) 宗教活动，如组织佛学讲座、基督教聚会、天主教聚会。

2) 社会性小组

社会性小组又称为服务型小组，为鼓励老年人参与机构内部的事务，发挥老年人的智慧，强化其自治能力，增进团结和谐及互相合作精神，机构内社会工作者应视需求协助支持老年人成立社会性组织，通过民主程序推选各项自治干部或成立志愿者团队。一般在大型养老机构都设有老年委员会，包括自治干部(纪律小组、善后处理小组、福利小组、康乐小组、膳食管理小组、区室长组织等)及举办院内老年人相关会议(座谈会，生活适应座谈会以及联谊会)。社会性小组具有如下特征。

(1) 小组目标方面。通过成员合作，为其他成员提供服务，以提升成员的自我价值感与成就感。

(2) 实施对象方面。社会性小组的成员有三种组成方式：工作人员推荐、成员互选和自由组合。小组人数以10~15人为佳，以便于互动与决议。

(3) 小组形式方面。工作人员协助组成小组，以任务为导向，可组成老年人自治小组(座谈会联谊会等)、互动小组、志愿服务小组(医院慰问、社区关怀)等多种形式。

(4) 小组带领者方面。社会性小组通常由社会工作者带领。

另外，养老机构可以充分发挥老年人的积极作用，鼓励支持身体健康、有热忱的老年人发挥特长，参与机构内简易土木、水电维修、警卫、花木修剪、厨房洗菜等工作，也可以成立志愿服务队定期探视机构内老年人，无论是志愿服务还是给予奖励金，这类活动不仅可以建立老年人的自信、自我价值感，还可以缓解机构内人力不足的问题。

3) 教育性小组

教育性小组主要是为了提供各类知识的学习，其特征如下所述。

(1) 小组目标方面。通过再教育的过程，提升老年人的认知能力。

(2) 实施对象方面。教育性小组一般以生活能够自理的老年人为主。

(3) 小组形式方面。教育性小组分为两种形式：一种是具有进修或修身学习性质，在特定的场所进行，如参加老年大学学习等；另一种是直接传授相关的知识，如健康知识或者心理知识等。

(4) 小组带领者方面。参加进修的小组成员可到社会相关组织和部门办理手续；传授知识学习的小组成员主要由护理人员或者相关专家指导带领。

4) 支持性小组

支持性小组主要由类似身心状况、相似需求的成员组成，小组提供温暖、支持的环境，通过小组互动，分享彼此的相似经验，获得情感支持。支持性小组的特征如下所述。

(1) 小组目标方面。通过小组互动，小组成员对老年的心理现象与变化、环境转换、家属照顾困境等有明确的了解与接纳；小组成员畅所欲言，表达心中的感受，提供情感支持，减轻成员内心的压力和忧郁。

(2) 实施对象方面。支持性小组的成员为老年人或家属，以同为家属或全为老人的同质性小组为宜。一般以 8~10 人为佳，可有工作人员特意筛选有共同问题需求者参加。

(3) 小组形式方面。支持性小组为封闭式的小组，尽量避免中途加入其他成员。

(4) 小组带领者方面。支持性小组的带领者以社会工作者为主。社会工作者善于营造和谐、接纳的气氛，有利于团体信任感与安全感的建立，促进成员情感的表达。

另外，还有介于教育性与支持性小组之间的特殊疾病适应小组。

5) 治疗性小组

在养老机构中，因老年人不同的身心状态，需要不同的治疗性处理，故成立治疗性小组，主要包括怀旧小组、生命回顾小组、忧郁症小组、人际互动取向小组等。近几年来，在养老机构中，怀旧治疗是一种有效的治疗模式，以下简单介绍怀旧治疗小组与特殊治疗小组的特征。

(1) 小组目标方面。怀旧小组的目的在于肯定老年人的人生经验、增进人际互动、拓展人际关系、增进自信与自我价值、整合人生肯定生命的意义；特殊治疗小组则在于协助成员适应生活压力，处理成员有关个人人际、心理、精神行为等问题，以减少负面情绪，增强成员的生活适应能力。

(2) 实施对象方面。怀旧小组的参加对象为身心状况正常，具有沟通的能力，基本条件和生活背景相似的老年人；特殊治疗小组则主要由社会工作者筛选具有共同问题困扰的同质性成员参加，如人际困扰者、生活适应不佳者、忧郁症，小组人数以 8～10 人为宜。

(3) 小组形式方面。怀旧治疗小组和特殊治疗小组均为封闭式，避免中途加入其他成员。

(4) 小组带领者方面。这两类小组一般均由受过专业训练的社会工作者带领，所以社会工作者除了需要具备专业的知识外，还需要掌握丰富的心理分析、小组互动、人机互动理论，以及敏锐的观察力；这两类小组也可由医疗院所精神科医生、心理师担任主要工作者，由机构社会工作者担任协助者。

在实务操作上，因小组前后时段或实施阶段的不同，这几类小组可结合使用。简言之，娱乐性小组、教育性小组、支持性小组、治疗性小组的小组活动由浅到深，而小组之间既有重叠又有连续，不是完全独立的。因此，我们在进行小组活动的过程中应根据小组发展方向综合运用这几种小组形式。

2. 小组工作流程

小组工作流程如图 19-2 所示。

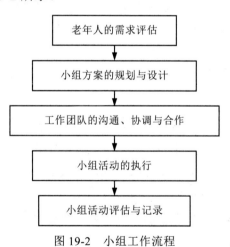

图 19-2 小组工作流程

1) 老年人的需求评估

小组类型不同，特性与价值也各有不同，这些完全取决于小组任务与目标，所以，事先要有清楚的需求评估，制定评估方案，才能确保老年人的参与。从老年人入住的评估表中可以初步得知老年人过去的专长，观察老年人平时的活动状况，可以了解老年人对活动小组的偏好。在这些评估的基础上，决定小组的类型和目标。

2) 小组方案的规划与设计

评估了老年人的需求以后，就是制定小组方案。良好的小组方案包括小组内容、方式、小组目的、预期效益、经费来源、经费分配、工作分工。方案有一幅完整的蓝图，才能圆满妥善地执行。

3) 小组工作的沟通、协调与合作

小组方案的实施需要多方的支持配合，因此社区工作者在此过程中要注意与多方资源进行协调。

4) 小组活动的执行

5) 小组活动的评估与记录

小组工作记录可以作为评估的依据，评估是否达成预期的小组目的。小组记录的主要内容应该包括以下几项。

(1) 整体过程描述，如以分段进行的主题与内容描述。

(2) 团体互动情形，如团体气氛、团体动力以及团体成员特殊情况描述。

(3) 团体事件，如团体成员发生竞争、冲突、辱骂、敏感话题等。

(4) 评估与检讨，如团体目标达成情形评估、个案评估(成员收获与贡献，伤害情形)、带领者技巧评估。

(5) 追踪辅导事项，未出席成员的追踪、团体中特殊言行内容成员的追踪、下次团体注意事项。

小组工作强调通过同伴的影响达到目标，在解决问题的同时舒缓老年人的苦闷，减轻老年人的孤独感，是养老机构常用的工作方法。

19.3.4 社会工作行政

目前，养老机构中负责人并不是很了解社会工作，所以聘用了社会工作者以后不知道让他们做什么，很多时候只是让他们参与一些行政工作，而事实上社会工作行政也是社会工作的一种工作方法。社会工作行政是通过社会服务活动传递和实施社会政策的过程。社会工作行政是社会服务机构的行政管理活动，不包含政府层面的行政管理。养老机构中社会工作行政的运用，对于提高机构服务效率具有重要的意义。

1. 协助机构连接专业人员

为了高品质的专业服务，养老机构需要依赖专业团队合作，提供医疗、护理、康复、营养、社会心理等综合性服务计划。而如今，除了较大型的养老机构有自聘的各类专业人员提供服务外，很多机构仍需要以特约的方式与专业单位合作，从而连接各单位的资源。社会工作者在机构中需要处理连接资源的以下相关工作。

(1) 依据机构老年人的背景分析(如疾病类别、自理能力状况等)、机构规模、经济能力等，协助机构确认需联系的专业人员。

(2) 确认连接单位的期待(包括付费方式、参与频率、可提供的服务内容)与机构是否一致。

(3) 协助机构建立与连接合作单位的评估方式(如老年人照顾服务质量评估、照顾计划执行与达成度或老年人满意度等)，以作为日后是否继续合作的参考。

2. 志愿者的招募、培训与督导

社会工作讲究理论与实务的结合，两者存在着兼容互补的关系，社会工作服务多属于人力密集服务提供的过程，而服务人力不足又是社会工作普遍存在的情况。在政府经费有限，专业人员不足，社会问题多元化、复杂化的状况下，福利服务业务对工作人员的依赖日益显著。

对于养老机构来说，让志愿者参与机构的服务不仅可以节省机构的人力成本，还可以充分发挥志愿者的资源，提高机构的知名度；对于社会工作者来说，志愿者的加入可以减轻他们的工作负担；而对志愿者来讲，参与服务可以锻炼技能，拓宽交际圈，提升自我价值。但是如何招募志愿者，以及如何对现有志愿者进行培训和督导，使其具有一定的服务理念和服务技能，已经成为养老机构中社会工作者的工作内容。

(1) 志愿者的招募。社会工作者在招募志愿者之前拟定招募计划，计划要点包括机构简介；志愿者招募需求以及服务内容；志愿者福利与注意事项；志愿者报名方式(电话预约报名、亲自报名)；面谈与甄选；职前训练方式与课程内容。

(2) 志愿者的培训。社会工作者在志愿者的培训中主要扮演连接资源、提供培训机会、策划培训活动的角色。

(3) 志愿者的督导。志愿者督导的主要内容包括检查志愿者服务的品质、检查志愿者的需求与服务对象的需求是否匹配。志愿者督导的形式主要分为个别督导和集体督导。督导人员是机构组织中的基层领导者，对上要完成机构赋予的任务，对下必须带领一群人有效达到机构的目标。

志愿者的运用如同一把双刃剑，运用得好，可以实现双赢；运用不当，机构与志愿者常陷入纠纷之中，不利于机构的发展。因此社会工作人员在志愿者的招募、培训与督导方面要做好工作，充分发挥志愿者的潜能，促进机构的发展。

3. 接待参观

接待参观是养老机构经常遇到的情况，通过接待参观，养老机构可以相互学习、交流经验。在大型养老机构中，这项工作由专人负责，小型机构建议运用社会工作者进行接待参观。因此，社会工作者对机构的情况要熟悉，而且充分了解来访者的状况。

在养老机构中，社会工作行政的内容除了以上三点之外，还包括一些日常管理工作的协助，如老年人入退住事宜的相关管理；所有老年人的资料档案的整理；养老机构护工的招聘、培训以及绩效考核工作；做好与入住老年人家属的沟通工作以及他们来访时的接待工作；评估养老机构内每一项社会工作活动的实施效果并及时给予反馈；建立养老机构内部信息共享和对外宣传以及信息交流平台等。

19.3.5 与家属的协作

老年人生活在一个复杂的社会系统中,这一系统会提高或降低老年人的生活质量,直接影响老年人独立生活的能力。这一系统主要的构成因素是家属。

1. 入住过程的转接管理需要家属的共同参与

对于老年人来说,适应新环境是一个挑战,所以刚入住的老年人需要较多的支持,这种支持主要来自家人和照顾人员。此时社会工作者应该从以下 4 个方面进行协助。

(1) 找到老年人在机构中生活的意义和对他人的重要性。

(2) 协助老年人慢慢适应和配合机构的需要,提升其在机构中生活的现实感。

(3) 协助老年人与家属维持一定程度的联系,这对缓解老年人进入陌生环境的压力有重要作用。

(4) 协助老年人维持情绪上的平衡。

2. 与家属共同协助老年人维持原本的自我认同

在老年人入住以后,针对老年人的问题我们需要制订相应的服务计划,但是任何一个介入计划和活动,都必须与老年人的生活脉络相连接,即要从老年人的生命过往去了解,所以家属应该与社会工作者沟通,协助社会工作者了解老年人,维持老年人原本的自我认同。家属可以从以下 5 个方面进行协助。

(1) 老年人的沟通方式和语言使用习惯。

(2) 老年人空间距离,可以接受的亲密距离。

(3) 家庭亲密关系。

(4) 环境控制的认知特点(如相信传统医院不去西医诊所等)。

(5) 对时间的主观感受。

家属应从以上 5 个方面进行协助,以便社会工作者设计合理的活动,让老年人在其中找回自我认同。

3. 维持和营造老年人与家属的连接

研究表明,入住老年人的身心健康与家属的探视和关系维持有着密切的关系,而长期以来,养老机构忽略了老年人对家属的需要,把工作重心落在了老年人本身。社会工作者可以通过以下几种方式尽可能地维持老年人与家属的连接。

(1) 社会工作者要营造一种热情而肯定的气氛,鼓励家属的参与,并且让这样的参与可以丰富家人之间的生命联系。

(2) 社会工作者尽可能做到机构每一种团体(专业的、家属的、老年人的)都有清楚的角色、职责和范围。

(3) 社会工作者要将家属的照护经验和认知一并纳入照护计划,才可能贴近老年人原本的生活脉络。

(4) 社会工作者要协助家属以积极的态度面对家人进住机构，并给予家属及时的帮助和情绪支持。

总之，家属的位置应该在老年人入住养老机构之前就要被重视，老年人服务方案的设计需要家属的参与，才能符合老年人的个性化需要。同时社会工作者也不能忽视家属的需要，必要时为他们提供服务，在共同的沟通合作下促成老年人生活品质的提高。

19.3.6 老人退住工作

1. 退住申请

社会工作者在处理退住事宜前需要了解老年人申请退住的原因，一般而言老年人退住原因主要包括以下几种：因疾病或者身体功能退化而不符合机构收住标准、病况改善由家属接回照顾、死亡或者不适应机构环境等。

2. 退住后续服务

若因养老机构提供的服务不能满足老年人的需求而退住，社会工作者应积极协助家属寻找适当的资源，协助转介事宜；若因老年人身体情况好转由家属接回照顾，社会工作者应积极提供退住以后家属可以利用的社区资源；如因老年人身体状况变而退住，社会工作者应积极提供对老年人及家属的情绪关怀支持因死亡造成的退住，社会工作者应及时通知家属，并请相关人员开出死亡证明。

另外，社会工作者应协助老年人及家属确认照顾费用的收退费事宜，协助老年人及家属确认保管财物的归还等事宜。

3. 退住结案

(1) 处理离别情绪。社会工作者应为退住的老年人提供和机构说再见的机会，让退住的老年人对机构留下良好的印象。

(2) 机构内老年人情绪关怀与处理。任何一位老年人离开，无论是死亡、转介或者回家，都会对机构内其他的老年人带来感伤或不确定感，此时社会工作者应妥善处理老年人的情绪。

(3) 追踪关怀。老年人退住以后并不代表永远与机构失去联系，社会工作者应该适当地与退住的老年人保持联系，以适时提供协助。

(4) 结案与记录归档。针对已经结案的个案，机构应该归档保存。

每个养老机构都有自己的规章制度，关于老年人入住和退住养老机构都要按照一定的流程办理相关手续，这样才能保证养老机构的规范化运转，从而促进养老行业的发展。

参考文献

[1] 昌永菲,徐启华. 养老机构考核制度指南[M]. 上海:上海科技教育出版社,2019.
[2] 唐婧一,冯建光. 养老机构管理规章制度[M]. 上海:上海科技教育出版社,2019.
[3] 唐婧一,冯建光. 养老机构院长管理操作手册[M]. 上海:上海科技教育出版社,2019.
[4] 吴红婷,严峻. 养老机构后勤管理实用手册[M]. 上海:上海科技教育出版社,2019.
[5] 汤慧敏. 养老机构服务质量控制实用手册[M]. 上海:上海科技教育出版社,2019.
[6] 马杰,龚勤慧. 养老机构内设医疗机构日常管理[M]. 上海:上海科技教育出版社,2019.
[7] 郑晓红,黄悦. 养老机构岗位职责[M]. 上海:上海科技教育出版社,2019.
[8] 凤磊,王英. 养老机构行政管理实用手册[M]. 上海:上海科技教育出版社,2019.
[9] 许虹,李冬梅. 养老机构管理[M]. 杭州:浙江大学出版社,2015.
[10] 江苏民康老年服务中心. 养老机构服务与管理实务[M]. 南京:东南大学出版社,2017.
[11] 李健,石晓燕. 养老机构经营与管理[M]. 南京:南京大学出版社,2016.
[12] 贾素平. 养老机构管理与运营实务[M]. 天津:南开大学出版社,2013.
[13] 杨根来,刘开海. 养老机构经营与管理[M]. 北京:机械工业出版社,2019.
[14] 沈红艺,凤磊. 养老机构营养膳食设计与管理规范[M]. 上海:上海科技教育出版社,2018.
[15] 周洁. 养老护理技术规范:长期护理保险服务项目[M]. 上海:上海科技教育出版社,2018.
[16] 邵文娟. 我国长期护理保险从试点到普及的跨越[M]. 大连:东北财经大学出版社,2019.
[17] 李传福. 养老机构经营管理实用手册[M]. 上海:上海世界图书出版社,2015.
[18] 陈卓顾. 实用养老机构管理[M]. 天津:天津大学出版社,2009.
[19] 王瑞华. 社会工作研究的前沿议题[M]. 厦门:厦门大学出版社,2009.
[20] 陆颖,冯晓丽. 全国养老服务机构实务管理指南[M]. 北京:中国社会出版社,

2011.

[21] 宋克振，张凯. 信息管理导论[M]. 2 版. 北京：清华大学出版社，2012.

[22] 成兵. 财务管理理论与实务[M]. 北京：北京大学出版社，2012.

[23] 夏洪胜，张世贤. 公共关系管理[M]. 北京：经济管理出版社，2014.

[24] 黄耀明，陈景亮，等. 人口老龄化与机构养老模式研究[M]. 长春：吉林大学出版社，2012.

[25] 蔡聚雨. 养老康复护理与管理[M]. 上海：第二军医大学出版社，2012.

[26] 张明，朱爱华，徐成华. 城市老年人社会服务体系研究[M]. 北京：科学出版社，2012.

[27] 民政部政策研究中心. 我国养老服务准入研究[M]. 北京：中国社会出版社，2013.

[28] 赵婷婷. 我国养老机构的地位、性质及运行方式研究[J]. 社会工作，2012(5): 79-84.

[29] 冯晓丽，尚少梅. 老年护理师实务培训(高级)[M]. 北京：中国社会出版社，2014.

[30] 郭铁成，黄晓琳. 康复医学临床指南[M]. 北京：科学出版社，2016.

[31] 于恩彦. 实用老年精神医学[M]. 杭州：浙江大学出版社，2013.

[32] 中国营养学会. 中国居民膳食指南[M]. 北京：人民卫生出版社，2016.

[33] 董红亚. 中国社会养老服务体系建设研究[M]. 南京：南开大学出版社，2011.

[34] 陈琳翰. 养老护理沟通技巧[M]. 郑州：河南科学技术出版社，2014.

[35] 李少寒，尚少梅. 基础护理学[M]. 北京：人民卫生出版社，2012.

[36] 陆雪萍. 养老护理操作规程[M]. 杭州：浙江大学出版社，2013.

[37] 李宝库. 爱心护理养老院护理员手册[M]. 北京：北京大学医学出版社，2013.

[38] 孟令君，刘利君. 养老服务机构管理人员能力[M]. 北京：中国社会出版社，2012.